ROUTE 66

Amerikas legendärer Highway von Chicago nach Los Angeles

Eine Übersichtskarte mit dem Verlauf der Reiseroute finden Sie in der vorderen Umschlagklappe.

In der hinteren Klappe steckt eine herausnehmbare Straßenkarte der Route 66 mit detaillierten Stadtplänen.

Horst Schmidt-Brümmer

ROUTE 66

Mit Fotos von Peter Ginter und Frieder Blickle

VISTA POINT VERLAG

Inhalt

I Route 66: »Main Street USA«
Eine Reise durch die amerikanische Provinz

Keine Straße glorifiziert die Geschichte der amerikanischen Autokultur mehr als die Route 66. Ob als »Mother Road«, wie John Steinbeck sie nannte, als Highway der Hoffnung, der Flucht oder der Sehnsucht: Stets war sie ein Fließband amerikanischer Odysseen und Anlaß für Wunschträume und Visionen.

Nach den staubigen Trails der Pioniere und der Planwagen der Siedler, den ratternden Eisenbahnwaggons bildete die Route 66 die automobile Variante jenes Drangs nach Westen, der unter dem Motto »Manifest Destiny« von Anfang an die Triebkraft amerikanischer Siedlungsgeschichte war.

Länger als ein halbes Jahrhundert hielt die Transkontinentale die Nation zusammen und in laufender Aufbruchstimmung: während der »Roaring Twenties«, der Großen Depression, im Zweiten Weltkrieg und in der optimistischen Nachkriegszeit, als plötzlich besonders viele Kinder auf den Rücksitzen saßen.

Inzwischen ist sie offiziell von der Landkarte getilgt und durch das effizientere Fernstraßennetz aus Interstate Highways ersetzt worden. Sie haben die »good ol' 66« aufs Altenteil geschoben, als untergeordnete *service* oder *frontage road* an den Rand gedrängt oder schlicht unter sich begraben. An vielen Stellen wächst schon Gras darüber.

6

Aber die legendäre Trasse scheint sich mit ihrem realen Schicksal nicht abfinden zu wollen, jedenfalls mehren sich die Anzeichen dafür, daß sie von den Toten wieder auferstehen und ihr Comeback feiern möchte. Wie sagte ein alter Fan? »Die Route 66 ist wie Elvis Presley. Sie stirbt nie.«

In den letzten Jahren wächst ihre Anziehungskraft jedenfalls spürbar. Nicht nur in den USA, sondern auch international verstärkt sich der Wunsch, die alte Straße neu zu entdecken, denn sie verspricht eine besondere Wegführung vom Mittelwesten zum Pazifik, eine, die weitgehend durch die Provinz, ja, durch touristisches Niemandsland führt.

Unterwegs tauchen unbekannte Regionen und Kleinstädte auf, von denen viele auf die Liste der gefährdeten Arten gesetzt werden sollten. Klar, daß sie erst einmal den Eindruck erwecken, als sei hier der Hund begraben. Aber irgendwie taucht dann doch eine zahnlose Bedienung auf und erzählt eine Geschichte. Solche Überraschungen verbergen sich hinter den Kulissen, in den kleinen Läden und simplen Coffee Shops, in der Normalität des Alltags als einem wichtigen Stück Amerika. Und ausgerechnet die totgesagte Straße kann dies am besten zum Leben erwecken.

Reisen auf der Route 66 bedeutet also alles andere als eine *tour de force* über jene hektischen Highways, die längst den 51. US-Bundesstaat geschaffen haben, d.h. eine hermetische, aus identischen Versatzstücken gefügte »Travelworld«, die, allein auf eiligen Transit und schnelle Grundversorgung ausgelegt, Land und Leute unterwegs zum Verschwinden bringt. »Dank des Interstate-Highway-Systems kann man heute in Amerika von Küste zu Küste fahren, ohne irgend etwas zu sehen«, schrieb ein Verkehrsexperte.

Mit dem Schulbuch und der Telefonleitung unter dem Arm symbolisiert diese Dame den Drang nach Westen. Die Route 66 wird ihr bald folgen (Lithografie von 1872)

»Reaching the Motel«, Fotocollage von Rudolf Roszak (1995, 90 x 120 cm): Manche Zeichen am Highway wirken wie biblische Gesetzestafeln

GREETINGS *from* **ILLINOIS** — CHICAGO HEIGHTS

State Capital in Springfield

State Flower
the Violet

Als die Ankunft zum Hauptziel des Reisens wurde, übernahmen die *fast lanes* der Super-highways das Monopol. Sie machten um alles, was Zeit kostete, einen großen Betonbogen.

Im Windschatten seiner offiziellen Bedeutungslosigkeit ist der alte Highway allerdings dem Zahn der Zeit besser entkommen, als man vermuten würde. Nahezu 90 Prozent der Straßendecken gibt es noch, verkleidet als simple Landstraßen oder Ortsdurchfahrten. Zusammen ergeben sie ein buntes Flickwerk von Provinzstraßen, *a patchwork of local thoroughfares*.

Darauf läßt sich nostalgisch dahinbummeln oder zünftig auf einer Harley-Davidson daherrauschen, während sich nebenan die Vorläufer und Nachfahren des Verkehrs bis auf Sicht- und Hörweite nähern: das Dröhnen der Trucks auf den Interstates und das Heulen der eisernen Güterloks – die Route 66 als Dritter im Bunde dreier Generationen neuzeitlichen Nomadentums.

Von den aktuellen Transportverpflichtungen (den verbliebenen Ortsverkehr einmal ausgenommen) weitgehend entbunden, leistet sie sich nicht nur eine enge Freundschaft mit dem jeweiligen Terrain, sondern erlaubt auch dem Fahrer, anders und anderes zu sehen, zu fühlen, all jenen Bildern und Tagträumen nachzuhängen, mit denen sich die Route 66 in den meisten Köpfen eingenistet hat.

Ihre Legendenbildung kommt nicht von ungefähr. Sie gründet auf dem uramerikanischen Drang nach Westen, dem die Straße ebenso folgt wie einst die Trails der Pioniere und die Tracks der Schienen. Natürlich hat sie auch eine Gegenspur, aber die war eigentlich nie der Rede wert, sie führte praktisch gegen den Strich. Nur in westlicher Fahrtrichtung entspricht sie den eingefleischten Verheißungen vom »Eden of the West«, vom Gelobten Land. »Eastward I go only by force; but westward I go free«, dichtete schon Henry David Thoreau. Und später schrieb Jack Kerouac: »... ein schnelles Auto, eine

Küste als Ziel und eine Frau am Ende der Straße.«

Die offene Straße, an deren Ende Himmel und Highway sich treffen, bedeutet Aufbruch zu neuen Ufern, zu Unbekanntem, zum Wagnis. Folklore, Literatur, Musik und Filme –, von John Ford's »Wagon Master« (1950) bis zu zahllosen Road Movies, TV-Serien und Zigarettenreklamen –, sie alle variieren dieses Go-West-Thema wie schon zuvor Mark Twain, John Steinbeck, Woody Guthry und Bobby Troup.

Nach dem Ende der Westbesiedlung übernimmt das Auto die Rolle der »beweglichen Grenze«, die Eroberung des Raums an den Kämpferzonen von Wildnis und Zivilisation *(frontier)*. Deshalb kreuzt der Highway auch eine Reihe von Vorläufern, die historischen Trails von Lincoln, Lewis and Clark, Santa Fe, Pecos, den El Camino Real, ja, sogar den einen oder anderen Rinder-Highway, den Chisholm Trail zum Beispiel, der sich aus mehreren staubigen Trampelpfaden zusammensetzt und auf dem einst die Cowboys das Vieh aus Südtexas durch viel Gras und *chaparral* in die Cow Towns von Kansas trieben.

Neben der stets im Westen angesiedelten Paradiesvorstellung vom El Dorado mobilisiert die Route 66 den Mythos der Straße als Ort der Heimatlosigkeit *(uprootedness)*, als Mittel zur Flucht *(escape)*, des Sich-Entziehens, den Steve McQueen's »Getaway« ebenso nutzte wie »Thelma und Louise« oder vorher schon Dr. Kimble (alias »The Fugitive«), dessen Freiheit nur zwei Freunde sichern konnten: »die Dunkelheit und die endlose Landstraße« – Spielarten eines in den USA sehr populären Motivs.

Auch der Suche nach der verlorenen Zeit pflastert die Route 66 den passenden Weg, am auffälligsten mit vielen verblichenen Zeichen und einer fast schon musealen Architektur rund ums Benzin. »Die Straße soll ein faszinierendes Buch sein, das man im Fahren lesen kann«, haben die renommierten US-Stadtplaner Kevin Lynch und Frank Appleyard einmal gefordert.

Über weite Strecken blättert der alte Highway Seiten solchen Lesestoffs auf. Und siehe da, sie entpuppen sich als Pflichtlektüre in jüngerer US-Geschichte. Im übrigen: Angeschlagene Denkmäler und wackelige Ruinen stehen touristisch seit eh und je hoch

Mississippi on Ice: Stahlstich aus dem 19. Jahrhundert

im Kurs. Ob Maya-Tempel oder Pyramiden, Akropolis oder prähistorische Klippensied-lungen der Anasazi – im Vergleich dazu bildet die Route 66 nur eine neuzeitliche Varian-te, die praktisch das gesamte Inventar der amerikanischen PS-Kultur vorführt: verroste-te Zapfsäulen, witzige *billboards*, flotte Diners und kuriose Motels.

Diese Retrospektive beginnt bekanntlich in **Chicago** und rollt zunächst einmal durch **Illinois**, wo der sogenannte »Pontiac Trail«, die Verbindung zwischen Chicago und St. Louis, schon 1918 durch eine harte Straßendecke aufgewertet worden war, der dann später die berühmte Nummer erhielt. Wie in den anderen Bundesstaaten wurde der Highway hier auch häufig umgebettet, d.h. er wechselte in den meisten Städtchen mehrfach seinen Lauf. Meist gab es eine »City 66« plus einen oder zwei *bypasses*. Wann immer die Rede auf die alte Trasse kommt, rühmt sich Illinois, bei ihrer Geburt und Beerdigung jedesmal die Nase vorn gehabt zu haben. Es war der erste Staat, in dem der Highway eine feste Oberfläche bekam, und wiederum der erste, wo eine Interstate ihn ersetzte.

Zugegeben, die Fahrt durchs Land von Abraham Lincoln mutet leicht dröge an, aber das bessert sich später. Am besten begreift man die Reise als dynamische Sparbüchse, denn jede gefahrene Meile wird sich nachher auszahlen. Im übrigen: Wer hat je behauptet, die Route 66 sei die schönste Strecke durch Amerika? Sie war jedoch einmal die schnellste.

In unmittelbarer Nähe des **Mississippi** ragt der **Gateway Arch** wie ein Triumphbogen in den Himmel, so als wollte er das Herz von **St. Louis** markieren. Aber dies ist zweifellos transplantiert worden, und das urbane Blut zirkuliert an anderen Stellen der Stadt. Im Unterschied zum French Quarter von New Orleans nämlich, hat sich die Altstadt von St. Louis vom Vater der Gewässer verabschiedet, weil sie ihrem Motto vom »Tor zum Westen« selbst mit gutem Beispiel vorangehen wollte. Sie überließ ihre Innenstadt, von Enklaven wie **Laclede's Landing** oder **Soulard** abgesehen, symbolträchtigen Zeichen, verstreuten historischen Relikten und modernen Großbauten. Leider erinnern auch die vereinzelten Ausflugschiffe nicht mehr an die große Ära der Mississippi-Dampfer. Man kann darüber nur noch lesen: Samuel Clemens bekam 1859 in St. Louis sein Kapitänspatent und schrieb darüber als Mark Twain.

Der starke deutsche Einfluß in dieser ursprünglich französischen Stadt bekam Mitte und Ende der 20er Jahre des vorigen Jahrhunderts nicht zuletzt durch Gottfried Duden Auftrieb, der in seinem »Bericht über eine Reise nach den westlichen Staaten Nordamerikas« den Mississippi mit dem romantischen Rheintal verglich und damit viele anlockte, die von Deutschland (besonders nach der 48er Revolution) die Nase voll hatten. Duden war einer der ersten, der seinen Auswandererratgeber auf die systematische Untersuchung der Bedingungen für die Ansiedlung gründete.

Der Zuzug bereicherte die italienische Pasta um die deutsche Wurst, führte 1865 zu der vom Ungarn Joseph Pulitzer gegründeten deutschsprachigen Zeitung »Westliche Post« und äußerte sich bald in einer Vielzahl von Gesangs-, Kunst-, Turn- und Metzgervereinen. Praktisch hatte jeder seinen Biergarten um die Ecke und konnte über Goethe und Schiller Streets lustwandeln.

Wirtschaftlich war dieses Erbe zumindest bis zur Zeit der Prohibition äußerlich an den Brauereien sichtbar, allen voran die des »Königs des Flaschenbiers«, Adolphus Busch, eines Unternehmens, das heute als Anheuser-Busch Brewery firmiert und sein »Bud« weltweit vertreibt.

Die Route 66 führt nicht nur in und durch die touristisch noch ziemlich vernachlässigte Metropole des Mississippi (deren hoher Anteil an *African Americans* übrigens zu weit geringeren Rassenkonflikten führt als in allen anderen vergleichbaren Großstädten), sie stößt dabei so ganz nebenbei auf unerwartetes Neuland, auf Zeugnisse der prähistorischen *Mississippian Culture* in Gestalt der Tempelhügel von **Cahokia**.

Reiseberichte, Romane und Hollywood kümmern sich, wenn es um die Indianerkulturen Nordamerikas geht, meist nur um die Sioux, Chomanchen, Apachen, Anasazi, Navajo und Hopi, die überwiegend dem Südwesten zugehören. Kein Wunder, daß sie uns weit geläufiger sind als die geheimnisvolle Mound-Hochkultur, die im Südosten und vor allem im Bereich des Mississippi lange Zeit dominierte. Schon deshalb gerät der Besu-

cher ins Staunen, wenn er den kleinen Ausflug über die Mississippi-Brücke macht, nach East St. Louis, Illinois.

Die gefälligen Ansichten des ländlichen **Missouri** sorgen für die nächste Überraschung auf der Reise, besonders, weil sie der Route 66 viel näher liegen als der Interstate. Wer über die I-44 düst, verpaßt gerade die beschaulichen **Ozarks**, die einzige hügelige Abwechslung zwischen den Appalachian und den Rocky Mountains. Über die Bewohner dieses quellenreichen Mittelgebirges kursieren ähnliche Anekdoten wie über die Hinterwälder aus Tennessee, Kentucky und West Virginia: Sie seien ziemlich einfältige Bergbauern und genügsame Burschen, die ihre Freizeit im wesentlichen noch mit Geschichtenerzählen *(storytelling)*, Fiedeln *(fiddling)* und Tanzen *(square dancing)* zubringen, *hillbillies* eben. Traditionell arm, bringt den Ozarkers neuerdings der Tourismus wirtschaftliche Vorteile.

Wie überhaupt, trifft man in den Nestern Missouris hin und wieder Plaudertaschen, auch solche, die erzählen, wo sie neuerdings der Schuh drückt: zum Beispiel die Ansiedlung militanter Gruppen, die seit dem Bombenattentat in Oklahoma City ins Gerede gekommen sind. Vielerorts in den USA, nicht nur in Missouri, haben sich *Klanwatch*-Gruppen in Selbsthilfe zusammengetan, die solche *hate groups* aufspüren.

Nur Minuten und ganze 13,2 Meilen bindet sich die Route 66 an **Kansas**, dafür aber aufs innigste. Wie mit dem Kartoffelstempel hat man nämlich die Straßendecke mit der Nummer »66« imprägniert, so als wollte man ihre Flüchtigkeit bannen und sie mit Beschlag belegen. Vergeblich. Nur kurz nimmt die Straße die Gastfreundlichkeit des südöstlichen Grenzzipfels des Staates in Anspruch, dann ist sie schon wieder auf und davon. Im Café erzählt ein Mann, Jahrgang 1935, über die schlimmen Jahre der Sandstürme. Als Kind hätten ihm die Eltern immer ein Seidentuch über die Wiege gehängt,

Rissig, aber festgeschrieben: die Route in Kansas

um ihn vor den Staubwinden der »Dust Bowl« zu schützen. Selbst die Pferde konnte man nicht mehr rausschicken, weil sie erstickten. »Die Leute haben feuchte Tücher in die Fenster gehängt, und Tücher, die die Mütter nachts auf die Gesichter ihrer Kinder legten, waren morgens rotgefärbt.« Durch mehr Regen, Grundwasserpumpen und Koservierungsmaßen erholten sich die Böden.«

Nach der Stippvisite im »Sunflower State« (so der Spitzname für Kansas) gerät die Route auf das Territorium von **Oklahoma**. Oklahoma? »Nein, danke!« denken sicher die meisten, die allenfalls das gleichnamige Musical kennen oder, seit dem 19. April 1995, den Bombenanschlag auf ein öffentliches Gebäude erinnern, der 168 Tote forderte. Florida, New York, Kalifornien, ja! Aber Oklahoma? Das riecht nach tiefster Provinz.

Klar, wie überall im Mittelwesten, gehört hier jeder, der nach 21 Uhr noch unterwegs ist, zu den Nachteulen. Klar auch: Alpen-Panoramen, Glitzermetropolen oder Traumstrände sucht man rundum vergeblich. Hier, in den goldenen Plains des amerikanischen *heartland*, wo Ost und West sich treffen, besteht die Welt aus platter Prärie und stillen Winkeln. Schon einer der ersten Europäer, der des Wegs kam, der spanische Konquistador Coronado, notierte 1540: »Wenn man sich hier auf den Rücken legt, verschwindet der Rest der Welt aus dem Gesichtskreis.«

Aber man muß sich in Oklahoma, dessen Landesgrenze die Form eines Hackebeils hat, ja nicht unbedingt auf den Rücken legen. Man sollte lieber die Augen offenhalten. Daß dieser vergleichsweise junge Bundesstaat mit den meisten *American Indians* noch im Dornröschenschlaf schlummert, liegt zwar auf der Hand, hat aber auch Vorteile.

So weist zum Beispiel **Tulsa** einige interessante Art-déco-Fassaden auf, vor allem aber zwei erstklassige Sammlungen ehemaliger Ölmagnaten, die man an dieser Stelle kaum erwartet: das **Philbrook Museum**, das seine Kunstschätze in einer beeindruckenden Villen- und Gartenarchitektur präsentiert, und das **Gilcrease Museum** mit hervorragenden Arbeiten klassischer Westernmalerei.

Oklahoma City bietet sein uriges Viehauktionsviertel der Stockyards und die pompöse »Cowboy Hall of Fame« zugleich auf, um Gegenwart und Geschichte der Cowboykultur zu feiern. Ein Unikum ist sein Kapitol, denn es ist das einzige in den USA, auf dessen Grundstück nach Öl gebohrt wird.

Ja, das Öl. Neben Texas kann Oklahoma ein Lied davon singen. Farmer, die über Nacht reich wurden, nannte man *oileys*. Dennoch, so robust das Image des Staates durch Cowboys, Indianer und Ölpumpen, die scheinbar mühelos den Reichtum aus dem Boden holen, auch sein mag, de facto bleibt sein Haushalt sehr fragil, d.h. abhängig von den Preisen der Hauptprodukte Öl, Gas und Getreide.

Die Route 66 hat damit keine Probleme. Im Gegenteil, sie scheint sich hier heimischer zu fühlen als anderswo, denn sie durchkreuzt das Land auf eine Art, als sei sie schon vor ihm da gewesen. Auch sonst gibt es Berührungspunkte: die Konzeption der Route durch seinen Gründervater Avery, die Niederlassung der Petroleumfirma Phillips 66, die Geburt von Will Rogers, die Balladen des Woody Guthry, die Schauplätze von Steinbecks »Grapes of Wrath« – sie alle entstanden oder spielten hier. Auch die neuen Country&Western-Superstars, Reba McEntire und Garth Brooks, zählen dazu. (Allerdings schmeckten den Oklahomans die Steinbeckschen Früchte ganz und gar nicht. Sie fühlten sich derart

Oklahoma im Sandsturm:

die Katastrophe der »Dust Bowl«

– Landesgeschichte in Comic-Form

15

Volksheld mit Lasso: Will Rogers in Arbeitskleidung

diskriminiert, daß viele Bibliotheken sich weigerten, den Roman zu führen.)

Apropos Will Rogers: Der Mann mit dem gesunden Pferdeverstand eines Western-Charakters und gewitzte Cowboy-Star, vergleichbar höchstens noch mit Teddy »Cowboy« Roosevelt, Buffalo Bill oder Daniel Boone, hat auf der Route nicht nur jede Menge Spuren hinterlassen, sondern ihr streckenweise sogar seinen Namen gegeben.

Als sie komplett war, bestand der Staat gerade mal 19 Jahre. Für Oklahoma, das vorher als »Indian Territory« firmierte, brach ein neues Zeitalter an, was man an den Trampern, den Burma-Shave-Zeichen und den Neons ablesen konnte.

Unter den acht US-Staaten, die die Route 66 zusammenhält, gibt sich Oklahoma die größte Mühe bei der Denkmalpflege. Viele neue Straßenschilder erleichtern die Orientierung, in **Clinton** wurde ein neues Route-66-Museum eröffnet, und der eine oder andere Oldtimer erstand wieder in neuer Frische: z.B. der »Blue Whale« von **Catoosa**, das Überbleibsel eines ehemaligen Fun Parks, das lange Jahre am Weiher an der Straße mit erstarrtem Lachen und etwas abbröckelnder Restfarbe gedümpelt hatte. Anfang 1997 kam nun der Gouverneur höchstpersönlich und weihte den strahlenden Neuanstrich des Moby Dick ein.

Angesichts seiner beträchtlichen Größe, durchquert die Route 66 den »Lone Star State« **Texas** ausgerechnet an seiner schmalsten Stelle, am »Pfannenstiel«, dem »Panhandle«. Diese Region, einst bekannt als »Land des kurzen Grases und der langen Hörner«, gehört zum nördlichen Teil des besonders Karl-May-Fans bestens vertrauten Llano Estacado, der wiederum das Südende der Great Plains bildet. Seit Indianer und Büffel nach den Kriegen am Red River (1875) verschwunden sind, dreht sich hier alles um *agribusiness*, Viehzucht und Öl.

Gleichzeitig hat sich die Blüte von Kunst und Kultur weder vom Staub noch von den Cowboys behindern lassen, vor allem in **Amarillo** nicht, der unbestrittenen Hauptstadt des »Panhandle«. Die meisten kennen Fotos von der skurrilen **Cadillac Ranch**, aber daß sich Amarillo sein eigenes Sinfonieorchester und eine Ballett-Truppe hält, die nicht den Square dance (eine Art texanischer Schuhplattler) aufs Parkett legt, sondern sich durchaus an Tschaikowskys »Nußknacker Suite« heranwagt, verdient Respekt.

Unverhofft birgt die unmittelbare Nachbarschaft von Amarillo noch eine weitere Überraschung, vor allem deshalb, weil man damit angesichts der brettgeraden Oberfläche nicht rechnen würde: den tief ins Terrain eingeschnittenen **Palo Duro Canyon**, wo Wandersleute, Kletterer und Reiter sich austoben können und Erosionsfreunde ins Schwärmen geraten.

Nur ein paar Windräder weit entfernt liegt die Grenze zu **New Mexico**, zum »Land of Enchantment«, das der »66« den Anschluß an den Rest der Nation verdankt. Weitgehend zumindest, denn so ganz ist ihm das auch bis heute nicht gelungen. Vieles geht hier noch seinen gemächlichen Gang – im Eselstempo (das heißt: *burro back*). Und so mancher Brief landet erst mal in Mexiko, weil sich noch nicht herumgesprochen hat, daß New Mexico ein US-Bundesstaat ist.

Vorreiter der Anbindung an die Union war die berühmte Eisenbahngesellschaft, die vor allem den Indianertourismus und den Handel mit indianischem Kunstgewerbe förderte. Bereits 1926, also im Geburtsjahr des Highway, hatte die Santa Fe Railroad Kalender herausgegeben, deren geschönte Indianerbilder Natürlichkeit und Freiheit als verlockende Alternativen zu den Städten des Ostens anpriesen, um für Extratouren zu den Indianersiedlungen, für sogenannte »Indian Detours«, zu werben. Indianisch drapierte und eigens ausgebildete »Fremdenführer« begleiteten die Züge, die »Chief« oder »Super Chief« oder »Navajo« hießen. Die Pueblos am Rio Grande, prähistorische Siedlungen und Missionskirchen wie zum Beispiel **Pecos** gehörten zu den gefragtesten Stopps.

Im Vergleich zum Komfort der Züge *(smooth-riding)* war der Autotrip in den Südwesten am Anfang noch eine höchst abenteuerliche Sache – angesichts zweifelhafter Tankstellen, spukiger Tierskelette und gestrandeter »Model Ts« im Straßengraben.

Kurz vor **Santa Fe**, seit langem die heimliche Hauptstadt des Milden Westens, fädelt sich die erste Route 66 (die zweite nahm nach 1937 direkten Kurs auf Albuquerque) ins Netz ihrer Vorfahren ein, denn der Pecos und Santa Fe Trail suchen genau hier den

Der »Moby Dick« von Catoosa vor seiner Wiederauferstehung

17

Indianertourismus in der Eisenbahnwerbung

Anschluß an den nach Mexiko führenden El Camino Real. Und auch die Bahngeleise verlaufen so, als würden sie die alte Hauptstadt ansteuern. Doch im letzten Augenblick schrecken sie vor den Sangre de Cristo Mountains zurück, schlagen einen Haken und begnügen sich mit dem Provinzbahnhof Lamy, ein paar Meilen südlich von Santa Fe.

Mehr noch als New Mexico sammelte **Arizona** touristische Pluspunkte entlang des alten Highway: Geologische Denkmäler wie **Painted Desert, Petrified Forest, Meteor Crater** und der (nicht allzu abgelegene) Grand Canyon zählen nach wie vor zu den Highlights der Region. Das kuriose Zelt-Motel in **Holbrook**, die von den »Eagles« besungene Straßenecke von **Winslow** und der »Museum Club« in **Flagstaff** sind Adressen, die jeder Route-66-Fan gesehen haben sollte, wenn er sich zu Hause noch blicken lassen will.

In **Seligman** trennt sich der Highway entschiedener denn je vom »Großen Bruder« Interstate und geht seine eigenen Wege durch die Wüste. Westlich von Kingman macht er das gleich noch einmal, jetzt über den riskanten **Sitgreaves Pass**, der anfangs von den Autos oft nur im Rückwärtsgang bewältigt werden konnte.

Fern von seinem glamourösen Image gibt **Kalifornien** seinen Einstand einsam und knochentrocken: vom **Colorado River** über die stille Wüstenpiste der **Mojave National Preserve**. Nur dann und wann zeigen sich minimalistische Spuren menschlicher Existenz, No-name-Orte wie **Essex** zum Beispiel. Als TV-Talkshow-Veteran Johnny Carson zum ersten Mal dieses Nest entdeckte, spendierte er den Leuten eine Relaisstation. Aus Mitleid. Fortan hatten die Essexer TV und konnten Johnny im Kanal von NBC gucken.

Zu guter Letzt stürzt der **Cajon Pass** dramatisch in das einst als irdisches Paradies gepriesene, heute meist smogverhangene Los Angeles Basin. Daß sich die rosigen Zeiten dort unten geändert und die Obstgärten und Orangenhaine am Fuße der San Gabriel Mountains in einen schier unendlichen Korridor aus Eigenheimen und Shopping Centers

Die Ruinen von Pecos Pueblo auf einer Lithografie von 1848

verwandelt haben, bekommt der 66-Getreue zu spüren, wenn er das mühselige Wegstück von **San Bernardino** nach Westen durchsteht. Einziger Lichtblick am Ende des Vorstadt-Tunnels: **Pasadena**, eine immer noch unterschätzte Zierde im endlosen Siedlungsteppich von **Los Angeles**.

Dieser zeigt sich entlang der Route zwar nicht von seiner Schokoladenseite, aber dafür in einem ziemlich repräsentativen Querschnitt: vom Anfang des Sunset Boulevard über **Hollywood**, **Beverly Hills**, **Westwood** nach Santa Monica.

Von Europa aus nonstop in L.A. zu landen ist eine Sache, nach über dreieinhalbtausend gefahrenen Kilometern hier anzukommen eine andere: Der erstickende Verkehr, die aggressiveren Fahrstile, die vielen Selbstdarsteller und ihr schrilles Getue – all dies schließt beinah nahtlos an Europas Großstadtszenen an; es wirkt aber nach einer wochenlangen Reise durch die Provinz plötzlich fremd. Diese Erfahrung läuft dem gängigen Klischee zuwider, der alte Highway löse seine Versprechungen erst in dem Maße ein, wie er weiter nach Westen vordringe. Stellvertretend für viele, träumte die Familie Joad in Steinbecks »Früchte des Zorns« in dieser Richtung. Doch am Ende mochte niemand in Kalifornien die armen Schlucker aus der windigen Pampa.

So halten sich Erwartung und Erinnerung letztlich doch noch die Waage: Viele Menschen, Landschaften, Rede- und Umgangsformen weiter östlich erinnert man als einfach, angenehm und aufrichtig, ja, fast wie ein verlorenes Paradies. Ist (oder war) nicht das auch die Route 66?

Wie auch immer, in **Santa Monica**, dicht vor den Klippen über dem Ozean, ist Endstation: für eine *route Americana*, eine Collage amerikanischer Alltagskultur am laufenden Meter, durch acht Bundesstaaten, mehr als 300 Städte und drei Zeitzonen – 2 249 Meilen oder 3 598 Kilometer. ✥

II Geruhsam oder gerädert
Vorschläge zu Tempo und Timing

*»Die Route 66 ist eine gigantische Rutschbahn,
auf der alles, was in diesem Lande locker sitzt,
letztlich auf Südkalifornien niedergeht.«*

(Frank Lloyd Wright)

Fünf Tage, acht Stunden, Tempo 90: das schafft, so läßt sich errechnen, die Gesamt-
strecke Chicago–Los Angeles, aber eben auch den Fahrer und sein Sitzfleisch. Kurz, das
»Augen-zu-und-durch-Prinzip« paßt schlecht zur Route 66.

Aber auch der Nostalgietrip im Schneckentempo birgt Probleme. Vieles entlang der Route verführt dazu. Schon die nachfolgend gedruckten Protokolle der einzelnen Etappen, die den täglichen Ariadnefaden auslegen, ziehen sich in die Länge. Das kommt davon, wenn man Mythen und Phantome messen will: Sie rächen sich an den Realisten. Es zeigt sich nämlich, daß man die Originalstrecke oft wie die Stecknadel im Heuhaufen suchen muß.

Die Bruchstücke des grau-rosa Betons im Netz moderner Verkehrswege aufzuspüren gelingt meist nur mit detektivischer Beharrlichkeit und mündet in ein verschlungenes Drunter und Drüber zwischen Interstates und Eisenbahnschienen, über Brükken und durch Unterführungen. Ganz zu schweigen von den entmutigenden Schildern: ROAD CLOSED und DEAD END. Oft helfen nur die Telefonmasten als Pfadfinder.

Manchmal erinnert so ein Kreuzstichverfahren an alte Pilger-Itinerarien, an deren Strapazen ebenso wie an die Devotionalien, die es überall und massenhaft zu erwerben und die zu versäumen als Sündenfall gilt.

Das vorliegende Buch schlägt deshalb einen Reiserhythmus zwischen Blitzaktion und Pilgerfahrt vor, weil sich die 14 gewählten Routenabschnitte in gemäßigten Grenzen halten. Nur die Strecken Chicago–St. Louis und Kingman–Pasadena ziehen sich kritisch in die Länge. Im ersten Fall hilft eine Übernachtung in Springfield, im zweiten frühes Aufstehen.

Das gewählte Timing schließt, von winzigen Schlenkern, die zu vernachlässigen sind und selbst Puristen nicht stören werden, sowohl die komplette Originalstrecke als auch ausreichende Verschnaufpausen für den Genuß der historischen und sonstigen Highlights ein. Wer auch diese Zeiteinteilung zu puristisch findet, sollte es wie beim Froschhüpfen halten, d.h. sich hier und da ein paar nostalgische Partien oder touristische Rosinen herauspicken, aber zwischendurch die Interstates als Zeitraffer benutzen. Da ihre Auf- und Abfahrten *(exits)* in der Regel nicht weit und auch bestens ausgeschildert sind, fällt der Tempowechsel leicht. Genießer werden den roten Faden der Route ohnehin nur als eine Art Zubringer zu den Highlights in dessen Nähe nutzen: Chicago zum Abstecher

Reisen auf dem Santa Fe Trail: Fotogravur nach einem Ölbild von P. Morgan 1893 ...

... und Reisen rund 40 Jahre später

zu den Großen Seen; St. Louis zum Besuch des Mark-Twain-Städtchens Hannibal; Missouri zur Tour in die Ozark-Berge, ins Wine Country oder in die Country & Western-Hochburg Branson; Santa Fe zum Ausflug nach Taos, zum Taos Pueblo und anderen Indianersiedlungen am oberen Rio Grande; Grants für Exkursionen nach Acoma; Thoreau, um die Hopi-Dörfer zu besuchen; Gallup für eine Stipvisite im Zuni Pueblo, ja, und Flagstaff bietet ein touristisches Spektrum im 360-Grad-Winkel: allem voran den Südrand des Grand Canyon, den Sunset Crater und die Wupatki-Ruinen, den malerischen Oak Creek Canyon und Sedona, das Baden-Baden Arizonas mit spirituellen Obertönen.

Von Kingman ist es nicht weit bis nach Las Vegas, und wer sich in San Bernardino entscheidet, vor dem letzten Stück Route 66 noch eine Pause einzulegen, kann dies geruhsam in der Wüstenoase Palm Springs tun. Auch die Highlights von Los Angeles brauchen sich nicht zu verstecken, man muß nur Zeit dafür haben: für den Kulissenzauber in den Universal Studios in Hollywood oder Disneyland.

An einigen Stellen wurde unter den Varianten in der Streckenführung bewußt ausgewählt: die Einfahrt nach St. Louis über die Umgehung durch die Interstate (statt der Ortsdurchfahrt durch Venice – aus Sicherheitsgründen) und westlich von Santa Rosa, New Mexico, die ältere Route über Santa Fe (statt der Direktverbindung nach Albuquerque – aus ästhetischen Gründen). ✦

III Chronik
Baugeschichte einer Legende

»Historiker des 26. Jahrhunderts sollten wissen, daß amerikanischer Kitsch und schlechter Geschmack auf der Route 66 möglicherweise in den Krokodilsfarmen und »indianischen« Trading Posts gipfelten. Aber die 66 umspannte die Nation, war die Geburtshelferin des Motelzeitalters, und der Wind, der ihren Staub aufwirbelte, trieb auch die grundlegenden Veränderungen Amerikas an.«

(J. L. Jones, Herausgeber und Verleger der *Tulsa Tribune*)

In der Ur- und Frühgeschichte der amerikanischen Straßen schaffen Indianer, Entdecker, Trapper, Pioniere, Eisenbahnkonstrukteure und frühe Siedler ein wenig zusammenhängendes Netz aus Trails und anderen unbefestigten Wegen. Die ersten Straßenkarten erscheinen 1789. Als Thomas Jefferson von Virginia zum Continental Congress nach Philadelphia reist, muß er wiederholt Pfadfinder anheuern.

1790   Zu den ersten Landstraße im europäischen Sinn gehören der 62 Meilen lange »Philadelphia and Lancaster Turnpike«, die »Boston Post Road« zwischen New

Prärie-Schooner als Cabrio: sportliche Variante eines alten Transportmittels im Mittleren Westen

Der Segel-Wagen der Prairien.

Bis in die 30er Jahre war dies die einzige Autostraße (»plank road«) durch die kalifornische Mojave-Wüste

York und Boston, die »Wilderness Road durch Kentucky« (angelegt vom *frontier hero* Daniel Boone) und die »Great Road«, die Philadelphia mit der Mündung des Conestoga River in Pennsylvania verbindet.

In dessen Tal wird der erste amerikanische Lastwagen gebaut, der von Pferden gezogene *Conestoga wagon*. Die frühen Siedler bevorzugen allerdings den beweglicheren *prairie schooner*, den Maultiere und Ochsen wie Segelschiffe durch die Grasmeere ziehen. Zum Fuhrpark der frühen Jahre gehören außerdem die *carretas* der mexikanischen Händler (Karren mit zwei Holzscheibenrädern aus drei Teilen, die seit der Zeit der Konquistadoren im Einsatz waren) und die Handkarren der Mormonen. Um die Mitte des 19. Jahrhunderts nutzen die Prärie-Ärzte Buggies, die Post (Overland Mail seit 1858, seit 1866 Wells Fargo) Kutschen *(stagecoachs)* und Pferde (der kurzlebige Pony Express 1860–61). Die Hauptlast des Personen- und Güterverkehrs übernimmt schließlich die Eisenbahn.

1890 ff. Am Ende des 19. Jahrhunderts bedeutet *road* immer noch *railroad*. Insgesamt sind bereits 200 000 Meilen Schienen verlegt. Die Eisenbahn beherrscht praktisch den gesamten Reiseverkehr über Land. Die ersten Autos erscheinen auf dem Plan, und in kürzester Zeit schießen Automobilfabriken aus dem Boden. Entdeckernamen zieren die Modelle: De Soto, La Salle, Cadillac und Hudson. Sie sind teuer, unzuverlässig und zum Fürchten. »Es wird niemals Leute geben, die sich auf eine Explosion setzen«, bemerkt ein Zeitgenosse. 1899 organisiert sich der Amerikanische Automobilclub (AAA). Um die Jahrhundertwende gibt es 8 000 Autos und die ersten Nummernschilder.

1903 Erste Durchquerung der USA mit dem Auto. Sie verläuft über Schotter, Holzplanken *(plank roads)* und mit Ziegelsteinen befestigte Wegstrecken. Henry Ford gründet seine Autofirma. 1904 erscheint die erste Rand-McNally-Straßenkarte. 1905 erhält die erste Straße eine Asphaltdecke.

1908	Henry Ford bringt sein berühmtes Auto »Model T« auf den Markt, das bald den Kosenamen »Tin Lizzie« bekommt. Preis: 800 Dollar.
1909	Obwohl bereits um die Jahrhundertwende erfunden, werden zum ersten Mal Asphalt und Zement in größerem Umfang als Straßenbefestigung eingesetzt. Die »Model Ts« vermehren sich schnell: 19 000 sind bis jetzt verkauft, vier Jahre später werden täglich 1 000 Stück produziert.
1910 ff.	Das Auto (inzwischen gibt es schon eine halbe Million davon) beginnt die Nation zu verändern, die Macht der Schiene zu brechen und den Tourismus anzukurbeln. Eine entsprechende Infrastruktur entsteht: An der Straßen nehmen Benzinsäulen *(filling stations)* Platz, und als Begleiterscheinung der neuen Mobilität gewinnen Straßenkarten immer größere Bedeutung.

Als erste Mineralölfirma verteilt 1914 die Gulf Oil Company solche Karten kostenlos. Andere Benzinfirmen folgen dem Beispiel. Die Karten bemühen sich um eine attraktive Cover-Gestaltung (oft Frauen in Cabrios mit wehenden Haaren), um den Benzinverkauf zu fördern. Nach Rand McNally geht ein zweiter kartographischer Verlag ins Rennen: die General Drafting Company in New York.

Dennoch boykottieren viele Farmer anfangs die Autofahrer. So manches empfindliche Model-T-Gefährt bleibt in gezielt ausgehobenen Schlammgru-

Straßenpflasterung 1917: Ein Arbeitstrupp schaffte 100 bis 200 Meter pro Tag – bei einer Straßenbreite von gut sechs Metern

Service unterwegs ist Trumpf: Von Anfang an verwöhnen die Benzinfirmen ihre Kunden mit ansprechenden Tankstellen und gutem Kartenmaterial

ben stecken. So konnte man die Fahrer, die man als blasierte Städter verachtete, wenigstens kostenträchtig bergen.

1913 Die Einführung des Fließbands *(assembly line)* durch Ford drückt den Preis des »Model T« auf 345 Dollar.

1914 Entlang der Eisenbahnlinien entsteht der »National Old Trails Highway« – als Vorläufer der Route 66. Inzwischen fahren zwei Millionen Autos in den USA.

1916 Präsident Woodrow Wilson unterschreibt den »Federal Air Road Act«, ein Gesetz zur Schaffung von Nationalstraßen *(interstate roads)* und deren Finanzierung durch den amerikanische Steuerzahler. Ein Jahr später gründet Frank Phillips in Oklahoma die »Phillips Petroleum Company«.

1920 Besonders im Westen wächst der Wunsch nach einer durchgehenden Ost-West-Verbindung. Vor allem die ländliche Bevölkerung und populistische Gruppen setzen sich für mehr

Straßen ein *(better roads movement)*, um das monopolitische Gebaren der Eisenbahngesellschaften den Farmern gegenüber zu brechen. Der Automobilclub führt die Lobby für den Straßenbau an.

Die verbesserte Anbindung, die steigende Autoproduktion und feste Straßendecken münden in eine neue Freude am Autofahren. Eine Art Automanie nimmt in den »Roaring Twenties« ihren Lauf: mit ca. zehn Millionen Fahrzeugen 1920 und mit 23 Millionen im Jahre 1929.

1921 Der Kongreß bewilligt erneut beträchtliche Steuermittel für den Ausbau des Straßennetzes. Die Fastfood-Welle gewinnt Kontur. Die erste Verkaufsbude der Kette »White Castle Hamburger« macht in Wichita, Kansas, auf; im texanischen Dallas entsteht der erste Drive-In. Die Nation bereitet sich auf ihre Hauptmahlzeit vor: Hamburger mit *French fries*.

Vater der Route 66: Cyrus Stevens Avery

1923 Der erste nationale Highway, der »Lincoln Highway« (später US 30, dann I-80) wird dem Verkehr übergeben: Er verbindet New York und San Francisco über weite Strecken durch eine Matsch- bzw. Geröllpiste. Die Farbwahl seines Schildes zielt auf patriotische Nebenwirkungen: ein »L« auf einem weiß, blau und roten Feld.

1924 f. Die Treibstoffindustrie gewinnt an Boden. Die sich wie Pilze vermehrenden Tankstellen setzen durch den Anbau von Toiletten schon früh auf Kundenfang. (Tankstellen-Statistik: 1921: 12 000, 1927: 116 000, 1929: 143 000, 1933: 170 000 und 1940: 231 000.) Die harten Straßendecken wachsen gewissermaßen von ihren Enden her: Illinois und Kalifornien bilden die Vorreiter, Oklahoma ist das Schlußlicht. Der in Tulsa, Oklahoma, ansässige Geschäftsmann und Verkehrsexperte Cyrus Stevens Avery kämpft am hartnäckigsten für eine Durchgangsstraße, nicht ohne den Hintergedanken, daß eine transkontinentale Achse zwischen dem sogenannten *heartland* und dem Westen die Wirtschaft in Oklahoma ankurbeln würde.

1925 Die Bundesstraßen erhalten Nummern – für solche in Ost-West-Richtung gerade, für die in Nord-Süd-Richtung ungerade Zahlen. Damit zerfällt auch der Lincoln Highway in regionale Einzelteile mit unterschiedlichen Nummern. Die generelle Umstellung stößt anfangs auf Kritik. Die »New York Times« schreibt: »Manchen Reisenden, die über den Lincoln oder Jefferson Higway fahren, mögen die Tränen kommen. Aber wie sollen sie einen *kick* aus einer 46 oder 55 oder 33 bekommen?«

Burma-Shave, Firma- und Markenname der ersten Rasiercreme, die einen Rasierpinsel überflüssig machte, stellt sein erstes »jingle« an der Straße auf – eine Sequenz von Tafeln mit Textbrocken, die sich (mehr oder weniger gut) reimen und auf eine Pointe hinauslaufen:

HE HAD THE RING
HE HAD THE FLAT
BUT SHE FELT HIS CHIN
AND THAT
WAS THAT (1934)

Einige Sprüche verbanden die Eigenwerbung mit dem Appell, vorsichtig zu fahren:

PAST
SCHOOLHOUSES
TAKE IT SLOW
LET THE LITTLE
SHAVERS GROW (1934)

Die letzten Schilder wurden 1963 abmontiert. (Vgl. auch S. 143, 216.)

Eßplatz für Mobile. Die Bauelemente signalisieren Tempo: Simon's Drive-In, 1939, Los Angeles

Komfort auf dem Lande: Während der Obstverkäufer in der Sommerhitze schwitzt, sorgt der gut gekühlte »Packard« für zufriedene Gesichter

1926 Geburtsjahr der Route 66: am 11.11. erhält der von Avery konzipierte und promotete US-Highway offiziell die Nummer 66. Avery gilt fortan als »Father of Route 66«. Allerdings besteht die als »Agent des Fortschritts« begrüßte Strecke zunächst noch aus einem Flickenteppich unterschiedlich brauchbarer Wege und *dirt roads*. Doch zweifellos markiert Averys Pioniertat den Wendepunkt vom Straßenbau als kommunale Initiative zu koordinierter staatlicher Planung – eine Weichenstellung, die fortan zur Auflösung regionaler Kultur und zu einer Angleichung des *American Way of Life* beitragen wird. (So wie die Bundesstraße die Landstraße, lösen die Filme aus Hollywood die regionalen Vaudeville-Theater ab und leisten damit ihren Beitrag zu einem gemeinsamen Bildervorrat der Nation.)

Ein dritter großer Kartographie-Verlag orientiert jetzt die Nation: die J.M. Gousha Company. Zwischen 1914 und 1964 werden vier Milliarden Straßenkarten unters Volk gebracht.

1927 Ein 90tägiger Marathonlauf von Los Angeles nach Chicago soll Werbung für die neue Arterie machen.

Der zunächst sechs Meter breite Highway lockt routenspezifische Serviceangebote für die mobile Kundschaft an. Einfache Unterkünfte wie *auto, tourist* oder *camping courts* und kleine Motels entstehen, ebenso erste Drive-Ins und Tanzlokale. Die *auto courts*, bei denen man vorher bezahlt, präsentieren sich als autobezogene Alternative zu den traditionellen Innenstadthotels in Bahnhofsnähe. Camping gewinnt an Popularität, besonders in Missouri. Phillips' erste Tankstelle macht das Highway-Schild zu seinem Markenzeichen: »Phillips 66«.

Wenn die Herrschaften in ihren 1920er Roadstern anrollen, ist alles noch frisch: die Straße, die Autos, das Land, die Stopps in den kleinen Städten am Wege. Besonders die Werbung der Auto- und Mineralölfirmen suggeriert dem Städter, mit dem Auto das wahre Amerika und die heile Welt der Bauernhöfe erleben zu können. Einzelne Motelbesitzer hocken vor ihren Herbergen und halten, wenn ein Auto vorbeikommt, den Übernachtungspreis aus einem Pappschild hoch: acht Dollar zum Beispiel.

1929 Das »Model T« kostet jetzt 290 Dollar. Der verbesserte Straßenzustand der Route 66 (die Staaten Illinois und Kansas sind durchgehend asphaltiert, Missouri zu zwei Dritteln, Oklahoma zu einem Viertel) gibt mehr Anlaß zum Optimismus als die Lage der Gesamtwirtschaft. Der »Black Friday« führt zum Börsenkrach, die Stunde der »Great Depression« hat geschlagen.

1930 ff. Um Arbeitsplätze zu schaffen, fließen weitere Staatsgelder in den Straßenbau, darunter auch einige Projekte der staatlichen Arbeitsbeschaffung, der »Works Progress Administration« (WPA). Das *highway business* wächst: Immer mehr Tankstellen, *tourist courts*, Cafés, Hamburgerstände und Souvenirläden tummeln sich am Highway. *Food, fuel and lodging* lautet der klassische Dreiklang entlang der Route. Durchweg handelt es sich dabei um Familienunternehmen, was u.a. auch der Kundenfreundlichkeit Auftrieb gibt.

Bedingt durch die wachsende Konkurrenz im Kampf um den Touristen-Dollar, entwickeln die Tankstellen neue Erscheinungsbilder. Das Art déco oder der britische Landhausstil beeinflussen ihr Design. Zapfsäulen werden im Stil spanischer Missionen umbaut und ganze Gebäude »in Form von« errichtet. Einzelne Tankstellen, Imbißbuden und Motels sehen aus wie Eisberge, Indianerzelte, Leuchttürme, Windmühlen, Flaschen, Kaffeekannen oder Flugzeuge. Augenfallen locken zusätzliche Kunden an: nachgebaute mittelalterliche Burgen, Gips-Dinosaurier, Milchflaschen im Superformat und jede Menge Vergnügungsparks – *roadside tourist kitsch.*

Filling stations werden in *service stations* umbenannt, die meist mit uniformierten Bediensteten aufwarten, denn der Service wird immer wichtiger.

1934 Dürreperioden und atemberaubende Sandstürme verwandeln weite Landstriche des Süd- und Mittelwestens, die sogenannte »Dust Bowl«, in Mondlandschaften und vertreiben Hunderttausende Farmer.

Unter dem Motto »California or bust« fliehen die »Okies« und »Arkies« aus Texas, Oklahoma, Arkansas, Kansas und Colorado mit Cargo und Matratzen auf ihren Autodächern nach Westen. Die wirtschaftliche Flaute verstärkt noch die Heftigkeit des Exodus. Für die geschätzten 350 000 Betroffenen wird die Route zur *road of flight*, zum »Dust Bowl Highway«, aber auch zur *road of hope*, denn die Hoffnungen richten sich auf den angeblich »goldenen Westen«. Viele bleiben auf der Strecke; an den Straßenrändern häufen sich die Wracks.

1937 Die Route hat auf ihrer Gesamtlänge festen Bodenbelag; das letzte »offene« Stück zwischen Afton und Miami in Oklahoma ist geschlossen. Auch die Abkürzung in New Mexico ist fertig, statt der bisherigen Streckenführung über Santa Fe und Los Lunas verläuft die Route nun von Santa Rosa aus direkt nach Albuquerque und spart unterwegs 98 Meilen ein.

1938 Der Service an den Tankstellen legt noch einmal zu. Einige von ihnen (z.B. Phillips 66) starten Kreuzzüge für saubere Toiletten und bieten Trupps lächelnder Highway-Hostessen auf, hilfsbereite Schwestern, die die Straße patrouillieren und die sanitären Anlagen inspizieren. Außerdem sorgen sie für Erste Hilfe oder helfen reisenden Müttern beim Windelwechsel.

Dennoch: Im Vorfeld des Zweiten Weltkriegs neigt sich die goldene Ära des Designs der Tankstellen ihrem Ende zu. Ihr Erscheinungsbild wird fortan nüchterner, praktischer und ökonomischer.

1939 Das Schicksal der Familie Joad in John Steinbecks »Früchte des Zorns« bewegt die Öffentlichkeit. Der Roman thematisiert die Flucht der sturmgebeutelten Farmer aus dem Mittelwesten nach Kalifornien. Die US 66 spielt als »Mutter aller Straßen« (Mother

Uhu als Eisbude: 1925 in Los Angeles

Flugzeug als Tankstelle: 1934 in Los Angeles

31

	Road) mit, was fortan ihren Mythos begründet. Im Folgejahr verfilmt John Ford den Roman mit Henry Fonda.

1940 ff. In den späten 30er Jahren, nachdem sich in der Dust Bowl der große Wind gelegt, Regen die Plains in fruchtbares Ackerland zurückverwandelt hat und aus armen Schluckern reiche Farmer geworden sind, bringt der Kriegsausbruch neuen Schwung auf die Route 66. Enorme Investitionen der Kriegsindustrie in Kalifornien lösen eine massive Migration von Arbeitskräften aus, und zahlreiche Ausbildungslager und andere militärische Einrichtungen entstehen in der Nähe der Route. Die »66« dient als Hauptachse des Militärverkehrs, für Waffentransporte und Truppenbewegungen. Für die Zivilbevölkerung werden Gummi und Benzin knapp; Coupons regeln die Rationierung.

1945 Nach Kriegsende bricht das Goldene Zeitalter der Route 66 an, denn eine ungeahnte automobile Reiselust läßt das Tourismusgeschäft blühen. Da die meisten Kunden inzwischen zahlungskräftiger, wählerischer und anspruchsvoller geworden sind, heizt das den Wettbewerb der Etablissements untereinander an. Vor allem sind komfortablere Unterkünfte gefragt, Motels mit Pool, TV und Klimaanlage.

1946 Jack D. Rittenhouse veröffentlicht in Los Angeles »A Guide Book to Highway 66«, den ersten einschlägigen Reiseführer. Er avanciert zur Bibel unzähliger Motoristen und trägt zur Popularisierung der Route bei. Bis heute wird er unverändert nachgedruckt: ein Reiseführer, in dem die Zeit stehengeblieben ist – und damit seinem Thema adäquat.

1947 Unterwegs auf der Route 66 nach Los Angeles schreibt Bobby Troup zusammen mit seiner Frau Cynthia den Klassiker »Get your kicks ...« ganz im Stil des Nachkrieg-Booms und verkauft ihn anschließend in L.A. an Nat

Mit Sack und Pack: »Okies« auf dem Weg in den goldenen Westen

»King« Cole. Der Song wird auf Anhieb ein Hit. Er zeichnet die musikalische Landkarte der Straße, die von zahlreichen anderen Interpreten variiert wird, u.a. von den Andrew Sisters, Bing Crosby, Chuck Berry und den Rolling Stones.

Später äußert sich Cynthia Troup kritisch über Route und Text: »Für mich war sie eher eine lange Straße mit billigen Hotels und Restaurants. Außerdem versteh' ich wirklich nicht, warum Albuquerque im Song fehlt.«

1948 In San Bernardino, Kalifornien, eröffnet der erste McDonald's-Laden. Im gleichen Jahr importieren die USA zum ersten Mal in ihrer Geschichte Rohöl, weil der Bedarf die eigenen Fördermengen übersteigt.

»Phillips 66«-Kampagne für saubere Tankstellen-Toiletten

1950 ff. In der Nachkriegszeit beginnt die drastische Ausdehnung der Vorstädte, die *suburban expansion*, an deren Straßen der sogenannte gute Geschmack Einzug hält. Tankstellen, Imbißlokale und Motels verzichten zunehmend auf orginelles Dekor oder Ornamente zugunsten normierter Baukörper.

Für den wachsenden Tourismus legen sich die Unternehmen entlang der Route 66 noch einmal heftig für Souvenirjäger und leichte Familienvergnügungen ins Zeug: Picknickplätze, Attraktionen für Spritztouren, Überland-Entertainment wie Tropfsteinhöhlen in den Ozark-Bergen, Schlangengruben, bizarre Zoos, Ahornsirup und Apfelsaft, richtige Indianer und Disneyland – alles wird aufgeboten.

Die Wohlstandsära der 50er Jahre inszeniert die Route 66 als eine rollende Show. Im Auto, der »mechanischen Braut der Nation« (McLuhan), läßt sich die Weite des Landes wie im Fluge erleben, während bunte Heckflossen und Autokinos für die Begleitmusik der Gefühle sorgen. Augenfutter verschaffen die riesigen Reklametafeln am Wegesrand, die *billboards*, die die amerikanischen Nachkriegsträume in einer Art Bildergalerie für jedermann nachzeichnen.

Bei einer Auto-Show im New Yorker Waldorf-Astoria Hotel wird Amerikas erster Sportwagen vorgestellt, der zweisitzige GM Chevrolet Corvette. Er entwickelt sich zum Kultmobil und inspiriert TV-Serien (auch über die Route 66),

Der Erfolg der Hamburger im ersten McDonald's-Laden in San Bernardino wird noch übertroffen von der Liebe zu den Orangen, die im nahen San-Gabriel-Tal wachsen

Filme, Songs, zwei Museen und 700 internationale Clubmitglieder. Auch die Beatniks, eigentlich auf die Revision der herrschenden Werte aus, nutzen die Annehmlichkeiten des *happy motoring* ihrer Landsleute und flankieren den Wegesrand – als Tramper.

Wachsende Verkehrsdichte, höhere Geschwindigkeiten und immer mehr Lastwagen steigern allerdings die Unfallziffern. Die Route 66 erweist sich als nicht breit genug und handelt sich als *Bloody 66* bzw. *killer road* einen schlechten Ruf ein. Reifenpannen, gefährliche Kurven, unbeschrankte Bahn-übergänge sorgen für Probleme. Weder ihre Taufe zum »Will Rogers Highway« 1952 noch Jack Kerouacs 1955 erscheinender Kultroman »On the Road« ändern daran etwas.

1956 Der »Interstate Highway Act« läutet den Anfang vom Ende der Route 66 ein, denn er ist die gesetzliche Grundlage der geplanten mehrspurigen Autobah-nen (Interstates), die kreuzungslos und ampelfrei jenem Vorbild folgen, das Präsident Eisenhower als General und viele US-Soldaten während des Kriegs in Deutschland kennengelernt hatten. Peu à peu ersetzen sie die alte Bun-desstraße und deren innerstädtische *commercial strips*. Für ganze Kleinstäd-te bedeutet das den wirtschaftlichen Garaus, denn die Interstate läßt sie plötz-lich links liegen, und viele bekommen nicht einmal mehr eine eigene Ausfahrt. Main Street, das verkehrstechnische Rückgrad der meisten Klein-städte und die Lebenslinie der traditionellen Geschäftskultur der Highway-Entrepreneure, verabschiedet sich. Monolithische Kettenbetriebe treten an ihre Stelle.

1960–64 Im Todeskampf der alten Route erwacht ihr Mythos: die Vorstellung von einer Ur-Straße als Mittel und Medium des ungezwungenen Lebens. Der Fernsehsender CBS strahlt eine über vier Jahre laufende populäre TV-Serie aus, die sich um die Abenteuer von zwei jungen Männern dreht, die in einem Chevrolet-Cabrio, der »Corvette«, auf der US 66 unterwegs sind. Motto: *going somewhere along the backbone of America.*

Der Wagentyp ist bis heute untrennbar mit der Straßennummer verbunden, obwohl in seinem Kofferraum noch nicht einmal zwei Zahbürsten oder Unterhosen zum Wechseln Platz hätten. »Meiner Meinung nach symbolisierte die Serie das Bedürfnis der Menschen, mal aus dem normalen Trott auszubrechen und ein freies Leben zu suchen«, sagt später Martin Milner, einer ihrer Darsteller.

1965 Angeführt von der rührigen Präsidentengattin Ladybird Johnson, schafft der »Highway Beautification Act« die gesetzliche Voraussetzung für die überfällige Säuberung der Highway-Korridore vom häßlichen Honky-Tonk ihrer Werbezeichen und Schilderwälder. Der visuellen Umweltverschmutzung wird der Kampf angesagt.

Immer mehr Vertreter der System-Gastronomie und -Motellerie übernehmen das Kommando und verdrängen die Familienbetriebe. Das hat auch ästhetische Folgen. Die traditionelle Tankstelle verschwindet zugunsten der anonymen Standardfiliale, die überall gleich aussieht. Grüßende, putzende oder gar winkende Hände werden durch digitale Pumpen ersetzt, nach deren Bedienung man nur noch sein Geld durch den Schlitz im Panzerglas schiebt.

1973 Das arabische Ölembargo beschert der Autofahrernation erneut Benzinrationierungen. In den Folgejahren schließt mehr als die Hälfte aller Tankstellen für immer. (1972 gab es noch 226 000, 1990 werden es nur noch 111 657 sein.) Bei den meisten der verbleibenden herrscht Selbstbedienung, die bereits 1947 in Los Angeles erfunden worden sein soll. In gewisser Weise schließt sich damit ein Kreis: Begonnen hatten sie mit einer Pumpe vor

Chicago, 1977: das letzte 66-Schild wird abmontiert

dem Kolonialwarenladen, am Ende steht wieder die Pumpe vor einem Tank-stellengeschäft.

Neben den beiden Ölkrisen (die zweite kommt 1979) sind auch die kost-spieligen ökologischen Auflagen für den Grundwasserschutz der Betriebsan-lage (Austausch von Tanks und Schutzvorkehrungen) sowie das Aufkommen spezieller Reparaturwerkstätten, die den Tankstellen ein wichtiges Nebenge-schäft wegnehmen, für das Massensterben verantwortlich. Einige halten sich noch als verfallende Denkmäler einer romantischen Ära des Benzins, andere durchlaufen bemerkenswerte Funktionswandel, indem sie als Wohnhaus, Galerie, ja, auch schon mal als Kirche wiederauferstehen. In den weitaus mei-sten jedoch nisten von jetzt ab Bars und Restaurants, Andenkenläden und Maklerbüros.

1974 In der Nähe des texanischen Amarillo ensteht die »Cadillac Ranch« als spätes Wahrzeichen der Route 66 und Hommage an die amerikanische Autokultur.

1977 Das letzte 66-Schild wird in Chicago abmontiert. An den Tankstellen gibt es keine kostenlosen Straßenkarten mehr. Fortan muß man sie kaufen oder Mit-glied beim Automobilclub AAA sein.

1983 Die erste Route 66 Association wird gegründet.

1984 f. Die Verbindung zwischen Chicago und Los Angeles besteht nun durchgehend aus den Interstate Highways I-55, I-44, I-40, I-15 und I-10. Die US 66 existiert offiziell nicht mehr, auch auf den Landkarten nicht. Als letzte Stadt auf der Route wird 1985 Williams, Arizona, durch einen *bypass* umgangen. Die alte Straße stirbt, 59jährig.

1990 ff. Der Tod gibt ihrer Mythenbildung mächtigen Auftrieb: Eine Route-66-Renais-sance greift um sich. In den betroffenen acht Bundesstaaten halten Ge-schichts- und Heimatvereine, sogenannte »Associations«, gleichnamige Bars und Diners ihr Erbe hoch. Viele der *aficionados*, der Routenliebhaber (u.a. Angel Delgadillo in Seligman, Michael Wallis in Tulsa, Bob Lundy (alias »Dr. Route 66«) in Rancho Cucamonga) sind zwar, wie die Straße selbst, inzwi-schen im beschaulichen Rentenalter, aber das tut ihrem Engagement für die *memory lane* keinen Abbruch.

1994 Das Interstate-System umfaßt mit 42 742 Meilen (68 387 Kilometer) zwei Prozent aller US-Straßen, aber 21 Prozent des gesamten Straßenverkehrs.

1997 Einzelne Streckenabschnitte der originalen 66 (etwa bei Williams und Ash Fork in Arizona) werden als Radwege empfohlen, aber im Kern bleibt der Mythos Mobilität, Freiheit und Individualismus an den motorisierten Verkehr gebunden. Am auffälligsten sicher durch die Harley-Davidson-Fans, die ihre heißen Schlitten zu Rallyes und Ritten in ein jugendliches Gefühl und einen internationalen Lebensstil nutzen. Sie sind inzwischen in die Jahre gekom-men und haben als *rich urban bikers* (RUBs) mit ihren wilden Vorfahren aus der Zeit des »Easy Rider« nicht mehr viel zu tun.

In den Souvenirshops zwischen Los Angeles und München wachsen die Sortimente des Route-66-Merchandising mit Straßenschildern, Neons, Jeans und Duftwassern. Die US-Presse läßt keine Gelegenheit aus, um sich dem Thema zu widmen; Bildbände, Foto-Essays, Videospiele (»Route 66 Travel Game«) erscheinen ebenso wie zahllose Reisetips für Leute, die im alten Stil reisen wollen. In den USA, Japan, Deutschland und den Niederlanden orga-nisieren Fan-Clubs inzwischen »Route 66 Cruises«. Sogar moderne Imitate

Oldtimer: Angel Delgadillo aus Seligman gehört zu den eifrigsten Verfechtern einer Route-66-Renaissance

des einstmals klassischen Restaurant-Designs mehren sich: die antiseptischen Futterkrippen der SONIC-Kette zum Beispiel, eine Neuauflage des Drive-In, und die nicht weniger steril wirkenden Niederlassungen der IN-N-OUT BURGER. Sie erweitern die Fastfood-Litanei amerikanischer Straßen und beten sie nach: »Hardee's«, »Wendy's«, »Burger King's«, »Denny's«, »McDonald's«, »Stuckey's«, »Taco Bell«, »Schlotzky's« und wie sie alle heißen.

Im US-Kongreß überlegt man, die Reste der Route unter staatlichen Schutz zu stellen, *to grant the highway historic status*, wie es heißt. »Die Route 66 hat den Charakter dieses Landes so wunderbar zum Ausdruck gebracht, sie darf nicht verschwinden«, lautet die Begründung. Historische Spurensicherung liegt in den USA derzeit Trend. So wurden jüngst der California Trail (3 000 Kilometer) und der Pony Express Trail (9 100 Kilometer) der nationalen Erbmasse zugeschlagen.

Dies könnte in absehbarer Zeit darauf hinauslaufen, daß die Route 66 vom National Park Service verwaltet wird, was ihr endgültig den Aufstieg zum Denkmal, Drive-in-Museum und zur Statue der Freiheit durch Mobilität sichern würde. ✧

Extratag – Programm: Chicago

Vormittag	Ecke Jackson Blvd./Dearborn St.: Frühstück bei Jacobs Brothers, **Board of Trade** – **Rookery** – **Sears Tower** – State St. – Marshall Field's – Daley Plaza – **Thompson Center** – First National Bank Plaza.
Mittag	Lunch im Italian Village oder bei Berghoff.
Nachmittag	**Federal Plaza** – **Marquette Building** – **Harold Washington Library**.

Einen Stadtplan von Chicago finden Sie auf der beiliegenden separaten Karte.

Alternativen: Michigan Avenue und Magnificent Mile. Michigan Ave. bildet die östliche Grenze der Loop, an ihrer Achse entlang dehnt sich die City nach Norden aus. Während sie vom Congress Pkwy. bis zum Chicago River eine Vielzahl von architektonischen Highlights, Kulturinstituten, darunter das weltberühmte Art Institute, aneinanderreiht, wird sie jenseits davon zur Einkaufs- und Flanierstraße »Magnificent Mile«. An der Ecke Congress Pkwy. beherbergt das **Auditorium Building**, das den Ruhm des Architekten-Duos Adler und Sullivan begründete, das **Auditorium Theater** und die **Roosevelt University** mit schöner Aussicht auf Park und Michigan-See. Im **Fine Arts Building** stellte einst der Wagenmacher Studebaker seine Karossen und Kutschen aus, um den Farmern entgegenzukommen, die das Verkehrschaos in der Stadt fürchteten. Heute beherbergt es Musikstudios, Ateliers und das »Fine Arts Cinema«.

An der Ecke Jackson St. fällt ein strahlendhelles Gebäude mit glänzender Terrakotta-Fassade auf, das **Santa Fe** oder **Railway Exchange Building**, in dem die Chicago Architecture Foundation residiert. Dieses Gebäude wurde ebenso wie das **People's Gas Building** nördlich von Adams St. nach Daniel H. Burnhams Entwurf um einen glasüberdachtem Lichthof gebaut. Burnham entwarf hier seinen berühmten »Plan of Chicago«, die Vision einer ästhetisch und funktional durchdachten Stadt mit breiten Alleen, radialen Achsen, tiefergelegten Schienen und dem Seeufer als Park.

Der **Grant Park**, von Frederick Law Olmsted gestaltet, gehört zu den Schmuckstücken der Stadt, die mit Stolz darauf verweist, daß das Seeufer beinahe auf seiner gesamter Länge Parkgelände und öffentlich zugänglich ist. Auf Michigan Ave. folgen zwei weitere Highlights: Burnhams **Orchestra Hall**, die Heimat des berühmten Chicago Symphony Orchestra, und das **Art Institute of Chicago** mit seiner einzigartigen Sammlung französischer Impressionisten.

Shopping auf Magnificent Mile: Wo die Michigan Avenue Bridge, eine der 40 Chicagoer Zugbrücken, den Chicago River überquert, beginnt die Magnificent Mile (Mag Mile), Chicagos großer Pracht- und Einkaufsboulevard, an dem Hotels, feine und teure Geschäfte sowie prachtvolle Malls liegen. Burnham hatte Michigan Ave. als Nordsüdachse der Stadt und verkehrsreichste Straße der Welt auf zwei Stockwerken geplant.

Extratag – Programm: Chicago

Auf der Brückenmitte sollte man sich ein wenig umsehen: Im Osten liegen die North Pier Mall, das Kultur- und Vergnügungszentrum Navy Pier und der Y-förmige Apartmentkomplex des **Lake Point Tower**, der 1968, inspiriert von einem Projekt Mies van der Rohes, entstand und wo die Preise für eine Eigentumswohnung bei einer Million Dollar anfangen.

Trotz der Fülle herausragender Gebäude in Chicago gibt es eins, das zum Symbol der Stadt wurde: **Wrigley Building**, das dem Giralda-Turm der Kathedrale in Sevilla nachgebildet ist. Seine Strahlkraft wird tagsüber durch die Spiegelungen des Chicago River und nachts durch Flutlichtbeleuchtung dramatisch in Szene gesetzt. Dies war das Hauptquartier des Kaugummikönigs William Wrigley Jr., der mit einer Ladung zu weich geratenen Kautschuks ein Vermögen machte, als er ihn mit Zucker versetzte, statt ihn ins Meer zu schütten.

Geschäfte, Kaufhäuser und Einkaufspaläste aller Art säumen die Straße. Besonders an Sonntagen ab 11 Uhr wird klar: Chicago hat seine Funktion als Warenlieferant für die Menschen auf der Prärie seit seiner Gründung bis heute behalten.

Extratag – Informationen: Chicago

Vorwahl: ℂ 312

Chicago Office of Tourism
Chicago Cultural Center
78 E. Washington St.
ℂ 744-2400 oder 1-800-487-2446
Fax 744-2359
Mo–Fr 10–18, Sa bis 17, So 12–17 Uhr
Zweigstellen im Water Tower und Illinois Market Place.

Verkehrsmittel
Träger des öffentlichen Nahverkehrssystems ist die Chicago Transit Authority (CTA). Es gibt 150 verschiedene Bus- und 7 U- bzw. Hochbahnlinien. Da die Stadtbahn auf weiten Strecken als Hochbahn geführt wird, heißt sie »El«, von *elevated tracks*. – Zwischen den Einkaufszentren in der Loop und an der Michigan Ave. verkehrt der Bus Nr. 15, dessen Benutzung nur 50 ¢ kostet. Für Busfahrten muß man das Geld passend haben, für El-Fahrten kauft man Fahrscheine oder sog. *tokens* am Eingang. – Benutzerfreundlich ist der Auskunftsdienst der CTA: Man ruft an, sagt wo man ist und wo man hin will und bekommt die Verkehrsmittel genannt, die einen dorthin bringen (ℂ 836-7000).

Chicago Hilton & Towers
720 S. Michigan Ave.
Chicago, IL 60605
ℂ 922-4400 und 1-800-HILTONS
Fax 922-5240
1922–27 von Holabird & Roche im Stil Louis XVI. als größtes und prunkvollstes Hotel der Welt gebaut. $$$$
(Die Auflösung der $-Zeichen finden Sie auf S. 257 und auf der hinteren inneren Umschlagklappe.)

Ramada Congress Hotel
520 S. Michigan & Congress Ave.
Chicago, IL 60605
ℂ 427-3800 und 1-800-635-1666
Fax 427-7264, Telex 43-30281
Jahrhundertwendebau. Zimmer mit Erkerfenster und Seeblick ohne Aufpreis. $$$

The Inn at the University Village
625 S. Ashland Ave.
Chicago, IL 60607
ℂ 243-7200 und 1-800-662-5233
Fax 243-1289
Kleines, sehr persönliches Hotel in einem

Wohnviertel und trotzdem in Fußgängerweite der Downtown. $$–$$$

The Oxford House
225 N. Wabash Ave.
Chicago, IL 60601
ℂ 346-6585 und 1-800-344-4111
Fax 346-7742
Geräumige Zimmer mit Miniküche. Günstiger kann man im Zentrum von Chicago kaum wohnen. $$ (Es gibt Wochenendtarife für 50 $.)

Omni Ambassador East Hotel
1301 N. State Pkwy.
Chicago, IL 60610
ℂ 787-7200 und 1-800-843-0664
Fax 787-4760
10 Minuten vom Seeufer und der Magnificent Mile; schöne Nachbarschaft. Sehr gute Küche im berühmten **Pump Room**-Restaurant. $$–$$$

Art Institute of Chicago
111 S. Michigan Ave. & Adams St.
ℂ 443-3600
Tägl. 10.30–16.30, Di bis 20, Sa 10–17, So/Feiertage 12–17 Uhr; Di freier Eintritt
Eines der bedeutendsten Museen der Welt mit Kunstwerken von der Zivilisation der Maya bis zu den französischen Impressionisten, die das Herzstück der Sammlung ausmachen.
Mit **Court Cafeteria** und **Restaurant on the Park** (Mo–Fr 11–14.30 Uhr).

Chicago Architecture Foundation
224 S. Michigan Ave. (im Santa Fe Center) und 875 N. Michigan Ave. (im John Hancock Center)
ℂ 922-8687
Veranstaltet über 100 Führungen per Bus, Boot, Fahrrad oder zu Fuß durch Chicagos Architekturlandschaft, darunter kurze Spaziergänge durch die Loop.

Chicago Athenaeum: The Museum of Architecture and Design
6 N. Michigan Ave.

ℂ 251-0175
Di 11–20, Mi–Sa 11–18, So 12–17 Uhr
Museum und Bibliothek für die Architekturgeschichte und Industriedesign Chicagos.

Chicago Board of Trade (CBOT)
141 W. Jackson Blvd. & LaSalle St.
ℂ 435-3500
Besucherauskunft ℂ 435-3590
Mo–Fr 8–13 Uhr, Besuchergalerie im 5. Stock tägl. 8–14 Uhr
Führungen tägl. 9.15–12.30 Uhr jede halbe Stunde
Die weltgrößte Warenterminbörse für landwirtschaftliche Produkte. Der 45 Stockwerke hohe Bau von 1930 stammt von Holabird & Root.

Chicago Children's Museum
North Pier, 700 E. Grand Ave.
ℂ 527-1000
Di–So 10–17, Do bis 20 Uhr
Interaktive Ausstellung für Kinder.

Chicago Cultural Center
78 E. Washington St., Eingang 77 Randolph St.
Programmauskunft ℂ FINEART (= 346-3278)
Auskunft über Führungen durch das Gebäude ℂ 744-6630
Mo–Mi 10–19, Do bis 21, Fr bis 18, Sa bis 17, So 12–17 Uhr
Hier finden fast täglich Konzerte, Diskussionen, Führungen und Vorträge statt, meist um die Mittagszeit und i.d.R. kostenlos.
Die Touristeninformation befindet sich am Eingang Randolph St.

Chicago Historical Society
1629 N. Clark St. & North Ave.
ℂ 642-4600
Mo–Sa 9.30–16.30, So 12–17 Uhr
Konzentrierter läßt sich Chicagos turbulente Geschichte nicht erleben; Diaschau der Feuersbrunst von 1871, viele Sonderausstellungen.

Continental Illinois Bank (Bank of America, Illinois)

231 S. LaSalle St.

Im ersten Stock liegt die größte Bank-Schalterhalle der Welt unter dem wahrscheinlich größten Oberlicht der Welt. Obwohl eigentlich nicht öffentlich zugänglich, werden Besucher geduldet, wenn sie sich nur kurz aufhalten.

 Harold Washington Library Center

400 S. State St.

 ✆ 747-4999, Ansagen unter ✆ (773) 728-2062

Mo 9–19, Di, Do 11–19, Mi, Fr, Sa 9–17 Uhr, So 13–17 Uhr, Führungen 10 + 14 Uhr

1991 gebaut und mit 2 Mill. Bänden die größte öffentliche Bücherei der Welt; Kinderbücherei, Veranstaltungsräume und reichhaltiges Veranstaltungs- und Fortbildungsprogramm.

 John Hancock Center

875 N. Michigan Ave. & Chestnut St.

 ✆ 751-3681/80

Observatory: tägl. 9–24 Uhr

 Das 344 m und 100 Stockwerke hohe Gebäude wurde 1969 von Skidmore, Owings & Merrill gebaut. Hier gibt es ein Tour Center der Architecture Foundation. Aussichtsplattform im 94., Restaurant und Bar im 95. und 96. Stockwerk.

Das Restaurant (✆ 787-9596) bemüht sich um gesunde Kost und die Pflege der amerikanischen Küchentradition. 10% der Einnahmen gehen an örtliche Initiativen im sozialen Bereich. $$$

 Marshall Field's & Co.

111 N. State St.

 ✆ 781-1000

Die Chicagoer Institution hat das Einkaufen im ganzen Land verändert hat. Der südliche Teil an Wabash Ave. entstand 1892, der Mittelteil 1906 und der Nordteil 1914. Neue Filiale auf Michigan Ave.

 Marquette Building

140 S. Dearborn St.

John Hancock Center

Ein Klassiker der Chicago School of Architecture, 1893–95 von Holabird & Roche. Die Stahlkonstruktion wird von der Ziegel- und Terrakottafassade mehr betont als kaschiert. Benannt nach dem Jesuiten Jacques Marquette, der die Gegend von Chicago als erster Weißer 1674 betrat und den Indianern predigte.

 Museum of Contemporary Art

220 E. Chicago Ave.

✆ 280-2660

Di–Fr 11–18, Sa/So 10–18, Mi bis 21 Uhr, Mo geschl.

Neuste Trends in Kunst, Object art und Environment, untergebracht in dem Neubau von Josef Paul Kleihues, einem Highlight moderner Architektur.

 Rookery

209 S. LaSalle St.

Chicagos schönstes Gebäude, dessen massige Außenfassade von Burnham & Root in einem eigenartigen Kontrast steht zu seinem fast schwebenden Innenhof von Frank Lloyd Wright, einem Traum aus filigranen schmiedeeisernen Ornamenten und weißem Marmor.

Sears Tower
233 S. Wacker Dr., Eingang Jackson Blvd.
ℰ 875-9696
Aussichtsplattform März–Sept. 9–23, Okt. bis Feb. 9–22 Uhr
Bis vor kurzem das höchste Gebäude der Welt. Panoramadeck in 412 m Höhe.

Water Tower
806 N. Michigan Ave.
ℰ 744-2400
Mo–Fr 9.30–19, Sa 10–18, So 11–17 Uhr
Das Chicagoer Wahrzeichen von 1869, das den großen Brand überlebte, beherbergt eine Touristenauskunft.

Jacobs Brothers Bagels & Java
53 W. Jackson Blvd.
Bäckerei, Restaurant, Rösterei, Café, Stehimbiß – alles in zwei Läden – und in einem der schönsten Gebäude Chicagos, dem **Monadnock Building** von 1889–91.

Lou Mitchell's
565 W. Jackson Blvd.
Hier gibt's den ganzen Tag Frühstück, und Lou Mitchell begrüßt jeden persönlich mit Handschlag – eine Chicagoer Institution und ein Muß. $–$$

Blackhawk Lodge
41 E. Superior St.
ℰ 280-4080
Amerikanische Küche, wie man sie sich vorstellt, aber mit einiger Raffinesse. $$

Moe's Deli/Pub
611 N. Rush St.
ℰ 828-0110
Polnisch-italienisch-amerikanische Mischung, wie man sie nur in Chicago findet.

Stimmungsvoll, laut, gutes Essen zu zivilen Preisen. $–$$

Prairie
500 S. Dearborn St.
ℰ 663-1143
Design des Interieurs nimmt Stilelemente der *Prairie Architecture* auf. Die Küche ist eine Hommage an den landwirtschaftlichen Reichtum der Farmen des Mittleren Westen. Das ist Amerikas neue Küche. $$$

Heaven on Seven
7. Stock des Garland Building
111 N. Wabash St.
ℰ 263-6443
Tische und Wände sind voll von Gewürzflaschen aller Art. Hier wird mit Feuer gekocht und scharf gegessen. Exzellente Cajun-Küche, Geheimtip. $$$

Three Happiness
2130 S. Wentworth Ave. & 209 W. Cermak Rd.
ℰ 791-1228 und ℰ 842-1964
Beide in China Town, man wähnt sich im wirklichen China. Dim Sum (viele Gerichte auf einem vorbeirollenden Wagen zum Probieren) Fr–Mi 10–14, Do 9–22 Uhr. $–$$

Berghoff Restaurant
17 W. Adams & 55 E. Monroe St.
ℰ 427-3170
Mo–Do 11–21, Fr bis 21.30, Sa bis 22 Uhr, So geschl.
An der Route 66 gelegen: stilvoll-uriges Restaurant im Herzen der Downtown und eine Chicagoer Institution. Ursprünglich deutsch, ist die Küche inzwischen eher typisch amerikanisch. Gute Biere vom Faß. Um die Mittagszeit ist das Restaurant überlaufen, aber der Schnellimbiß in der Stehhalle macht ohnehin mehr Spaß. $$$

Scoozi!
410 W. Huron St.
ℰ 943-5900
Populäres *eatery*, das 300 Gästen Platz bietet. Mittags meist rappelvoll. Wer erst

nach etwas Wartezeit sein Essen kriegt, weiß warum. $$

Italian Village
71 W. Monroe St.
ℂ 332-7005
Drei Restaurants unter dem Dach eines alten hutzeligen Häuschens zwischen Wolkenkratzern. Enoteca & Cantina im Souterrain, das Restaurant im ersten Stock erinnert an eine italienische Dorfgaststätte, ebenerdig befindet sich das preisgekrönte »Vivere«. $–$$$

Hatsuhana
160 E. Ontario St.
ℂ 280-8287
Japanisches Restaurant mit 30 verschiedenen Arten Sushi, darunter vegetarisches, wonach man aber eigens fragen muß. $$$

Frontera Grill
445 N. Clark St.
ℂ 661-1434
In der Presse hochgelobt. Bistroartig. Amerikanische Küchenphantasien über mexikanische Motive. Nimmt keine Reservierungen entgegen. $$–$$$

Su Casa
49 E. Ontario St.
ℂ 943-4041
Sehr beliebt, ebenfalls mexikanisch. Erstaunlich preiswert für die Gegend. $$.

Cape Cod Room (im Drake Hotel)
140 E. Walton St.
ℂ 787-2200
Galt viele Jahre als Amerikas renommiertestes Seafood-Restaurant. $$$

Shopping
Wichtigste Einkaufsmeilen sind Magnificent Mile, das Stück N. Michigan Ave. zwischen Zugbrücke und Wasserturm und weiter bis Oak St., und Oak St. selbst.

Chicago Place
700 N. Michigan Ave.

1990 vom legendären Architekturbüro Skidmore, Owings & Merrill gebaut. In der 8. Etage der *Food Court* – Amerikas neueste kulinarische Mode.

Merchandise Mart
Merchandise Mart Plaza
War ursprünglich ein Ausstellungszentrum und Großmarkt für Innendekoration. Einige Stockwerke beherbergen aber jetzt Malls.

Gurnee Mills Outlet Mall
6170 W. Grand Ave., an der Kreuzung I-94/Route 132 *west*, 45 Meilen von Chicago
Gurnee, IL 60031
Für das absolute *All American*-Einkaufserlebnis zu günstigen Preisen.

Stuart Brent's Bookstore
670 N. Michigan Ave.
ℂ 337-6357
Chicagos legendärer Buchladen. Hier fanden Lesungen mit Nelson Algreen, Studs Terkel, Saul Bellow u.a. statt. Hier residiert noch immer der ruppige, aber herzliche Stuart Brent, eine Chicagoer Institution und ein Original.

Tower Records
2301 N. Clark St.
ℂ (773) 477-5994
Unschlagbares Angebot von über 150 000 Jazz-Titeln. Außenstelle des Hot-Tix-Kartenverkaufs.

Wax Trax Records
1653 N. Damen Ave.
ℂ (773) 862-2121
Für Freunde des Underground und der *Alternative Music*: Nicht nur Scheiben, sondern auch Klamotten, Accessoires und Zeitschriften. Gleichzeitig Aufnahmestudio und Label.

Andy's Jazz Club
11 E. Hubbard St.
Tägl. Live-Jazz am Mittag, um Fünf und um Neun.

Cocktails: die »Grüne Mühle« am Broadway

 Green Mill Jazz Club
4802 N. Broadway
✆ (773) 784-3084
Eine Chicagoer Institution und sehr populär. Hier verkehrten Al Capones Leute. Sehr schönes Art-déco-Interieur. Jeden So Dichterwettbewerb *(uptown poetry slam)*. Am besten mit dem Taxi fahren.

 Blue Chicago
736 und 536 N. Clark St.
✆ 642-6261 und 661-0100
Zwei Bluesclubs in Zentrumnähe.

 B.L.U.E.S.
2519 N. Halsted St.
✆ (773) 528-1012
Kleiner Club mit flippiger Atmosphäre.

 New Checkerboard Lounge
423 E. 43rd St.
✆ (773) 624-3240
Eine der wenigen Blueskneipen in der Southside, einem der rauhesten Viertel. Viel echter wird der Blues wohl nirgendwo gespielt.

 Buddy Guy's Legends
754 S. Wabash Ave.
✆ (773) 427-0333
Legendär, wie der Name sagt. Tägl. Live-Acts. Manchmal schaut Buddy, den Eric Clapton für den besten Blues-Gitarristen hält, selbst vorbei.

 Cairo Nightclub
720 N. Wells St.
 ✆ 266-620
Hier gibt es jede Art von Tanzmusik: Salsa, griechisch, Swing, Disco und Live-Musik, auch Live-Jazz.

 Strände
Chicagos Seeufer hat viele Badestrände, der schönste, mit überwältigendem Blick auf die Skyline ist da, wo North Ave. auf den See stößt. Hier wurde eigens feinerer Sand aufgeschüttet. Ein völlig einsamer Strand liegt nördlich vom Pratt Boulevard. Die Wasserqualität hat sich in den letzten Jahren gebessert.

 Besondere Veranstaltungen: Unter den zahlreichen Festivitäten in Chicago sind das Blues- (zweite Junihälfte), das Gospel- (1. oder 2. Juniwoche) und das Jazzfestival (Ende Aug.) weltberühmt. Auskünfte erteilt: **The Mayor's Office of Special Events**, ✆ 744-3370.– **Jazz:** Allgemeine Informationen zur Jazz- und Bluesszene geben: **Jazz Institute Hotline** ✆ 666-1881, der Radiosender **WNUA** 95, 5 FM und die Zeitschrift *Chicago Readers*.

Chicago
Ein Rundgang durch die Loop

*»If you can't make it here,
you can't make it anywhere.«*

Wenn es eine Stadt gibt, auf die das abgegriffene Klischee von der »Stadt der Gegensätze« zutrifft, dann ist es Chicago. Keine ist bisher schneller gewachsen und hat sich schneller verändert, keine ist in einer rasenderen Abfolge von Aufstieg und Niedergang so herumgewirbelt worden. Chicago war nacheinander und gleichzeitig Präriesumpfloch, Westernstadt, Bodenspekulantenhölle, Eisen-bahnzentrum, wichtigste Hafenstadt und industrielles Herz Amerikas; die Stadt brutalster Klassenkämpfe und das Mekka der Literaten, Heimat der renommierten University of Chicago und Hochburg des organisierten Verbrechens; Chicago war Erfinderin des Wolkenkratzers und des Urban Blues. Geniale Baumeister wie Louis Henry Sullivan, Frank Lloyd Wright, Daniel Burnham und Ludwig Mies van der

Höhenzug: der »Elevated Track« in Downtown Chicago

Blick von John Hancock Center auf Chicago

Rohe hinterließen hier ebenso ihre Spuren wie die Abrißbirne.

Die Hauptstadt des Mittleren Westens sitzt fast genau im Zentrum des amerikanischen Kontinents und wie eine Spinne im Netz der transkontinentalen Eisenbahnverbindungen – in Amerika führen alle Wege nach oder über Chicago. Damit beherrscht die Stadt die strategische Nahtstelle zwischen den alten Zentren des Ostens und den Weiten des amerikanischen Westens. »*Chicago, the city that works*«, lautet ein Slogan, mit dem die Stadt sich gern selbst charakterisiert – und mit dem Doppelsinn des Wortes »work« meint man zugleich arbeiten und funktionieren. Chicago ist eine der Städte des amerikanischen Rostgürtels, die den

Einkaufsparadies auf der Magnificent Mile, das sind an die 150 Theater und die größte Warenterminbörse der Welt, 100 Blues- und Jazzkneipen und die renommierte Chicagoer Oper, die aufregendste Musik- und Künstlerszene Amerikas und das berühmte Chicago Symphony Orchestra; das Ukrainian Village und Klein-Warschau, die vornehmen Vorstädte am North Shore und die Vielvölkermeile Devon Avenue. In Chicago kann man stundenlange Spaziergänge auf Clark Street und Halsted, auf Broadway und Belmont Avenue, durch Boutiquen und Kneipen machen; man kann im Straßencafé oder auf den Stufen der Häuser in den dörflich wirkenden *neighborhoods* sitzen, während das Völkergemisch einer kosmopolitischen Stadt an einem vorbeizieht. Chicago, das sind vor allem seine Menschen: dynamisch und innovativ, urban und bodenständig, kosmopolitisch und verwurzelt, freundlich und humorvoll.

Chicago ist nicht »easy« wie San Francisco, nicht weitschweifig wie Los Angeles und nicht großartig wie New York und schon gar nicht vornehm wie Washington. Chicago ist rauh, ungehobelt, vulgär. Max Weber hat Chicago mit einem Menschen verglichen, dem man die Haut abgezogen hat, damit man Muskeln und Organe bei ihrer Arbeit sehen kann: roh und ohne Firnis, direkt und offen.

Was in anderen amerikanischen Städten Downtown heißt, das ist in Chicago »the Loop«, die Schleife. Ihren Namen verdankt sie der Ringbahn, die auf Hochschienen rund ums Zentrum führt: »El« (von *elevated tracks*). Eine Erkundung der Loop beginnt man am besten mit einer Rundfahrt auf ihr.

Das Herz Chicagos sitzt in der **Loop** – wozu auch deren Bannkreis außerhalb des Rings gehört –, mit den Weizen- und die Warenterminbörsen, den Banken und Versicherungen, den Verwaltungszentren von Stadt, Bundesstaat und Bund, den großen traditionsreichen Kaufhäusern

Übergang von der Industrie- zur Servicemetropole geschafft haben. Ihre Luft ist davon besser geworden, die soziale Situation kaum.

Und was ist vom Image Chicagos heute geblieben, wo die Gangster und Schlachthöfe ebenso verschwunden sind wie die Rauchwolken, die den Hunderten von Schloten entstiegen? Chicago, das ist das

Spagat: Werbezeichen für das »Hard Rock Cafe«

und vornehmen Geschäften. Hier befinden sich Chicagos berühmte Oper, das Chicago Symphony Orchestra und das berühmte Art Institute, und hier ragen vor allem die architektonischen Wunderwerke in die Höhe. Hier macht man Geschäfte, aber gewohnt wird in den außerhalb gelegenen Neighborhoods.

Damit teilt die Loop das Schicksal fast aller Citys, denn für den Abend fehlen ihr die attraktiven öffentlichen Räume wie Parks, Kneipen, Cafés, Bars und Kinos. Zum Flanieren lädt Chicagos Zentrum vornehmlich tagsüber ein, deshalb sollte man den hier vorgeschlagenen Rundgang möglichst an einem Wochentag und morgens beginnen.

Am Anfang steht ein Besuch der Weizen- und Warenterminbörse auf dem Programm. Wer zwischen 8 und 10 Uhr auf dem Jackson Boulevard Richtung LaSalle Street strebt, wird von einem Menschenstrom mitgerissen, der in den Financial District eilt: Elegant gekleidete Männer und Frauen in *business suits* mit Kaffeebehältern in der einen und einer Tüte mit Donuts oder Muffins in der anderen Hand.

An der Ecke Dearborn Street liegt schon das erste bauliche Highlight, das **Monadnock Building**. Seinen Eingang

rahmen »Jacobs Brothers Bagels« und »Jacobs Brothers Java«, wo sich die Büroangestellten ihr Frühstück zum Mitnehmen besorgen. In beiden Cafés gibt es *bagels*, kreisrunde im Wasserbad gegarte Hefebrötchen mit einem Loch in der Mitte, und Kaffee. Die Hektik hier vermittelt einen Eindruck von Tempo, Vitalität und Drive der Stadt; hier sollte man im hinteren Raum bei »Bagels« frühstücken und vom Fenster aus dem Treiben auf der Dearborn Street zusehen.

Das Monadnock Building eignet sich bestens als Ausgangspunkt für eine Erkundung der Chicagoer Architektur, weil es zwei Welten und zwei Epochen vereint. Den nördlichen Teil baute Burnham & Root 1889–91 in klassischer Weise mit tragenden Wänden; der südliche Teil des Architekten-Duos Holabird & Roche, eine mit Terrakottaziegeln verkleidete Stahlkonstruktion, verkörpert die neue, in Chicago erfundene Bauweise, die ohne tragende Wände auskommt. Das Monadnock war mit seinen 66 Metern zeitweilig das höchste Gebäude der Stadt.

Auf den Financial District mit der traditionsreichen Continental Illinois Bank (heute Bank of America, Illinois), der Federal Reserve Bank (der amerikanischen Bundesbank) und dem Allerheiligsten, dem Sakralbau des Mammon, dem **Chicago Board of Trade**, der Warenterminbörse, trifft man an der Ecke Jackson Boulevard und LaSalle Street. Die räumliche Nähe war früher wichtig, als Kauf- und Verkaufsorders sowie Kursänderungen noch durch Boten übermittelt wurden, im Zeitalter des Computers spielen Distanzen keine Rolle mehr. Die massige Präsenz dieser drei Finanztempel aber macht die Bedeutung des Geldes für diese Stadt sinnfällig.

Der wuchtige, 45 Stockwerke hohe Turm entfaltet seine vertikale Dynamik durch steinerne Kaskaden – eine Besonderheit des Art-déco-Stils. Die Ornamentik zeigt, daß hier der Weltmacht des Wei-

zens, der Chicago zu Reichtum verhalf, gehuldigt wird: mit der sonnenbeschienenen Ceres, der römischen Göttin der Landwirtschaft, oben auf der Kuppel und der Relieffigur oberhalb des Portals, die Joseph darstellt.

Der empfahl bekanntlich dem Pharao, während der sieben fetten Jahre Vorsorge für die sieben mageren zu treffen und große Weizenvorräte anzulegen. Daß man mit schwankenden Weizenerträgen und -preisen (finanzielle) Imperien gründen kann, wurde in nachpharaonischer Zeit nirgends so schlagend demonstriert wie an Chicagos Weizenbörse.

Von der dreistöckigen Eingangshalle mit mattfarbenen Marmorkaskaden und schwarz glänzenden Marmorsäulen gelangt man mit dem Fahrstuhl zur Besuchergalerie im fünften Stock. Hier bietet sich ein unbeschreibliches Schauspiel: Unter einer hohen Decken, an der entlang unausgesetzt in Leuchtschrift Angaben

über Preise und Mengen laufen, schreien und gestikulieren in einer Halle voller Monitore Hunderte Börsianer und werfen sich gegenseitig kryptische Handzeichen zu. In der Erregung kann es auch mal zu Tätlichkeiten kommen.

Hier entstehen und vergehen Vermögen, hier werden Milliarden umgesetzt, hier geht es um Gewinn oder Verlust und nicht selten um die Existenz, hier werden Weizen und andere Rohstoffe gekauft und verkauft. Für die Zuschauer laufen auf Monitoren interaktive Lehrfilme, die erklären, was hier gespielt wird.

Im Gegensatz zur Federal Reserve Bank, die nicht öffentlich zugänglich ist, finden sich in der Eingangshalle der ehemaligen **Continental Illinois Bank** Geschäfte. Wer mit der Rolltreppe hinauffährt, bekommt die prachtvollste Schalterhalle der Welt, die überdimensionale Nachbildung eines römischen Tempels, zu sehen. Obwohl hier kein Publikums-

Andy's Jazz Club

Kühl und schattig: Strandbad am Lake Michigan

verkehr stattfindet, werden Besucher geduldet, die einen kurzen Blick auf die prunkvoll gestaltete Decke werfen.

In unmittelbarer Nähe liegt das vielleicht schönste Gebäude von Chicago, die **Rookery**. Heute nehmen sich die zwölf Stockwerke neben den 110 des Sears Tower fast mickerig aus, aber was diesem Bauwerk an Höhe fehlt, macht es durch architektonische und ästhetische Raffinesse wett. Die Rookery wurde von den Begründern der Chicago School of Architecture, dem Duo Burnham & Root, 1885–88 gebaut.

Die äußere Fassade besteht aus tragenden Wänden auf einer Basis aus roten Granitblöcken. Oberhalb des geschwungenen Eingangsportals steigen dekorierte Säulen auf, und der massige Granit weicht rosafarbenen Terrakottaziegeln. Das eigentliche Schmuckstück dieses Gebäudes aber ist sein maurisch anmutender Lichthof von Frank Lloyd Wright.

Der Eindruck entsteht durch die filigrane schmiedeeiserne Konstruktion, die das Glasdach trägt und dem Raum die Atmosphäre eines orientalischen Herrscherzelts verleiht. Zur luftigen Galerie auf halber Höhe führt eine breite Freitreppe, der wiederum ein fast schwebender elliptischer Treppenaufgang zum zweiten Stockwerk entwächst. Der Innenraum ist von goldverziertem weißen Marmor eingefaßt. Eingangshalle, Lichthof und Galerie sind öffentlich zugänglich.

Auf dem Jackson Boulevard Richtung Westen kommt man zum **Sears Tower**; von dessen Aussichtsterrasse im 103. Stock gewinnt man einen Gesamteindruck von Chicago. Sears Roebuck leitete zusammen mit Montgomery Ward eine Revolution des Konsums und des Einkaufens durch die Erfindung ihrer Warenkataloge ein: Die isoliert über die Plains verstreuten und oft Hunderte Meilen auseinander wirtschaftenden Farmer und ihre

Frauen konnten im traditionellen Sinn nirgends einkaufen. Für Generationen von Amerikanern wurde der Katalog von Sears neben Bibel und »Farmer's Almanach« zum wichtigsten Buch im Haus, er stellte die Verbindung zur Außenwelt und zur Welt der Waren her. Das Angebot reichte von Seidenwäsche bis zu landwirtschaftlichen Geräten.

Stolz auf seine zivilisatorische Mission und Leistung, baute Sears 1968–74 für 186 Millionen Dollar das mit 110 Stockwerken und 443 Metern bis 1996 höchste Gebäude der Welt für das weltgrößte Einzelhandelsunternehmen – damit schlug Chicago die Stadt New York. Im Zeitalter der Stadtflucht und der Telekommunikation zog Sears 1992 aus dem Gebäude aus und stellte 1993 seinen Versandhandel ein. Damit starb eine amerikanische Institution, und damit geht in Amerika auch die Ära der Wolkenkratzer zu Ende. Deren neue Generation entsteht in Asien, wo die Türme in Kuala Lumpur, Hongkong und Shanghai bald die amerikanischen überragen werden.

Auf dem Jackson Boulevard führt unser Spaziergang zur State Street. Die Kreuzung mit Madison ist Chicagos Nullpunkt, von dem die Straßenzählung und die Unterscheidungen nach Nord, Süd, West und Ost ausgehen. State Street, die ehemalige Prachtstraße und »Mall« der Loop, leidet an der Verödung des Zentrums: Wo Anfang des Jahrhunderts zehn Kaufhäuser standen, gibt es heute noch zwei. **Carson Pirie Scott & Co.** beeindruckt durch seine ornamentale Fassade von Louis H. Sullivan; **Marshall Field's**, weiter nördlich, wurde Anfang der 90er Jahre für 155 Millionen Dollar zu einem veritablen Konsumtempel umgestaltet, und noch ist nicht erwiesen, ob die Wiedergeburt dieses traditionsreichen Kaufhauses die Kundschaft aus den Vorort-Malls wieder in die Innenstadt locken wird.

Jenseits des großen Platzes gegenüber von Marshall Field's liegt die **Richard J.**

Daley Plaza mit Chicagos Machtzentrum, dem **Daley Center** von Mies van der Rohe, das die älteren, von Holabird & Roche paarig angelegten Doppelgebäude des **County Building** und des **City Council** fast verdeckt. Richard J. Daley war Chicagos legendärer Bürgermeister, der nach 1955 fünfmal wiedergewählt wurde und die Stadt 21 Jahre lang wie seinen Erbhof regierte. Er gilt als das Urbild des *machine politician*. Unter seiner Regentschaft muß alle Politik als Beziehungsklüngel gesehen werden.

Der Bau des Daley Center machte den Abriß eines ganzen belebten Viertels aus kleinen Straßen und Geschäften notwendig, was zur Verödung der City beitrug. Der entstandene große Platz mit den ursprünglich umstrittenen Plastiken von Picasso und Miró ist von der Bevölkerung angenommen und zu einem Wahrzeichen der Stadt geworden.

In nordwestlicher Richtung liegt das **Thompson Center**, eins der kühnsten und umstrittensten Gebäude der Stadt von dem deutschen Architekten Helmut Jahn. Zu seiner Charakterisierung werden meist Begriffe aus der Raumfahrt gewählt: »überdimensionale Raumkapsel« oder »abgestürzte fliegende Untertasse«. Das vormalige Illinois State Center, heute benannt nach Gouverneur Thompson, der es einweihte und gegen alle Angriffe verteidigte, beherbergt Teile der bundesstaatlichen Verwaltung. Eine Fahrt mit einem der gläsernen Aufzüge durch das Atrium macht den dramatischen Innenraum erfahrbar.

Wie manch anderes kühne Gebäude Chicagos hatte das Thompson Center seine Probleme: Die Klimaanlage war nicht in der Lage, die durch die gläserne Fassade gesammelte Sonnenwärme herunterzukühlen, und das Arbeiten soll in den ersten Sommer eine Qual gewesen sein. Im Souterrain findet der Besucher außer kulinarischer Vielfalt – nicht ganz unwichtig für den erschöpften Stadtwanderer –

auch saubere öffentliche Toiletten und mehrere Münzfernsprecher. Vor dem Eingang steht Dubuffets Skulptur »Monument mit stehendem Biest«.

Schräg über die Daley Plaza gelangt man zur Dearborn Street und auf dieser bis zur Kreuzung mit Monroe, wo die **First National Bank** den gleichnamigen Platz um den Hamal Fountain beherrscht. Dort findet sich auch Chagalls Wandmosaik »Vier Jahreszeiten« aus buntem Marmor, Glas und Steinen.

Hier könnte man sich im Italian Village stärken, das drei Restaurants verschiedener Preisklassen unter einem Dach beherbergt, oder bei Berghoff, einem alten deutschen Bierhaus und einer Chicagoer Institution. Am authentischsten wäre allerdings der Imbiß in der Stehbierhalle, wo gutes Bier vom Faß ausgeschenkt wird und wo sich Chicagos Geschäftsleute ein schnelles Mittagessen holen. Hier

ahnt man das Flair der Chicagoer Gründerjahre.

Nach der Mittagspause geht es auf der Dearborn Street zum südlichen Rand der Loop, Richtung Congress Parkway, vorbei am **Marquette Building**, einem Klassiker der Chicago School of Architecture von William Holabird & Martin Roche. Das Bürogebäude wurde um einen Licht- und Serviceschacht errichtet, so daß alle Räume Tageslicht haben. Etwas weiter südlich gelangt man zur **Federal Plaza**, dem dritten der großen Ensembles und Standort der Bundesbehörden mit Alexander Calders roter Stahlskulptur »Flamingo«.

Der monumental und zugleich schlicht wirkende Platz wurde von Mies van der Rohe entworfen und besteht aus der niedrigen, langgestreckten Hauptpost, dem Kluczynski Building und dem Everett Dirksen Building auf der gegenüberliegenden Straßenseite.

Füllig: Skulpturenparade an der Michigan Avenue

An der Ecke Dearborn/Van Buren biegt man nach links ab und steht an der State Street vor dem **Leiter Building**, einem der ältesten Gebäude der Chicago School of Architecture aus dem Jahr 1891 und dem ersten der architektonischen Moderne. William Le Baron Jenney baute es im Auftrag von Levi Z. Leiter, der ein Gebäude wollte, dessen Unterteilung beliebig verändert werden konnte. Jenney schuf einen gußeisernen Rahmen, der es er-möglichte, die Fronten des Baus weit auf-zureißen; die tragenden Elemente wurden nicht mehr versteckt, sondern von Fassa-denverkleidung und Dekor betont.

Das beeindruckende Backstein-Mon-strum auf der gegenüberliegenden Stra-ßenseite ist die 1991 fertiggestellte **Harold Washington Library**, benannt nach Chicagos erstem schwarzen Bürger-meister. An der rückwärtigen, westlichen Front sieht man, daß die Backsteinfassa-

Bis zum Hals im Wasser: Seeblick auf Chicago

de nur ein modernes Stahlgerüst verkleidet. Der Eklektizismus dieses »Zwitters« markiert eine Zeitenwende in der Architektur: hinten strenge funktionale Stahlkonstruktion nach dem Glaskastenprinzip und vorn ein Spiel mit Stilelementen aller Epochen der Baugeschichte.

Am Congress Parkway hat man die südlichen Begrenzung der Loop erreicht; nach Burnhams Plan sollte er das nie verwirklichte Civic Center mit dem See verbinden. Beim Verlassen der Loop durchschneidet er die Midwest Stock Exchange: Außer den Rundbögen ist nichts von Sullivans inzwischen abgerissener Börse übrig geblieben.

Hier endet der Rundgang durch die Loop, und es ist nicht weit zum **Grant Park** an der Michigan Avenue, wo man sich auf einer Wiese niederlassen und mit Blick auf die unverwechselbare Skyline der City ausruhen kann. ✧

<table>
<tr><td colspan="2">1. Tag – Route:</td><td>Chicago, IL – Springfield – St. Louis, MO
(475 km/297 mi)</td></tr>
</table>

km/mi	Zeit	Route
0	9.00 Uhr	Ecke Michigan Ave. und Jackson Blvd. in **Chicago:** Michigan Ave. einen Block nach Norden und an Adams St. links, über den Chicago River, halblinks auf Ogden Ave. durch die Stadtteile Cicero und Berwyn, an Harlem Ave. links und danach rechts auf die Joliet Rd., I-55 bis *exit* 269 und die IL 53 nach Süden nach
59/ 37	10.30 Uhr	**Joliet** (IL 53 ist hier Broadway), an Ruby links über den Fluß, dann rechts und durch den Ort, dem Schild IL 53 *south* folgen, an Elwood vorbei und durch
86/ 54	11.00 Uhr	**Wilmington** (Stopp beim **Launching Pad Drive-In**). Über den Kankakee River nach **Braidwood, Godley, Braceville, Gardner, Dwight, Odell, Pontiac, Chenoa, Lexington, Towanda, Normal** und **Bloomington.** Route 66 läuft über Center St., biegt am Veterans Pkwy. rechts auf die *south business* 55 ab, dann über Beich St., über die I-55 hinweg und hinter ihr gleich links auf die *service road* nach **Shirley, Funk's Grove** und
234/146	13.00 Uhr	**Mc Lean** (South Main St.; kurzer Abstecher in den Ort und Lunchpause im **Dixie Truckers Home** ca. 1/2 Std.). **Atlanta,** *business* 55 *south* (= Route 66) führt nach **Lincoln,** umkurvt die Stadt und kehrt am Ende wieder auf die *service road* der I-55 zurück nach **Broadwell, Elkhart** und **Williamsville.** Hier endet die Old Road. Deshalb: I-55 Richtung Springfield, d.h. bis zum *exit* 105 (SHERMAN). Durch Sherman nach
306/191	14.30 Uhr	**Springfield.** An Spruce rechts, d.h. auf den Lincoln Historical Trail, an 5th St. links. Es folgt ein kurzes Stück I-55 bis *exit* 88. An **Glenarm** vorbei. An der 104 links zur: I-55 Richtung St. Louis, aber nur kurz, d.h. *exit* 80 führt nach **Divernon** und **Litchfield.** Südlich von Litchfield links auf die Mt. Olive Rd. in den gleichnamigen Ort und weiter nach **Staunton** und **Hamel** (IL 157).
432/270		**Edwardsville.** Weiterhin IL 157 *south*, an der Universität vorbei, dann rechts in die Chain of Rocks Rd. nach **Mitchell.** Am Ende des Orts aufpassen: links abbiegen auf die I-270 *west*; über den Chain of Rocks Canal und den
456/285		**Mississippi,** bis *exit* RIVERVIEW BLVD. (31AB), diesen nach Süden ins Zentrum bis W. Florissant Ave., diese nach Südosten. Aus ihr wird innerstädtisch erst N. Florissant Ave., dann N. Florissant St., kurz 13th St. und Tucker Blvd., der schließlich
475/297	17.30 Uhr	in Downtown **St. Louis,** in Höhe vom Gateway Arch, Market St. kreuzt. **(Einen Stadtplan von St. Louis finden Sie auf der beiliegenden separaten Karte.)**

1. Tag – Informationen

Heritage Corridor Visitors Bureau
81 N. Chicago St.
Joliet, IL 60432
✆ (815) 727-2323 und 1-800-926-2262

Launching Pad Drive-In
810 E. Baltimore St. (IL 53)
Wilmington, IL
✆ (815) 476-6535
Eher Foto-Stopp als Lunchpause. $

Bloomington Convention&Visitors Bureau
210 S. East St.
Bloomington, IL 61702
✆ (309) 829-1641 und 1-800-433-8226

McLean County Historical Museum
200 N. Main St.
Bloomington, IL 61701
✆ (309) 827-0428
Im stattlichen Justizgebäude sind Landesgeschichte und Lincoln-Memorabilien ausgestellt. So geschl. Eintritt frei.

Dwight Area Chamber of Commerce
117 W. Main St.
Dwight, IL 60420
✆ (815) 584-2091

First National Bank of Dwight
122 W. Main St.
Dwight
Das von Frank Lloyd Wright konzipierte
Gebäude wurde 1905 gebaut.

Pontiac Chamber of Commerce
210 N. Plum St.
Pontiac, IL
✆ (815) 844-5131 und 1-800-835-2055

Old Log Cabin Inn
Rt. 66, Pontiac
✆ (815) 842-2908
Historische 66-Adresse zur Stärkung. $–$$

Funk's Grove Pure Maple Sirup
Box 41A
Shirley, IL 61772
✆ (309) 874-3360

Space-Monster auf Kundenfang – in Wilmington

Führungen im Feb. und März. Sirupver-
kauf bis Juni bzw. bis zum Ausverkauf,
auch per *mail order*.

Dixie Trucker's Home
400 Dixie Rd. (I-55 und US 136, an der alten 66)
Mc Lean, IL 61754
✆ (309) 874-2323
Coffee Shop mit Patina – unverzichtbare
Lunch-Adresse für den 66-Reisenden am
ersten Tag. Seit 1928 tut man hier was für
den Hunger der Trucker; der *fried corn-
meal mush*, eine Art Reibekuchen aus
Mais, war lange Zeit berühmt. Seit 1990
mit im Haus: **The Dixie and Route 66
Association of Illinois Hall of Fame** mit
einschlägigen Memorabilien. $

Pompös: Old State Capitol in Springfield, Illinois

Lincoln College Museum

300 Keokuk St.
Lincoln, IL 62656
℡ (217) 732-3155
Mo–Fr 10–16, Sa/So 13–16 Uhr, Mitte Dez.–
Mitte Jan. geschl.
Ansehnliche Sammlung von Manuskripten
und Dokumenten Lincolns. Eintritt frei.

Springfield, Illinois   Vowahl: ℡ 217

Springfield Convention & Visitors Bureau

109 N. 7th St.
Springfield, IL 62701
℡ 789-2360 oder 1-800-545-7300
Mo–Fr 8–17 Uhr
Lokale Informationen aller Art.

Route 66 Association of Illinois

2743 Veterans Pkwy., Room 166
Springfield, IL 62704
℡ 392-0860 oder (309) 828-2925

Cozy Dog Drive-In & Supply Co.

2935 S. 6th St.
℡ 525-1992
Ein schmusendes Wurstpärchen wirbt in
dieser Route-66-Institution seit 1949 für
Hot Dogs und vergleichbare Snacks. Im
Hinterzimmer: **Route 66 & Cozy Dog
Museum**. $

Dana-Thomas House

301 E. Lawrence Ave.
℡ 782-6776
Führungen stündl. Mi–So 9–16 Uhr
Interessanter, 1902–04 von Frank Lloyd
Wright konzipierter Bau für die damals
prominente Susan Dana. Sehenswert auch
die von Wright entworfenen Originalmöbel, Fenster, Türen etc. Eintritt $ 3.

Lincoln Home National Historic Site

413 S. 8th & Jackson St.
℡ 492-4150
Ende Mai–Mitte Aug. 8–20, sonst 8.30–
17 Uhr
Hier wohnten die Lincolns 17 Jahre lang;
seit 1887 Touristenattraktion. Im Visitor
Center bekommt man einen kostenlosen
Plan für den Rundgang. Eintritt frei.

Lincoln's Tomb State Historic Site

Oak Ridge Cemetery
℡ 782-2717
Tägl. 9–17 Uhr
Ein Granit-Obelisk schmückt das Famili-
engrab.

Old State Capitol

Old Capitol Plaza, 6th & Adams St.
℡ 785-7961
März-Okt, tägl. 9–17, sonst 8–16 Uhr
Viel Prominenz war hier tätig, außer Lincoln auch Unionsgeneral Ulysses S. Grant.
Mitte der 60er Jahre wurde das Gebäude
in seine Einzelteile zerlegt und in seiner
ursprünglichen Erscheinung von 1840 rekonstruiert. Eintritt frei.

Holiday Inn South Plaza

625 E. St. Joseph St.

Springfield, IL 62703
℡ 529-7131, Fax 529-7160
Standard, mit Bar, Restaurant, Pool und
Fitneßräumen. $$

Baur's Restaurant
620 S. 1st St.
℡ 789-4311
Gemütliche kleine Eßzimmer in histori-
schem Gebäude, auch für gesundheitsbe-
wußte Gäste. $$

Ariston Cafe
Old Route 66
Litchfield
℡ (217) 324-2023
Route-66-Oldie seit 1931. $–$$

St. Louis, Missouri   Vorwahl: ℡ 314

St. Louis Convention & Visitors Com-
mission
One Metropolitan Sq. Suite 1100
St. Louis, MO 63102
℡ 421-2100 oder 1-800-916-0040
Fax 421-0039
Mo–Fr 8.30–17 Uhr

Omni Majestic Hotel
1019 Pine St. (zwischen 10th und 11th St.,
Downtown
MetroLink-Station: 8th & Pine St.
St. Louis, MO 63101
℡ 436-2355 und 1-800-451-2355
Fax 436-0223
Im europäischen Stil. Restaurant und »Just
Jazz«-Lounge mit Live-Musik; *health club.*
$$$–$$$$

The Mayfair
806 St. Charles St. (Nähe Convention Cen-
ter)
St. Louis, MO 63101
℡ 421-2500, Fax 421-0770
Seit 1925 bewährt. Pool, Restaurant.
$$$

Drury Inn Gateway Arch
711 N. Broadway
MetroLink-Station: Convention Center
St. Louis, MO 63102
℡ 231-8100 und 1-800-325-8300
Fax 231-8100
Familienorientiert seit 1866, Restaurant,
kleiner Pool. Mit Frühstück. $$–$$$

Hampton Inn Union Station
2211 Market St. (gegenüber dem Bahnhof)
St. Louis, MO 63103
℡ 241-3200 und 1-800-HAMPTON
Fax 241-9351
Mit Restaurant, Pool und Kraftraum.
$$–$$$

Seven Gables Inn
26 N. Meramec Ave.
MetroLink-Station: Central West End
St. Louis, MO 63105
℡ 863-8400
Angenehm, klein (30 Zimmer), mit Restaurant. $$$$

Adam's Mark Hotel
4th & Chestnut St.
St. Louis, MO 63166
℡ 241-7400 und 1-800-444-ADAM
Fax 241-6618
Fast 1 000 Zimmer, Pool, Sauna, Kraftraum,
empfehlenswertes Restaurant (s.u.). $$–
$$$$

Tony's Restaurant
410 Market St. (Nähe Old Courthouse)
℡ 231-7007
Die Nr. 1 unter den italienischen Restau-
rants der Stadt. Spaghetti *al dente*? Kein
Problem. Reservierung empfohlen. So und
1. Juliwoche geschl. $$$

Faust's
Im Adam's Mark Hotel (s.o.)
℡ 342-4690
In den gruftigen Gewölben mit Auer-
bachs-Keller-Touch werden bei Kerzen-
schein schmackhafte neuamerikanische
Gerichte serviert. $$$

Kemoll's Italian Restaurant
1 Metropolitan Sq. (zwischen Olive und Pine St.)
✆ 421-0555
Ein (feines) Stück St. Louis *(dress code)*. Vorher reservieren. An Feiertagen geschl. $$–$$$

 Patty Long's 9th St. Abbey
1808 S. 9th St.
✆ 621-9598
Ausgewählte amerikanische Gerichte. $$–$$$

 Giovanni's on the Hill
5201 Shaw Ave.
✆ 772-5958
Noch ein feiner Italiener *(dress code)*, Reservierung empfohlen. So geschl. $$$

 Zia's Restaurant
5256 Wilson Ave. (The Hill)
✆ 776-0020
Italienisch, leger, lecker. $$

 Balaban's
405 N. Euclid Ave. (West End)
✆ 361-8085
Speisesaal und verglastes Edel-Bistro: eklektisch, mit euro-französischer Geschmackrichtung. $$–$$$

 Duffy's Restaurant
392 N. Euclid Ave.
✆ 361-0522
Alles, was die Kochtöpfe dieser Welt zu bieten haben. $$

 Abendunterhaltung und Nightlife konzentrieren sich besonders in den Stadtteilen Laclede's Landing, Soulard, Union Station und der University City Loop. Vgl. auch S. 73 ff.

Molly's Tavern
816 Geyer Ave. (University City Loop)
✆ 436-0921
Biergarten *New Orleans style*. Blues und Swing. So geschl.

 Great Grizzly Bear Restaurant
1027 Geyer Ave. (Soulard)
 ✆ 231-0444
Musikclub. So/Mo geschl.

 Mike & Min's Tavern
925 Geyer Ave. & 10th St. (Soulard)
✆ 421-1655
Italienische und amerikanische Küche. Live-Blues-Bands Mi–Sa ab 21 Uhr; So geschl. $$

 John D. McGurk's Irish Pub & Restaurant
1200 Russell Blvd. (Soulard)
✆ 776-8309
Irische und amerikanische Gerichte. Traditionelle irische Töne. $$

 1860's Hard Shell Cafe & Bar
1860 S. 9th St. (Soulard)
✆ 231-1860
Cajun-Gerichte und Blues. Mo geschl. $$

 Cicero's Restaurant and Basement Bar
6691 Delmar Blvd. (University City Loop)
✆ 862-0009
Italienisches Restaurant und Musikclub. $$

 Blueberry Hill
6504 Delmar Blvd.
✆ 727-0880
Für Liebhaber von amerikanischer Küche und Rock 'n' Roll-Memos (tolle Jukebox!), viel Bier, Pool-Tische. Ein Muß für Chuck-Berry-Fans. Am Wochenende Live-Musik. $$

 Moose Lounge
4571 Pope Ave. (North St. Louis)
✆ 385-5700
Klassischer Jazzclub. (Die Umgebung ist nicht die geheuerste: am besten Taxi nehmen.) So geschl.

Weitere Informationen zu St. Louis finden Sie auf S. 73 ff.

Truck Stops und Alfalfa

Durch Illinois zum Mississippi

»Meet me in Saint Louie, Louie,
Meet me at the fair.
Don't tell me the lights are shining
Any place but there.«

Song von Judy Garland im Film von Vincente Minelli
»Meet Me in St. Louis« über die Weltausstellung 1904.

Aller Anfang ist schwer, auch an der »Route 66«. Zwar beginnt sie an der Ecke Jackson und Michigan, und die beiden prächtigen Löwen am Eingang des Chicago Art Institute scheinen das auch zu bezeugen. Aber die Zeiten ändern sich. Jackson Boulevard ist heute Einbahnstraße, deshalb startet die lange Reise zum Pazifik an Adams Street.

Nach Südwesten also: durch die geschäftige Innenstadt, im Slalom um die eiligen Fußgänger herum, die wie Lemuren von allen Seiten über die Straße laufen, vorbei am Eisbein im Schaufenster des deutschstämmigen »Berghoff Restaurant« und über den Chicago River hinweg.

Das alles geht fix. Trotzdem bin ich gewarnt, vom Hotelportier, der mir den

Von den Löwen zu den Möwen: Hier am Chicago Art Institute beginnt die Route 66 und endet am Pazifik

Koffer ins Auto schwingt. »Adams und Ogden, um aus der Stadt rauszukommen? Oh nein, viel zu umständlich! Eisenhower Expressway, der bringt's! Adams fahre ich nie und Ogden schon gar nicht.«

So geht das: die »Route 66«, einst die schnellste Verbindung zwischen Chicago und Los Angeles – zurückgestuft zum lästigen Umweg, zur Zeitverschwendung im Vergleich zu den Errungenschaften der neuen flotten Express und Super Highways.

Tatsächlich, die Straße rollt Bilder von Chicago auf, die nie den Weg in die Prospekte der Tourismuswerbung finden werden: rotziegelige Lagerhallengebiete, Ruinen und Schuttberge mit dem kalten Hauch der Bronx, Geleiswüsten. Dann erste Popgebilde am Straßenrand: ein Hot Dog, ein Hamburger-Onkel und jede Menge »Auto Diagnostics«, Autowerkstätten. Es geht durch **Cicero**, jenen Stadtteil, der einst von Gangstertunneln untergraben war: Capone Country.

Erst die Joliet Road gewährt kurze Augenpausen. Eine Spur von Grün, ein kleiner Fluß: der Des Plaines River. Aber bald schlägt der harte Arbeitsalltag von Illinois wieder zu: Hochspannungsleitungen, Fabriken, Zementwerke und dicke Luft von vielen Lastern.

Und dann naht auch schon die große Konkurrentin, die Interstate. Sie wird noch häufiger die deklassierten, gesperrten oder begrabenen Stücke der alten Route überbrücken helfen. Erste Kornfelder tauchen auf, gemischt mit Industrieansiedlungen und – Romeoville. Julia kann nicht mehr weit sein.

Tatsächlich hatte die adrette, am Kankakee River gelegene Kleinstadt **Joliet** mit ihrer hübschen Backsteinkirche ihren Namen ursprünglich von Shakespeare erhalten. Später machte man den frankokanadischen Forscher Louis Joliet, der 1673 hier auftauchte, zum offiziellen Namensgeber. Die Siedlung bekam ihren

entscheidenden Impuls allerdings erst Mitte des 19. Jahrhunderts, als der Illinois and Michigan Canal gebaut wurde, der die erste durchgehende Wasserverbindung zwischen Lake Michigan und Mississippi schuf. Bis heute ist das 80 000 Einwohner zählende Joliet ein wichtiges Industrie- und Transportzentrum geblieben.

Unter den historischen Bauten ragt das »Rialto Square Theater« heraus, anson-

Chicago im Rückspiegel: Ogden Avenue in Richtung Cicero

sten wetteifern die schwimmenden Casinos auf dem Des Plaines River um die Gunst des Publikums – mit Entertainment und Glücksspiel.

Südlich der Stadt verwandelt sich die »Route 66« endlich in eine Landstraße, an der Farmen, Scheunen und Vorgärten mit dicken fetten *pumpkins* vorbeiziehen. HOMEGROWN VEGETABLES IN SEASON kann man lesen, und das frische Gemüse vom Bauernhof ist an den Straßenständen auch zu haben.

Nach Elwood folgt **Wilmington**, wo der grünliche Astronaut (»Gemini Giant«) dem »Launching Pad Drive-In« als Blickfang dient. Das Space-Monster ebenso wie die »Hicksatomic Gas Station« gehören zu den ersten Visitenkarten der »Route 66«, die sich bisher nur durch ein paar vereinsamte Schilder in Erinnerung brachte.

Jenseits des in beachtlicher Breite dahinströmenden Kankakee River liegt **Braidwood**. Viele italienische Immigranten verließen die nahen Kohleminen, um hier 1876 eine Makkaronifabrik zu gründen, die so erfolgreich wurde, daß sie bald zum Wahrzeichen von Braidwood avancierte.

Um einen Block nach rechts versetzt, gegenüber dem bunt angepinselten Holzbahnhof liegen der schöne alte Art-déco-Bau »Lucenta Tire« (nach wie vor für Autoreifen zuständig) und »Rossi's Motel« – zwei alte Kameraden der Strecke, wobei die Neuzeit dem Motel ein deutliches *face lifting* verpaßt hat. Weil man in den 30er Jahren an der »Route 66« gut verdienen konnte, ließ Peter Rossi seiner Baufreude freien Lauf und errichtete außer dem Motel noch einen Tanzpavillon und eine Garage.

Nach **Godley**, einer alten Minenstadt, wo ein Atomkraftwerk harsch den Reigen aus Farmen und Feldern, weißen Zäunen und Telegrafenstangen unterbricht, folgen **Braceville**, **Gardner** (die Heimat des historischen »Riviera Restaurants«) und **Dwight**, dessen schattige Hauptstraße mit properen Häuschen, Veranden, Treppchen und altem Baumbestand fast einen Hauch vom Alten Süden verbreitet. Die Tankstelle »Marathon Oil Station« von 1932 paßt dabei gut ins Bild.

Freilich gehen Nostalgie und Verfall meist Hand in Hand, in den Städten ebenso wie auf dem Land. Ramponierte Scheunen und defekte Silos zeigen: *farming* und *ghost farming* liegen dicht beieinander.

Auch am Ortsausgang von **Odell**, am Rand der Maisfelder, hat die aus den 30er Jahren stammende »Old Sinclair Gasoline Station« ihren Geist aufgegeben. Statt der Zapfsäulen türmt sich gehacktes Holz vor der Hütte. In der Höhe von **Cayuga** steht eine der wenigen Scheune, auf deren Dach die Werbung für die Meramec-Höhlen in Missouri gerade noch zu lesen ist.

Mit dem Namen **Pontiac**, der auf einen Häuptling der Ottawa-Indianer zurück-

Präzisionsuhren und Landmaschinen: Illinois' Wirtschaft auf einem alten Sammelbildchen

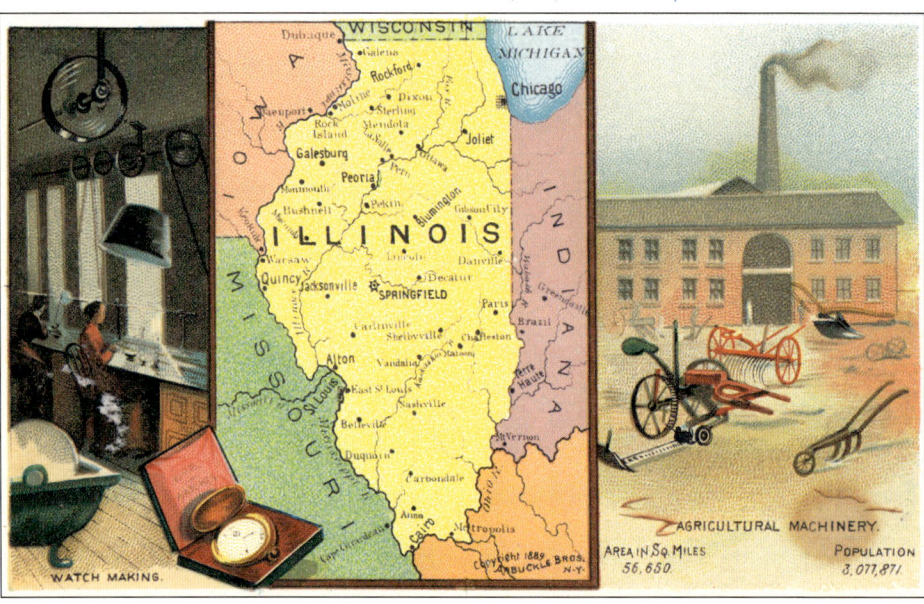

Big Car, Small Talk: Zwiegespräch in Gardner, Illinois

geht, assoziieren Amerikanern keinen Ort, sondern eine Automarke. In Illinois ist das natürlich anders. Die am Nordende der Stadt ansässige »Old Log Cabin« hat eine routenspezifische Baugeschichte, denn als die »Route 66« eine neue Streckenführung bekam, lief sie plötzlich an der Rückseite des Gebäudes vorbei. Mit ein paar technischen Tricks drehte man das Gebäude einfach um.

Wer **Chenoa** aus der Nähe betrachten will, muß wie schon in Pontiac einen kurzen Schlenker links in den Ort machen; vielleicht landet er dann in »Steve's Cafe«, einem lokalen Oldie von 1918.

Mais und Getreide wachsen am Weg nach Lexington, Towanda, Normal und Bloomington. Inzwischen haben sich auch die braunen »Route 66«-Zeichen als verläßliches Navigationssystem bewährt: In **Normal** und **Bloomington** kann man sie besonders gut gebrauchen. (Beide Orte eignen sich übrigens für eine Stärkung.

Wer Appetit hat und nicht noch ein paar Minuten warten will, kann sich an einem der zahlreichen ansprechenden Imbißplätzchen gütlich tun.)

Bloomington, das seinen Namen dem Farbenspiel der blühenden Wildblumen verdankt, hat Illinois, dem »Lande Lincolns«, eine historische Fußnote hinterlassen. Als der Präsident hier 1856 eine Rede gegen die Sklaverei hielt, war die anwesende Presse so vergrault, daß niemand mitschrieb. Entsprechend vage berichteten die Zeitungen. Die Rede ging als »lost speech« in die Geschichte ein. Die rund 50 000-Seelen-Gemeinde pflegt zumindest einmal im Jahr den Route-66-Mythos, wenn sich im Juni hier Tausende von Corvette-Fahrern treffen.

Funk's Grove ist bekannt für seinen Ahornsirup aus der nahegelegenen Fabrik, die seit Generationen vom deutschstämmigen Isaac Funk und seiner Familie betrieben wird. Zur Zeit, heißt es, hängen

Kathedralen der Körner: Silos an der Route 66 bei Lexington, Illinois

jedes Jahr um die 3 000 Eimer an den Ahornbäumen. Aber selbst das deckt die Nachfrage nicht; wer sich nichts hat reservieren lassen, geht leer aus: SIRUP SOLD OUT steht meist auf dem Schild an der Straße.

In **Mc Lean** gruppieren sich die unterschiedlichsten Etablissements rund um einen Platz: Kirche, Post und ein übermächtiger Silo, aber das wahre Zentrum des Durchgangsverkehrs heißt »Dixie Truckers Home«, ein gestandener Truck Stop, der seit den 20er Jahren durchgehend geöffnet hat und zum ältesten seiner Sorte an der Route 66 gehört.

Von den 1 807 Einwohnern von **Atlanta** mag sich bei der Durchfahrt niemand zeigen, so ausgestorben wirkt der Ort. Aufwendig, aber einsam ragt an der Ecke Race und Arch Street das »Public Library and Museum« in den Himmel, ein eigen-

williger Bau in oktogonaler Grundform. Ansonsten dominieren dröge Trios aus Futterspeicher, Lagerhalle und Eisenbahn.

Dasselbe im nachfolgenden **Lincoln**, das sich immerhin schon so nannte, bevor Lincoln Präsident wurde, und in **Broadwell**, wo immerhin seit 1936 das »Pig Hip Restaurant« zu Hause ist. Inzwischen hat es schließen müssen. Der Schinken seiner populären *ham sandwiches*, verkündete Ernie Edwards, der einstige Besitzer, käme nur aus der linken Schweinshüfte, weil jeder wisse, daß, wenn ein Schwein sich kratze, dies mit dem rechten Hinterbein geschehe, was das Fleisch dort besonders zäh mache.

Elkhart mit seinen diversen Kornspeichern, **Williamsville**, wo die *Old Road* erst einmal endet, und **Sherman** liegen auf

Farm Town **Divernon**. Schöne Scheunen folgen auf den Fuß, pfiffig gebaut mit Giebeln, von denen einige richtige kleine Mützchen tragen – mal rot, mal weiß getüncht. Und wie es sich für die Route 66 gehört, ist hier und da auch schon mal der Lack ab.

Irgendwo hat man das christiche »Vaterunser« auf weißen Täfelchen in Reih und Glied neben die Straße gepflanzt. Die Textabschnitte sind so gestückelt, daß man sie im Fahren lesen kann: ein Drive-In-Gebet mitten im Alfalfa-Feld.

Gut erhalten und voll funktionstüchtig steht das altehrwürdige »Ariston Cafe« fest auf dem Boden von **Litchfield**, einer alten Bergarbeitersiedlung, in der in den 80er Jahren des vorigen Jahrhunderts die erste Ölproduktion von Illinois startete.

Südlich der Stadt entdeckt man zwischen dem Highway und den Gleisen eine

Am Tropf: alte Benzinsäule in Odell

dem Weg zur Hauptstadt von Illinois: **Springfield**. Hier vereint sich die Route 66 mit dem Lincoln Historical Trail. Kein Wunder, denn schließlich wurde der große Mann hier geboren und beerdigt. Seither zählt sein Grab ebenso zu den nationalen Pilgerstätten wie das 1844 von ihm erworbene Haus (das einzige, das er je besaß) und das **Old Courthouse**, wo er als Anwalt tätig war. Neueren Datums: der »Cozy Dog Drive-In«, auf dessen Logo sich zwei Hot Dogs herzen – ein Evergreen für alle Routen-Fans.

Hinter **Glenarm**, zwischen vertrockneten Maisblättern, kann man das mutige Motto einer Schweinefarm lesen: START THE DAY WITH A PIG, lautet der Frühstückstip.

Nach einem kurzen Interstate-Hopser überwiegt erneut die ländliche Szenerie, nur kurz unterbrochen durch die stille noch ältere Trasse, bei der schon Gras durch die Betonritzen dringt: ein Vorfahre der Route 66, von denen es noch mehr geben wird, weil die Streckenführung im Lauf der Zeit mehrfach verändert wurde.

Mt. Olive, auch eine alte Kohlesiedlung, ist ein liebenswertes Örtchen, dem man nicht ansieht, daß es in der amerikanischen Gewerkschaftsbewegung eine gewisse Rolle spielte: Mary Harris, alias »Mother Jones«, die sich vehement für die Rechte der Grubenarbeiter und Kinder einsetzte, liegt auf dem Friedhof am Ortsausgang begraben. Hübsch anzusehen: die »Russell Soulsby's Shell Station«, ein Route-66-Denkmal aus alten Zeiten (1926–92).

Im Umkreis von **Staunton** wächst Mais, so weit das Auge reicht. Erinnerungen an Schleswig-Holstein werden wach, wenn die schwarzweißen Kühe auf den *dairy farms* ausschwärmen. **Hamel** erinnert noch einmal an alte Route-66-Zeiten (durch »Earnie's«, ein klassisches *road house* aus den 30er Jahren). Dann folgt, beinah zum Abschied von Illinois, eine besonders reizvolle Strecke, geprägt von Milchfarmen, Alfalfa, Schweinen, Schafen und (wiederum) schönen Scheunen – ein bukolisches Finale, bevor es in **Edwardsville** abwärts geht: ins Mississippi-Tal und seine Metropole, **Saint Louis**.

Nichts, aber auch gar nichts erinnert hier am Zusammenfluß von Mississippi und Missouri daran, daß die Stadt einmal als winziger Trading Post französischer Pelzhändler angefangen hat, gegründet 1764 von Pierre Laclede Liguest, ironischerweise unter spanischer Krone, was die Franzosen aber zu dieser Zeit gar nicht wußten. Die Stelle, wo der Pelzhändler an Land ging, trägt seinen Namen: Laclede's Landing. Durch sein schachbrettartiges Straßen-Layout bewahrt dieses muntere Nightlife-Viertel zwar noch Spuren seines Ursprungs, aber kaum mehr als das. Ganz im Gegensatz zum French Quarter in New Orleans.

Mit dem Lousiana Purchase, durch den Thomas Jefferson 1803 von Napoleon einen riesigen Batzen Land kaufte, verlor die Kolonialstadt durch die Invasion anglo-amerikanischer Pioniere nach und nach ihren französischen Charakter. Während noch im gleichen Jahr die Pioniere Lewis und Clark ihre folgenschwere Expedition in den Nordwesten der USA ausrüsteten, um das gerade von Jefferson erworbene Louisiana Territory zu erkunden und für die Westbesiedlung vorzubereiten, kon-

trollierte St. Louis bald und jahrzehnte-
lang die Ökonomie zwischen dem Mississippi und den Rocky Mountains. Seither
versteht sich die Stadt als »Gateway to
the West« für Pioniere, Trapper, Siedler
und Abenteurer.

Historisch sind da Zweifel angebracht,
denn de facto waren andere Orte Sam-
mel- und Ausgangspunkte für die Trails
und Trecks nach Westen, nämlich Franklin, Independence, St. Joseph und Kansas
City. Dennoch war auch St. Louis bis zum

Bürgerkrieg ein Ausrüstungszentrum für
Siedler der Umgebung und Überlandfah-
rer; schließlich bot es den wichtigsten
Hafen für einen halben Kontinent.

Ab der 30er Jahre waren es vor allem
deutsche Auswanderer, die in der Stadt
Fuß faßten, deren Einfluß sich am sicht-
barsten (aber keineswegs ausschließlich)
an den zahlreichen Brauereien manife-
stierte.

Ein schlimmes Feuer durchkreuzte
1849 kurzfristig den wirtschaftlichen Auf-

Transit im Kornfeld: Landwirtschaft bei Divernon

Idyll in Illinois: Rentnerpaar in Litchfield

stieg der Stadt. Als man danach viele Gebäude mit schmiedeeisernen Fronten wieder aufbaute, führte das unter anderem dazu, daß sich St. Louis landesweit als führender Produzent und Exporteur von architektonischen Eisenteilen profilierte.

Kurz vor dem Bürgerkrieg (1857) entwickelte sich die Stadt zum Eisenbahnknotenpunkt, dessen Bau wiederum zahlreiche deutsche (und diesmal auch) irische Immigranten anzog. Nach dem Krieg, der für die Stadt schwere Einbrüche brachte, weil die Bevölkerung (wie überhaupt in Missouri) in der Sklavenfrage gespalten und der Schiffsverkehr unterbrochen war, begann das Goldene Zeitalter. Eine rapide fortschreitende Industrialisierung, neue Produkte (Baumwolle, Fleisch, Bier und Schuhe) und Technologien (z.B. das Pressen von Baumwollballen für deren effizienteren Transport) und eine Bevölkerungsexplosion begründeten ein bis dahin unerwartetes wirtschaftliches und städtisches Wachstum.

In dieser Ära (1869–93) entstand die erste Brücke über den Mississippi, die Eads Bridge von 1874, Symbol für den Optimismus der St. Louisans und lange Wahrzeichen der Stadt. Das Kontrastpro-gramm zu neuem Reichtum und ungehemmtem Materialismus lieferten Mark Twain und Charles Dudley in ihrem satirischen Roman »The Gilded Age: A Tale of Today«. Von Gier, Korruption und der Not der Armen ist da zu lesen.

Als aggressive Eisenbahnbauer aus Chicago der Stadt mehr und mehr das flußgebundene Transportmonopol streitig zu machen suchten, holten die lokalen

Es war einmal: Reste der Route 66 südlich von Litchfield

Entrepreneure zum Gegenschlag aus, indem sie ein lukratives Vertriebsnetz im amerikanischen Südwesten aufbauten. Sie überschwemmten das Land zwischen Arkansas und Utah mit illustrierten Katalogen, Anzeigenblättchen und Schwärmen von Handelsvertretern. In beinah jede Stadt, die einen Bahnhof hatte, gelangten Küchengeräte, Möbel, Drogerieartikel etc. *made in St. Louis* per Direktbestellung. Die Regale der Country Stores im Südwesten füllten sich mit Konsumgütern von Grossisten aus St. Louis.

Diese merkantile Westorientierung wandte die Stadt sogar auf sich selbst an. Downtown wanderte nach Westen. Viele Kaufleute und Großhändler suchten nicht mehr die Nähe des Flusses, sondern die der Eisenbahn. Die Geschäfte liefen gut, und die Expo 1904 (einschließlich der ersten Olympischen Spiele auf US-Boden) bedeutete ein weiteres Glanzlicht in der Stadtgeschichte.

Weltkrieg, Depression und Prohibition schwächten die Wirtschaftskraft beträchtlich, doch auch in diesen schweren Zeiten investierte man in die Zukunft. Finanziert von lokalen Geschäftsleuten, flog Charles Lindbergh 1927 den »Spirit of St. Louis« solo über den Atlantik.

Gestärkt durch seine nach wie vor günstige strategische Verkehrslage zwischen West und Ost, Nord und Süd, durch eine stattliche Zahl an Firmensitzen (u.a. General Motors, Ford und Chrysler; Ralston Purina, Tierfutter; Anheuser-Busch, Bier, und McDonnel-Douglas, Raum- und Luftverkehr, und durch aktuelle Maßnahmen der Stadterneuerung *(urban renewal projects)* behauptet sich St. Louis heute tapfer als Metropole des »Herzlands« Amerikas – des sogenannten *heartland* – gegen alle Erosionserscheinungen, die den meisten US-Großstädten seit langem zusetzen, nicht zuletzt, weil überall zu viel Wirtschaftskraft in die Vororte abgewandert ist. Gerade mal knapp 500 000 der 2,4 Millionen St. Louisans wohnen im Zentrum; außerdem hat die Stadt aufs Ganze gesehen Einwohner verloren, seit den 70er Jahren sogar prozentual mehr als alle anderen seiner Größenordnung.

Doch fleißig, bodenständig und robust zu sein, das waren von jeher die bestimmenden Charakterzüge von St. Louis. Stets hatte es wenig gemein mit seiner glamourösen Schwester im Tiefen Süden, mit New Orleans und dessen Laisser-faire – heißen Blues und kühlen Jazz ausgenommen. ✧

Fischreich und symbolträchtig: der Mississippi bei St. Louis

Extratag – Programm: St. Louis

Vormittag   Gateway Arch, Museum of Westward Expansion, Old Courthouse.

Nachmittag   Saint Louis Art Museum oder Anheuser-Busch-Brauerei oder Cahokia Mounds.

Abend   Union Station oder Soulard, Central West End, The Hill, University City Loop, Laclede's Landing.

Einen Stadtplan von St. Louis finden Sie auf der beiliegenden separaten Karte.

Alternativen: Missouri History Museum (s.u.), **St. Louis Science Center** (s.u.), **Scott Joplin House** (s.u.); Shopping oder River Cruise. – Zugegeben, der Anblick des Großen Flusses an den Ufern von St. Louis reißt niemanden zu Begeisterungsstürmen hin. Für Fluß-Romantiker empfiehlt sich daher ein Plätzchen südlich der Stadt, und zwar der **Jefferson Barracks Historic Park**, 10 S. Broadway, ✆ 436-1473, Mi–Sa 10–17, So 12–17 Uhr. Von der Uferhöhe des ehemaligen Ausrüstungs- und Militärposten hat man einen schönen Blick auf den Mississippi.
– Wem Mark Twain am Herzen liegt und gut 2 Std. Autofahrt über den Hwy. 61 nach Norden nichts ausmachen, der findet flußaufwärts in **Hannibal** jede Menge Erinnerungen an den Meister: sein Geburtshaus und ein Museum.

Extratag – Informationen: St. Louis   Vorwahl: ✆ 314

MetroLink
✆ 231-2345
Die U- und Stadtbahn verbindet die wichtigsten Attraktionen und Hotels bequem, sicher, schnell und fast rund um die Uhr, z.B. **Forest Park, Central West End, Union Station,** Kiel Center, **Laclede's Landing.** $ 1 pro Fahrt.

ℹ️ **Route 66 Association of Missouri**
P.O. Box 8117
St. Louis, MO 63156
✆ 982-5500, Fax 982-5544

🏛 **Jefferson National Expansion Memorial Park**
11 N. Fourth St. & Memorial Dr.
✆ 231-5474
Die Gedenkstätte zu Ehren von Thomas Jefferson und seiner Go-West-Vision umfaßt den 1965 vom finnisch-amerikanischen Architekten Eero Saarinen gebauten **Gateway Arch** (✆ 982-1410, Sommer 8–22, Winter 9–18 Uhr), das unterirdische **Museum of Westward Expansion** (✆ 425-4465, tägl. 9–18 Uhr, im Sommer länger, $ 2 Eintritt) und das Old Courthouse.

Begleitet von heroischer Fanfarenmusik, flimmern in der Lobby des Museums auf großen Monitoren dramatische Szenen vom Bau des Stahlbogens und anderer US-Wunderwerke.

Die Entwicklung der USA zwischen 1800 und 1900 werden in Jahresringen anschaulich dokumentiert; sie gehen von der Skulptur Thomas Jeffersons aus und kehren auch dorthin wieder zurück. Wie eine Art historischer Schichtkäse erschließt sich jede Dekade auf einem eigenen Rundgang durch die Exposition: informativ, gut gemacht und von nicht nur aus-

kunftsfähigen, sondern auch auskunfts-
willigen Rangern betreut.

Das **Arch Odyssey Theatre** zeigt
spektakuläre Naturfilme auf 4stöckigen
Projektionswänden (Sommer 9–20, Winter 10–16 Uhr). Schräg gegenüber (11 N.
Fourth St., ℰ 425-4468, tägl. 8–16.30 Uhr)
das **Old Courthouse** mit seinem grünen
Kuppeldom (übrigens dem ersten seiner
Art in der Welt). Die Rotunda des Baus
(1839–64) wirkt bunt und unterhaltsam
(durch die allegorischen Fresken und
historischen Szenen von Charles Wimar
1862) und, wenn man genau in der Mitte
steht, wegen seiner Flüsterakustik wie
ein Verstärker. Das Haus rekonstruiert
liebevoll die Stadtgeschichte seit jenen
Tagen, als Lacledes Assistent, der Teena-
ger Auguste Chouteau, damit begann,
hier abzuholzen, um St. Louis ins Leben
zu rufen. Eintritt frei.

Remy's Kitchen and Wine Bar
222 S. Bemiston
ℰ 726-5757
Tapas and more. $$–$$$

Saint Louis Art Museum
1 Fine Arts Dr. (Forest Park)
ℰ 721-0072
Di 13.30–20.30, Mi–So 10–17 Uhr, Mo geschl.
Das 1879 gegründete öffentliche Museum
(das erste in den USA) wurde während
der Weltausstellung 1904 in diesem »Fine
Art Palace« untergebracht, einem klassizistischen Sandsteinbau von Cass Gilbert,
der wie ein modernes Parthenon auf dem
Hügel hockt. Davor steht die »Apotheosis
of Saint Louis« von Charles Niehaus, eine
bronzene Reiterstatue von Louis IX. als
Kreuzfahrer.

Auf drei Ebenen gibt es vor allem ame-
rikanisches Kunstgewerbe *(decorative
arts)*, klassische europäische und amerikanische Kunst und Werke des 20. Jh. zu
sehen. Unter den lokalen Highlights
befindet sich »The Jolly Flatboatmen in
Port« (Die fröhlichen Flachbootfahrer,
1857) von Georg C. Bingham. Schwer-

punkte: klassische Moderne und zeitgenössische Kunst u.a. von Max Beckmann, Pechstein, Schmidt-Rottluff, Mo-
dersohn-Becker, Dix und Nolde; Mark
Rothko, Frank Stella, Gerhard Richter,
Sigmar Polke und Anselm Kiefer. Museum
Shop und nettes **Museum Cafe**. Eintritt
frei.

Missouri History Museum
Lindell Blvd. & DeBaliviere Ave. (Forest
Park)
ℰ 746-4599
Di–So 9.30–17 Uhr
Stadtgeschichte mit 2 Highlights: die Aus-
stellung zur Jazz-, Ragtime-, Gospel- und
Blues-Tradition »Ragtime to Rock 'n' Roll:
St. Louis African American Music« und die
Dokumentation über den Rekordpiloten
Charles Lindbergh. Eintritt frei.

St. Louis Science Center
5050 Oakland Ave. (gegenüber vom Fo-
rest Park)
ℰ 289-4400 und 1-800-456-SLSC
So–Do 9.30–17, Fr/Sa 9.30–21 Uhr
Technologische Wunderkammer, auch
spannend für die Kids: Laser-Shows, Pla-
netarium, OMNIMAX-Kino. Exponate zu
Themen wie Raumfahrt, Ökologie,
Anthropologie. Eintritt frei.

Laumeier Sculpture Park
12580 Rott Rd. (Geyer Rd.; südwestl. von
Downtown)
ℰ 821-1209

Tägl. 8 Uhr bis Sonnenuntergang
Die schöne Parklandschaft vereint seit
1976 ein dekorativ verstreutes Ensemble
zeitgenössischer Plastiken, u.a. eine Arbeit von Donald Judd.
Das Museum (Di–Sa 10–17, So 12–17 Uhr,
Mo geschl.) zeigt Werke der Gegenwarts-
kunst. Eintritt frei.

Cahokia Mounds State Historic Site
30 Ramey Place
Collinsville, IL 62234
ℰ (618) 346-5160

Tägl. 9–17 Uhr, Dez.– Feb. Mo/Di geschl.

Nur 15 Minuten von Downtown St. Louis (I-55 *east*, *exit* 6 und Schild CAHOKIA MOUNDS folgen) liegt der Ort der einst größten prähistorischen Indianersiedlung nördlich von Mexiko. Von den ehemals 120 mit Grashäusern besetzten »Erdhügeln« *(mounds)* sind noch 68 erhalten und unter archäologischer Fürsorge. Die Funde datieren aus der Zeit zwischen 700 und 1400.

Das vorzügliche archäologische Museum dokumentiert die versunkene Kultur (Höhepunkt: ein rekonstruiertes Dorf) ebenso wie den Prozeß ihrer Wiederentdeckung, Grabungs- und Konservierungsarbeiten. Eintritt frei.

Anheuser-Busch Company
13th & Lynch St.
✆ 577-2626 oder 577-2297
Juni–Aug. Mo–Sa 9–16, Sept.–Mai 9.30–16 Uhr einstündige, kostenlose Führungen durch die größte Brauerei der Welt, die Quelle des berühmten »Bud« und »Michelob«. Verwaltungsgebäude von 1868, die oktogonalen, palastartigen Pferdeställe *(Clydesdale stables)* von 1885, Brauhaus und Kupferkessel von 1892.

Scott Joplin House
2658 Delmar Blvd.

✆ 533-1003
Mo–Sa 10–16, So 12–17 Uhr
Hier wohnte Scott Joplin 1900–03. Im heutigen Musikmuseum läßt u.a. ein mechanisches Klavier O-Synkopen des »King of Ragtime« und Schöpfers des »Maple Leaf Rag« erklingen. Eintritt $ 2.

Cherokee Street
1900–2300 Cherokee St. (5 Min. südlich von Downtown)
✆ 773-8810
Ein paar Dutzend Läden nisten heute in dieser Antiquitäten-Allee in einem Stadtteil, dessen Backstein-Reihenhäuser im 19. Jh. von deutschen Siedlern gebaut wurden, die in den Brauereien arbeiteten.

Soulard
Zwischen I-44, Broadway, Anheuser-Busch-Brauerei und McNair Ave.

Bunt gemischt und gut sortiert: der »Farmer's Market« im Stadtteil Soulard

Mi–Fr 8–17.30, Sa 6–18 Uhr breitet sich hier seit 1779 der »Soulard Farmer's Market«, der Wochenmarkt (730 Carroll St., ✆ 622-4180) aus. Abends kommen die zahlreiche Blues-Kneipen (s.u.) in Schwung.

  ## Laclede's Landing
Westliches Mississippi-Ufer zwischen Eads und Martin Luther King Bridge (gleichnamige MetroLink-Station)
✆ 241-5875 oder 241-5860
9 Straßenblocks und viel Kopfsteinpflaster umfaßt dieses restaurierte Lagerhausviertel: Boutiquen, Restaurants und Musikclubs, z.B. **Hannegan's Restaurant & Pub** (Jazz), **Lucius Boomer** (Rock) und **Mississippi Nights** (Rock).

    ## St. Louis Union Station
1820 Market St. (zwischen 18th und 20th St.)
✆ 421-6655
Mo–Do 10–21, Fr/Sa 10–22, So 11–19 Uhr (Restaurants gesonderte Zeiten)
Der grandiose Bahnhof, von Theodore C. Link 1894 in neoromanischem Stil errichtet, überspannte einst 41 Gleise und reichte (noch 1940) für 300 Züge und 100 000 Passagiere täglich. Anfang der 80er Jahre wurde er aufwendig in ein Shopping und Convention Center umgebaut. Trotzdem ist St. Louis auch heute noch einer der größten Eisenbahnknotenpunkt der USA.

  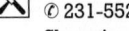 ## St. Louis Centre
6th, 7th, Washington und Locust St. (Downtown)
✆ 231-5522
Shopping Center (1985) mit Luxus-Liner-Effekten: 4 Etagen fürs käufliche und leibliche Wohl.

 ## Ted Drewes Frozen Custard
6726 Chippewa St.
✆ 481-2652
Seit 1929 ein Route-66-Oldie; Ted Jr. (immerhin 70 Jahre alt) hat es von seinem Vater übernommen. Beliebter Treff vor allem nach Baseballspielen der »Cardinals« für dicke, mächtige Vanille-Milch-Shakes. Probieren Sie mal die »Cardinal Sin«. Im Winter geschl.

 ## Gateway Riverboat Cruises
St. Louis Levee (am Deich unterhalb vom Gateway Arch)
✆ 621-4040 und 1-800-878-7411
Tagsüber stündliche Bootstouren der »Belle of St. Louis«, »Huck Finn«, »Tom Sawyer« und »Becky Thatcher« für die ganze Familie (ca. 1 Std.); abends mit Dinner und Dixieland-Klängen (vorher tel. reservieren).

Fest angedockt am Gateway Arch: The President Casino auf der »Admiral«, eine schwimmende Spielbank. Motto des *riverboat gambling*: »chips ahoy!«. Auf der Illinois-Seite des Flusses, in East St. Louis, ankert die »Casino Queen«. Zwischen Mai und Okt. machen hier auch die letzten Überlebenden der großen Dampfer fest: die »Mississippi« und »Delta Queen« (✆ 1-800-543-1949), die ihre Schaufelräder durch die fettige braune Soße des Flusses wühlen – von oder nach New Orleans.

    ## Fox Theatre
527 N. Grand Blvd.
MetroLink-Station: Grand Station
✆ 531-4833
Führungen durch den exotischen Bau (4 500 Sitzplätze) Di, Do, Sa 10.30 Uhr
Das »Fabulous Fox« eröffnete 1929 als eines der prächtigsten Kinotheater des William Fox – Gründer der 20th Century-Fox Filmgesellschaft – in üppigem siamesisch-byzantinischen Dekor, entworfen von C. Howard Crane aus Detroit. 1982 wiedereröffnet. Heute gastieren hier Entertainer aus Las Vegas, C&W-Shows, Rock- und Jazz-Bands, Broadway-Shows und Musicals.

 ## Big Muddy Roots & Blues Festival:
Aug./Sept. (Labor Day Weekend)

Weitere Informationen zu St. Louis finden Sie auf S. 59 f.

Budweiser, Blues und Baseball
Saint Louis

Eiskalt und silbrig am Morgen, gleißend-weiß tagsüber, pink und violett im Abendlicht: Der stählerne **Gateway Arch**, das symbolische Tor zum Westen, bekennt Farbe zu jeder Tageszeit. Von seiner Spitze aus gewährt er gute Aussichten auf Stadt, Land und Fluß.

Paradoxerweise ist St. Louis' Altstadt, von der einmal die Westwärtsbewegung ausging, Ende der 30er Jahre der Abriß-birne zum Opfer gefallen – um Platz zu schaffen für den Nationalpark.

Nur ein paar Schritte sind es bis zum Ufer des »Big Muddy«, wie der Mississippi getreu der Farbe seiner Kakaobrühe genannt wird, in der ein paar Restaurant-schiffe dümpeln. Diese Ersatz-*paddle wheelers*, die nie ihre Verankerung verlassen, tragen die Aufschrift von Fastfood-Ketten. Anders die Casinodampfer. Die *riverboat gaming industry* zieht sich von hier bis nach New Orleans hin, denn das Glücksspiel ist zwar an Land verboten, nicht aber auf dem Wasser.

Schon Mark Twain war vom Wiederse-hen mit dem Vater der Gewässer an die-ser Stelle nicht gerade begeistert. »St. Louis ist eine große, gedeihende und fort-schrittliche Stadt. Die Ufer des Mississippi jedoch scheinen tot für immer«, schreibt er in seinem »Leben auf dem Mississippi«. »Etwa gegen 1812 kam die Dampfschiff-fahrt auf. Nach dreißig Jahren hatte sie einen mächtigen Umfang erreicht. Und nach weniger als weiteren dreißig Jahren

Das »Tor zum Westen«: der Gateway Arch

77

war sie tot! Eine seltsam kurze Lebens-
dauer für ein so majestätisches Wesen.«

Im Untergrund des großen Bogens
erzählt das hinreißend gestaltete **Museum
of Westward Expansion** die Geschichte
der Indianer und Büffeljäger, Pelztrapper
und Ackerbauern, die sich die Vision Jeffersons von einem kontinentalen Amerika
zu eigen machten.

Mit seinem Säulenportikus und massiven Eisendom gleicht das **Old Courthouse** im Greek-Revival-Stil einem typischen Justiztempel des 19. Jahrhunderts.
Die Kapitäne der Flußdampfer nutzen die
Kuppel als Orientierung.

Die deutsch- und überhaupt stämmige
Museumswärterin hört gar nicht wieder
auf zu plaudern und stellt als lebendige
Geschichtsquelle im Stegreif alles in den
Schatten, was das Museum mühsam
zusammengetragen hat. Wehmütig erinnert sie sich an die Mosel: Anders als
hierzulande hätte es dort schon am Vormittag Wein gegeben ...

Einer der ersten Bürgerrechtsprozesse
spielte in diesem Gerichtsgebäude; 1847
versuchte der Sklave Dred Scott, seine
Freiheit gerichtlich durchzusetzen, weil er
sich zuvor im sklavenfreien Illinois aufgehalten hatte. Vergeblich. Das Urteil kam
an die große Glocke, wurde vor viele Karren gespannt und entwickelte sich dadurch zu einem der Auslöser für den
späteren Bürgerkrieg.

Mittagszeit. In den paar Blocks zwischen Broadway, Chestnut und Pine laufen beschlipste weiße Herren eilig mit
Lunchtüten herum, während die Schwarzen an den Bushaltestellen warten, als
hätten sie alle Zeit der Welt. Spätestens
jetzt wird klar, daß St. Louis zu den eher
schwer zugänglichen Städten zählt, vor
allem, wenn man sich zuerst oder gar nur
im Downtown-Bereich bewegt.

Faßbarer, abwechslungsreicher und
menschlicher geht es dagegen in den
diversen *neighborhoods* zu, auch wenn
selbst dort der Charme etwas schwerfälli-

ger daherkommt als etwa in Chicago. Auf
jeden Fall aber lohnt sich der (MetroLink)
Besuch in **Forest Park**, der mit seinen
Wäldern, Seen und Prachtbauten unter
den Stadtgärten (etwa dem botanischen
und Shaw's Garden) einer der schönsten
ist und den New Yorker Central Park sogar noch an Größe übertrifft. Viele Attraktionen liegen weit voneinander entfernt

Downtown St. Louis

und man ist froh, daß es einen »Shuttle Bug« gibt.

Das grüne Gelände war Schauplatz der »St. Louis World Fair«, der Weltausstellung, die auch »Louisiana Purchase Exposition« hieß, in Erinnerung an den großen Land-Deal hundert Jahre zuvor. Mit der Ausgestaltung des Geländes hatte man sich große Mühe gegeben, indem man

dazu keinen Geringeren als den New Yorker Architekten und Designer Cass Gilbert anheuerte, der in seiner Stadt bereits durch extravagante Großbauten aufgefallen war. Auch der deutsche Landschaftsarchitekt Maximilian Kern beteiligte sich an der Inszenierung des Parks.

Die Show geriet zur Sternstunde von St. Louis, das damals als viertgrößte Stadt der USA in den Blickpunkt der Welt rückte, nicht zuletzt durch den Song von Judy Garland. Schließlich gab es eine Menge Neues zu bestaunen und zum ersten Mal zu schmecken: den *hot dog*, den *ice tea*, den *ice cream cone* (das Eishörnchen) – seither allamerikanische Produkte in (fast) aller Munde. Nach einem guten halben Jahr war der Spuk vorbei, die meisten Pavillons wurden plattgemacht.

Überlebt hat nur das **Saint Louis Art Museum**, ein mächtiger klassizistischer Sandsteinbau, ebenfalls 1904 von Cass Gilbert entworfen, der durch großzügige, gut beleuchtete Ausstellungsräume und durch seine ungewöhnliche Wachmannschaft auffällt: Heerscharen von schwarzen Wärtern in schwarzen Uniformen.

Besonders Anhänger von Max Beckmann kommen in diesem Institut voll auf ihre Kosten, denn hier hängen mehr seiner Bilder als sonstwo auf der Welt – über 40 Stück. Beckmann war 1947 nach langem Exil in Amsterdam nach St. Louis gekommen und hatte dem Museum viele seiner Arbeiten geschenkt.

Superlative hält das Art Museum auch für die mehr an traditionellen Bildmotiven orientierten Besucher bereit, unter anderem die umfangreichste Kollektion von Bildern von George Caleb Bingham, die das Ante-bellum-Leben auf dem Missouri River in genrehaften Szenen feiern.

Auch bei der Rückfahrt entpuppt sich der Forest Park Shuttle Bug als wahres Transportwunder, dieses kleine rote Ding, meist besetzt mit einem schwarzen Fahrer. Der unsere ist bester Laune und voller Sprüche. Als es am Barnes Hospital (einem der größten klinischen Komplexe in den USA) vorbeigeht, ist er nicht mehr zu halten: Im Volksmund heiße es *butcher shop*, denn hier gebe es neue Nieren und andere Organe. Und die angrenzende Hochschule hätte auch ihren Sinn, denn dort lerne man *how to become a butcher*. Medizinstudium als Metzgerlehre – schwarzer Humor im Pendelbus.

Wenig später hält er im feinen **Central West End**, einem Viertel, dessen Bausubstanz in den Jahren der Weltausstellung entstand. Ein kleiner Spaziergang über Euclid Avenue zwischen Westminster und Laclede führt an den Schokoladenseiten dieser ehemaligen Patriziergegend vorbei: an schönen alten Bäumen, verwilderten üppigen Gärten und derb-feudalen Residenzen, die, von Eisentoren abgeschottet, Wohnbereiche in Seitenstraßen, sogenannte *private places* bilden, die für den Verkehr gesperrt sind, so daß die Eichhörnchen auf der Straße spielen können (Lennox Place zum Beispiel).

Kein Wunder, daß britische Gentleman-Poeten wie T. S. Eliot, der 1888 in St. Louis zur Welt kam und hier, in der Nähe der Washington University, aufwuchs, sich äußerst wohl fühlten. Dagegen zog es sein US-Kollege Tennessee Williams vor, das Weite zu suchen; er konnte St. Louis nicht leiden. Heute, zumindest angesichts der lockeren Kaffeehauskultur entlang Euclid Avenue, sähe er die Dinge vielleicht anders.

Wie durch Steinwüsten rollt MetroLink zurück in die Innenstadt. Gnadenlos haben Gleissträng und Freeway-Rampen ihre Trassen aus dem städtischen Kuchen geschnitten. Die vorbeifahrenden Güterwaggons zieht eine schwarzgelbe Lok: SANTA FE, ein Name, der zu einem der Leitmotive der Reise werden wird. Doch erst einmal taucht die Schnellbahn unter die Erde von Downtown St. Louis.

Wie eine feste Burg ragt die **Anheuser-Busch Brewery** an deren Südende auf, und auch innen entfaltet die altehrwürdige Brauerei den Charme der Alten Welt, der in den Ställen der Clydesdale-Pferde gipfelt: poliertes Holz, farbige Glasfenster und Kristallüster.

Bau- und Braukunst stammen aus der Mitte des 19. Jahrhunderts, als deutsche Einwanderer massenhaft in die Stadt strömten. Die Brauerei überlebte sogar die Trockenperiode der Prohibition –

durch die Herstellung von Hefe *(baker's yeast)* und nichtalkoholischen Malzgetränken.

Nachdem Eberhard Anheuser ein marodes Brauhaus in St. Louis übernommen hatte (eins von fast 30 dieser Art, die alle von den artesischen Quellen, den kühlen Höhlen und den durstigen Trinkern der Stadt zu profitieren suchten), führte es sein Schwiegersohn Adolphus Busch wenig später zum Erfolg. 1876 brachte er ein Pils mit dem Namen »Budweiser« auf den Markt. Da ihm von Anfang an ein nationaler Markt vorschwebte, waren neben den Neuerungen beim Brauen auch solche des Transports gefragt, um ein langes Leben des Gerstensafts im Regal sicherzustellen. Tatsächlich überwand er die Reiseunlust des traditionell gebrauten Biers durch Kühltransporte. Mit ihnen inthronisierte sich das Marketing-Genie landesweit als »The King of Bottled Beers«.

Dieser herrscht noch heute und teilweise weltweit: als »Bud«, »Michelob« oder »O'Doul's«. So nebenbei spielte Anheuser-Busch dann noch den Mäzen und schenkte der Stadt ein Stadion. Nicht irgendeins, sondern eine Arena für die »Cardinals«, den berühmten Baseball-Club, die sich in ihren Ausmaßen (50 000 Sitze) hinter dem Superdome in New Orleans nicht zu verstecken braucht.

Von Baseball und Budweiser sind die prähistorischen Erdhügel der **Cahokia Mounds** zwar viele Jahrhunderte, aber nur wenige Minuten entfernt: jenseits der Brücke und des Mississippi auf der Illinois-Seite von St. Louis.

Geheimnisvoll erheben sich plötzlich grasbewachsene Pyramiden zu beiden Seiten der Straße, vor allem der terrassierte und über 30 Meter hohe **Monks Mound** – Denkmäler einer Indiansiedlung der sogenannten Mississippi-Kultur *(Mississippian Culture)*.

Stallungen de Luxe: die Pferde der Anheuser-Busch-Brauerei können nicht klagen

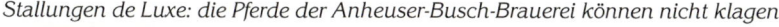

Auf ihrem Zenit (1100/1200) sollen hier um die 20 000 Menschen von den bewirtschafteten Feldern ringsum und deren Früchten gelebt haben, von Mais und Kürbissen *(squash)* in erster Linie. Außerdem waren sie Fischer, Jäger und Sammler. Unterhalb der rund 120 Hügel, die den Kultstätten, Wohnungen und Friedhöfen der Elite vorbehalten waren, lag die Plaza, die umstellt war von Häusern aus Holzbalken und Grasdächern.

Ähnlich wie Chaco Canyon in New Mexico galt Cahokia als ein politisches und soziales Zentrum, das mit einer Reihe von Satellitenstädten im Umkreis in Verbindung stand. Zahlreiche solcher Tempelhügel im Norden und Süden der Stadt erwiesen sich übrigens ebenfalls als *Indian mounds*, was St. Louis anfangs den Spitznamen »Mound City« einbrachte.

Bis heute weiß niemand genau, woran diese Hochkultur zugrundeging. Waren es sich erschöpfende Ressourcen, klimatische Veränderungen, die die Ernten gefährdeten, Krankheiten oder soziale Unruhen? Wie auch immer, als der spanische Entdecker de Soto um 1541 den Großen Fluß erkundete, waren die »Hügelbauer« *(mound builders)* bereits auf und davon. Ihnen folgten Stämme der Missouri- und Osage-Indianer, nach und nach dann europäische Kundschafter, Händler und Siedler. Sogar der Name »Monks Mound« kam erst lange Zeit nach dem Bau der gräsernen Pyramide auf:

Von Cahokia, der Indianersiedlung der Mississippi-Kultur (oben), sind heute noch einige Erdhügel zu besichtigen (unten)

Schöner Schwung: die »Grand Hall« von Union Station, dem Bahnhof von St. Louis

Französische Trappisten-Mönche lebten hier im frühen 19. Jahrhundert und pflanzten Gärten auf dem Hügel. Trotzdem und der Tatsache, daß Karl Bodmer die Ruinen bei seinem Besuch 1833 zeichnete, blieb die Kultur in der Versenkung.

Das änderte sich erst, als in den 20er Jahren dieses Jahrhunderts Archäologen ernsthaft zu Werke gingen. Mit Erfolg. Wie jüngst erst der Kölner Dom gehören denn auch die *flat top temple mounds* von Cahokian seit 1982 zum Repertoire des von der UNO gelisteten Weltkulturerbes.

Eines langen Tages Reise führt zwangsläufig ins Nachtleben. Dafür kommen in St. Louis gleich mehrere Adressen in den Sinn. Sogar der Hauptbahnhof! Wie in New York oder Washington zählt er hier ebenfalls zu den Leckerbissen: **Union Station**, einst der größte Bahnhof der Welt, der sich trotz oder wegen seines festungsartigen Neuschwanstein-Touchs zweifel-

los sehen lassen kann. Seit 1978 der letzte Zug die Halle mit dem markanten Uhrenturm verließ, hat sie sich dank aufwendiger Umbauarbeiten zu einem quirligen Unterhaltungstempel gemausert, der Luxushotel, Shops, Biergärten und einen See, auf dem man Bötchen fahren kann, unter einem Dach vereint, das mit dem Tonnengewölbe der **Grand Hall** zu absoluter Spitzenleistung aufläuft. Die mit Marmor und Mosaiken, Goldblatt und bleiverglasten Fenstern geschmückte Decke wölbte sich einst über die Wartehalle, heute über eine edle Lounge. (Unter den dekorativen Details der Glasfenster leuchtet auch St. Louis allegorisch: eine Frau mit Lorbeerkranz und Palmenzweig von Conrad Schmidt.)

Auch **The Hill**, im Südwesten der Stadt, zeigt abends Flagge. Übrigens ebenso tagsüber. Die ehemals kleine italienische Gemeinde, in die die seit 1890 einwandernden Arbeiter der nahen Tonminen

Hier gingen die Franzosen zuerst an Land: Laclede's Landing

und Ziegeleien zogen, hat sich bis heute ihre Delikatessenläden, Trattorien, Bäckereien, Tavernen und Bocciaclubs erhalten – und eine ansehnliche Menge Shotgun-Häuser mit und ohne Vorgarten-Madonnen. Sogar einige Hydranten an den Bordsteinen tragen die italienischen Farben.

Nicht weniger munter geht's abends in der **University City Loop** zu. Das Stadtviertel, das diesen Namen einem alten Wendepunkt der Straßenbahn verdankt, präsentiert sich als ein munteres Patchwork aus ethnischen Restaurants, Kunstgalerien und vielen Studenten. Die »Broadway Oyster« zählt ebenso wie «Molly's« zu den einschlägigen Musikadressen. Mitten durchs Revier zieht **Delmar Boulevard**, der, ähnlich wie der berühmte Boulevard in Hollywood, den Weg der Flaneure mit bronzenen Sternen auf der Straße unterlegt: der »St. Louis Walk of Fame«. Zu den mehr intellektuellen Highlights der 1835 gegründeten Universität zählt das Forscherduo Masters und Johnson, das hier die Grundlagen seines Sex-Reports legte.

Ob **Laclede's Landing** wirklich der Ort ist, an dem einst sein Namengeber an Land ging, gilt als zweifelhaft. Unbestritten dagegen ist, daß das backsteinrote und schmiedeeisern verzierte Ensemble viktorianischer Lagerhäuser am Ufer des

Großen Flusses zu den wenigen *leftovers* der Dampfschifftage gehört. Tagsüber ein Geschäftsviertel, geht es hier heiß und bunt zu, wenn die Lichter der Bars und Restaurants brennen und St. Louis ein wenig in sein vergangenes Hafenstadtmilieu zurückfällt – musikalisch, versteht sich. Dennoch sieht das Viertel am besten aus, wenn sich das schleierhafte Grau der Flußnebel breitmacht.

Am Südrand von Downtown schließlich findet sich die »bluesiest« *neighborhood*

Mississippi Transfer: »Old Man River« in Abendstimmung

von St. Louis: **Soulard**, ein gestandenes Arbeiterviertel mit Bars auf der Ecke, in denen lokale Größen auftreten.

Ob hier oder in Laclede's Landing, Central West End oder City Loop: Klanglich und topographisch beginnt hier der neuerdings von der Reiseindustrie wiederentdeckte und geförderte *America's Music Corridor*, der über Memphis und das Delta bis nach New Orleans reicht. Blues, Jazz, Ragtime und Rock'n'Roll: Fast scheint es, als seien sie stets musikalische Ne-

benflüsse des Mississippi gewesen. Und wieder mal erscheint St. Louis als Tor: dieses Mal nicht zum Westen, sondern zur Musik.

Große Namen legitimieren das wie Scott Joplin, W. C. Handy (er, der in den 90er Jahren des vorigen Jahrhunderts hier lebte, schrieb 1914 den »St. Louis Blues«), Miles Davis, Rock'n'Roll-Pionier Chuck Berry, Josephine Baker, Tina Turner, ja, und selbst die große Grace Bumbry, die schwarze Operndiva. ✧

2. Tag – Route: St. Louis – Meramec Caverns – Cuba – Lebanon, MO (330 km/206 mi)

km/mi	Zeit	Route
0	9.00 Uhr	**Downtown St. Louis:** Kreuzung Tucker und Market St., aus Tucker St. (in südlicher Richtung) wird Gravoir Ave., an Chippewa Ave. rechts, an US 61/67 rechts ab (= Lindbergh/Kirkwood Blvd.) nach **Kirkwood**. An der Kreuzung mit 100 (= Manchester Rd.) *west* (links) nach Manchester und Ellisville. In **Gray Summit** auf die I-44 bis *exit* 230 nach Stanton, dort links den Schildern folgen:
118/ 74	11.30 Uhr	**Meramec Caverns** (Pause und Höhlentour ca. 2 Std.). Rückfahrt bis kurz vor die I-44, davor links in die South Outer Rd. *west*
131/ 82		**Sullivan**. Rechts an Elmont und wieder *south service road* links nach **Bourbon**, **Cuba**, **Fanning** und **St. James**. Hier an Jefferson (= S 8 und 68 *west*) rechts, über die I-44 hinweg und links in die Outer Rd. *west*. Weiter geradeaus auf der nördlichen Begleitstraße bis an eine T-Kreuzung, an der man links abbiegt, zur Einfahrt nach
202/126	15.00 Uhr	**Rolla**, Bishop Ave. (S 63/72). Kings Hwy.: rechts zur I-44, dort die South Outer Rd. (»Totem Pole Antiques«).
216/135		**Doolittle** (*exit* 176). Auf die I-44 bis zur Ausfahrt nach Jerome (*exit* 172). Nach der Ausfahrt links, dann die Outer Rd. *west*. Bei der zweiten Gelegenheit Wechsel auf die andere Interstate-Seite und weiter nach Westen (rechts): die Outer Rd. *east*, sie ist mit schwarzem Z auf weißem Grund gekennzeichnet. Kurz **bevor** man den Big Piney River überquert, (an **Teardrop**) links abbiegen, um über die alte Brücke zum **Devil's Elbow** zu kommen. – Zum Abbieger zurück, über den Fluß und weiter bis zum *exit* 163 (DIXON). Z weiterfahren nach **St. Robert**. Über die I-44 hinweg (Richtung WAYNESVILLE); auf der *business loop 44* nach
258/161	16.00 Uhr	**Waynesville**. SR 17 Richtung Buckhorn, und wieder über die I-44, gleich danach rechts auf der SR 17 weiter. An der Kreuzung mit P und NN rechts an P (Richtung LAQUEY). Kurze Zeit später kommt die Gabelung mit der AA (Stoppzeichen), dort links halten und der AA folgen, an AB (Stopp-Zeichen) rechts und auf der Outer Rd. südlich der I-44 bleiben. An F rechts ab zur I-44, (am *exit* 135) über sie hinweg und auf der anderen Seite die Outer Rd. *west* (links) Richtung LEBANON. An Mill Creek rechts nach
330/206	17.30 Uhr	**Lebanon**.

2. Tag – Route: St. Louis – Meramec Caverns – Cuba – Lebanon, MO (330 km/206 mi)

Extras: Südlich von Leasburg (I-44, *exit* 214 und Hwy. H nach Süden) bietet sich der **Onondaga Cave State Park** als Ausflugsziel an, der auch eine dekorative Höhle bereithält, die Daniel Boone 1798 entdeckt haben soll. Weitere Info: Onondaga Cave State Park, Rt. 1, Leasburg, MO 65535, ℰ (314) 245-6600. Die mit bizarren Nadeln und steinernen Vorhängen drapierten Katakomben weisen ganzjährig 13 °C auf. 1½stündige Touren finden März–Okt. statt. Im Park kann man im Meramec River schwimmen, angeln oder Kanu fahren.
– Tip für Weinliebhaber: ein Tagesausflug von St. Louis ins **Wine Country** von Missouri. Die Güter liegen ca. 1½ Std. westlich der Stadt (über die I-70 oder S 94) bei Hermann oder Augusta, in einer Gegend, die einst von deutschen Winzern wegen landschaftlicher Ähnlichkeiten als »Litte Rhineland on the Missouri« bezeichnet und kultiviert wurde.
– In Lebanon könnte eine liebliche Landpartie durch die **Ozarks** beginnen: S 5 nach Camdenton, US 54 nach Osage Beach, S 42 über die Dörfer nach Rosebud, dort US 50 nach Villa Ridge (= zurück auf die Route 66): Dauer 1–2 Tage.

2. Tag – Informationen

Meramec Caverns Inc.
Stanton, MO 63079 (ca. 6 km vom Ort)
ℰ (314) 468-CAVE
Tägl. 9–17 Uhr, im Sommer länger; Führungen jede halbe Stunde
Die rund 37 km langen Gänge und fünfstöckigen Gewölbe wurden 1933 wiederentdeckt und zwei Jahre später als Touristenattraktion vermarktet. Höhepunkt der Underground-Tour: das Licht- und Formenspektakel des »Stage Curtain«, eines steinernen und bizarren »Bühnenvorhangs«. Außerdem: Restaurant, Motel, Camping und Kanuverleih. Eintritt $ 9.

Jesse James Wax Museum
Nähe *exit* 230 an der I-44 (Stanton)

ℰ (314) 927-5233
Im Sommer tägl. 8–18, sonst 9–17 Uhr
Wachsfigurenkabinett: Jesse James und Gang-Mitglieder plus weitere Outlaws. Angeblich sei der prominente Räuber gar

Underground Missouri: Meramec Caverns bei Stanton

nicht erschossen, sondern 103 Jahre alt geworden. Reichhaltiger Souvenirshop. Eintritt $ 3.

 McDonald's
Church & S. Outer Rd.
Sullivan
✆ (314) 468-8113
Dekoriert wie ein Route-66-Denkmal.

 Cuba Area Chamber of Commerce
1102 N. Oak Hill Rd.
Cuba, MO 65453
✆ (573) 885-2531

Route 66 Lounge
Cuba, 1205 W. Washington St.
✆ (573) 885-3007
Routennah: Snacks und Drinks.

Wagon Wheel Motel
901 E. Washington St.

Cuba, MO 65453
✆ (573) 885-3411
Hübsches Motel aus den 30er Jahren und noch gut in Schuß. $

 Lebanon Chamber of Commerce
634 S. Washington Ave.
Lebanon, MO 65536
✆ (417) 588-3256

 Holiday Inn
Business Loop I-44 W.
Lebanon, MO 65536
✆ (417) 532-7111
Fax 532-7005
Ordentlicher Standard, Restaurant. $$

 Munger Moss Motel
Business Loop I-44 E.
Lebanon, MO 65536
✆ (417) 532-3111
Traditionelles Route-66-Motel. $$

Betagter Route-66-Kumpan: das Munger Moss Motel in Lebanon, Missouri

Big Prairie Country
Missouri

Nicht ohne Hintergedanken druckt die staatliche Tourismusförderung WAKE UP TO MISSOURI auf ihre Werbebroschüren. Besucher sollen hier nicht nur einfach vorbeischauen, sondern möglichst auch übernachten. Dann werden sie sich auf ganz natürliche Weise morgens die Augen reiben angesichts der unverhofften Schönheiten dieses Landes. Warten wir's also ab.

Der unscheinbare, meist heftig umschwärmte »Ted Drewes' Frozen Custard Stand« und ein paar alte Motelschilder sind zunächst die einzigen Überlebenden, die beim Verlassen von St. Louis an die Ära der großen Straße erinnern.

Auch das freundliche **Kirkwood** mit seinem hübschen Bahnhof, buntem Gemüsemarkt und Glockengeläut läßt nicht viel Routen-Nostalgie zu. Und die Manchester Road schon gar nicht. Im Gegenteil, sie birgt schwere Kost: einen mühsamen, meilenweiten Shopping Mall Strip mit munterem Verkehr und trägen Ampeln. Selbst die kurzfristige Neubenennung der Straße in **Lewis and Clark Trail** (zu Ehren der beiden Pioniere, die 1804–06 als Pfadfinder von Thomas Jefferson auf Erkundungstour nach Westen geschickt wurden) oder die Kaufhausfilialen von »Schnucks« steigern das Fahrgefühl nicht. **Ellisville** verlängert die Shop-and-Save-Sequenz sogar noch um weitere Meilen. *Shop and Save*, was sonst?

Erst nach mindestens einem Dutzend »Hardee's«-Filialen (schon eine würde reichen) scheint der Shopping-Spuk erst

Auf der Lauer: Jesse-James-Gang-Figuren am Eingang der Meramec-Höhlen

mal gebannt. Hinter **Grover** löst ihn eine parkähnliche Waldlandschaft ab, die sich schließlich zu einer kurvigen und friedlichen Landstraße nach **Gray Summit** steigert.

Auf Scheunendächern und *billboards* wurden (und werden) sie gepriesen, die **Meramec Caverns** bei Stanton, die sich seit über 60 Jahren bereits erfolgreich um Touristendollars bemühen, auch wenn sie heute eher als Dinosaurier der natürlichen Unterhaltungskunst gelten. Dennoch, ein kleiner Abstecher lohnt, zumal die schattige Zufahrtsstraße malerisch am Meramec River vorbeistreift. »Ich habe mehr Menschen unter die Erde gebracht und lebendig wieder auftauchen lassen als irgendwer sonst«, brüstet sich Höhleneigner Lester B. Dill, der seine feuchten Kammern stets clever zu vermarkten wußte – als Partykeller, Tanzssaal oder Bunker.

Viel Aufhebens wird mal wieder um Jesse James gemacht, der die Höhlen während des Bürgerkriegs kennengelernt haben und sich in den 70er Jahren des vorigen Jahrhunderts mit seinen Leuten und Pferden hier versteckt haben soll. Ein PR-Gag? Wahrscheinlich, denn es gibt keine Höhle weit und breit, die so etwas nicht von sich behauptet. Und ringsum herrscht wahrlich kein Mangel an unterirdischen Gewölben; über 5 000 sind bekannt. Ton und Kalkstein, die in den Ozark Plains vorherrschen, fördern ihre Bildung.

Vor der Erfindung der Klimaanlage waren die Tiefkühltruhen von Underground Missouri besonders gefragt. Die Indianer schnitzten dort ihre Waffen und begruben ihre Häuptlinge; der spanische Entdecker Hernando de Soto stieg bereits 1542 abwärts; Anfang des 18. Jahrhunderts stießen französische Bergleute dort auf Salpeter und betrieben daraufhin im Untergrund eine Pulvermühle.

Wiedertaufen, Ku-Klux-Klan-Versammlungen und heimliche Stelldicheins spielten sich hier ab. Pilzzüchter und illegale Schnapsbrenner (moonshiners) fühlten sich ebenso geborgen wie flüchtige Sklaven aus den Südstaaten, die die Höhlen als Zwischenstopps der sogenannten »Underground Railroad« nutzten, eines ausgeklügelten Versteckssystems, das ihnen zum Transfer in die Freiheit in die Unionsstaaten verhalf.

Auf der Fahrt nach Westen hält die Landstraße weiterhin angenehm Distanz zur Interstate und zeigt damit Missouri als eine lieblich-ländliche Provinz. Das liegt natürlich daran, daß der Staat mit den »Menschen mit den großen Kanus« (so die Bedeutung seines indianischen Namens) noch zu einem guten Drittel aus fruchtbarem Ackerland und Vieh-Ranches besteht; Flugzeug-, Auto- und andere Pro-

Missouri, nostalgisch: zwischen Maultieren und Mississippi-Dampfern

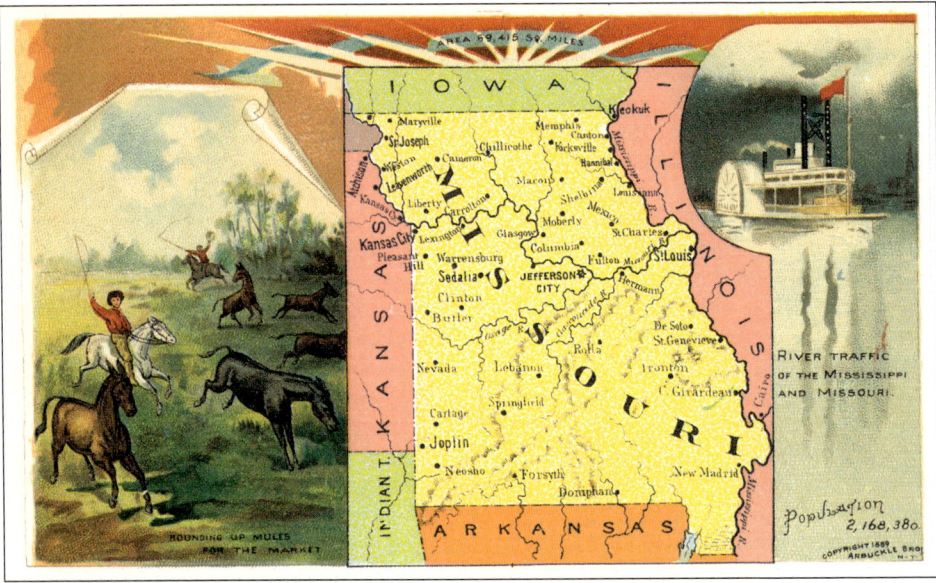

Ruhige Kugel: »Route 66 Lounge« in Cuba, Missouri

duktionsbetriebe ebenso wie der Tourismus sind am Rest des Wirtschaftsaufkommens beteiligt.

Auch zwischen den Himmelsrichtungen kultiviert Missouri seine Mittelposition. St. Louis gilt als die letzte Metropole des Ostens, Kansas City als die erste des Westens, beide verbunden durch den Missouri River als Ost-West-Achse.

Vielleicht ist es tatsächlich die mittige Lage, die Missouri zu einem amerikanischen Mikrokosmos macht. »Missouri ist ganz Amerika an einem Ort«, schrieb jüngst der Herausgeber der Tageszeitung von St. Louis, der *St. Louis Post-Dispatch.* »Im Mai gleicht Missouri Virginia und üppigen Apfelgärten voller pinkfarbener und weißer Blüten; im späten Juni rühren sich die Great Plains und der golden-reife Weizen wie in Kansas, Nebraska und den Dakotas; im August ähnelt Missouri den leuchtenden Mais-Prärien von Illinois; es ist steiniges Farmland wie in Neuengland

mit blau schimmerndem Rittersporn und Rosen entlang der Zäune, hat knochentrockenes Minengestein wie in Oklahoma, New Mexico und Arizona, weite Baumwollfelder und Rübensammler mit bauchigen Beuteln wie in Alabama, Mississippi und Louisiana.«

Die flüchtigen Eindrücke im fahrenden Auto, noch dazu auf nur *einer* Straße zu *einer* Jahreszeit, reduzieren dieses Potpourri naturgemäß auf Details, auf Vielfalt – im Kleinen.

Die »Sullivan Pottery« verkauft tolle Gartenzwerge, die vor der Tür in Reih und Glied paradieren, und gelbe Schulbusse verteilen die Kinder wie Wildblumen übers Land. Sie blinken heftig bei jedem Stopp, damit die *locals* ihr Tempo drosseln und die alte Straße nicht mit der neuen nebenan verwechseln, die mal ferner, mal näher rückt. Neben der Interstate ebnen auch die Eisenbahngeleise den Weg, auf dem gerade ein Güterzug der

Beim Straßenfest in Cuba erwacht die »66« ...

»Burlington Northern«-Linie heulend daherschleicht: der dritte im Bunde eines »Travel-Trios«, das über hundert Jahre Verkehrsgeschichte dokumentiert.

Wie aus dem Ei gepellt sitzen die weißen Häuschen auf den Wiesen, das Auto vor der Tür, die *mailbox* dicht an der Straße: ein ländliches Amerika aus dem Bilderbuch.

Bourbon, klein und schnuckelig, führt namentlich in die Irre, denn hier wird Wein angebaut. Der hölzerne »Circle Inn« läßt die alten Zeiten wieder lebendig werden und serviert weiterhin *malts* und *shakes*. Weiher und Vieh sorgen für idyllische Tupfer im jetzt leicht hügeligen Terrain, in einem *rolling farmland* voller Kirchen. Missouri leidet daran keinen Mangel.

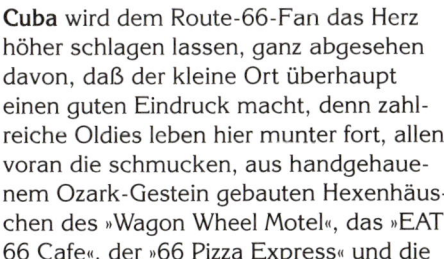

... zu neuem Leben

»Route 66 Lounge«. Viele neuere Etablissements schmuggeln sich in diesen
Reigen, indem sie ihr fehlendes Alter
geschickt durch eine nostalgischen
Zeichensprache tarnen.

Dadurch passen sie besser als die
Gebäude selber in die Landschaft, die
weiterhin Wirkung zeigt – ganz im Sinne
einer Zeitmaschine. Denn wer die gra-
senden Pferde, die Eisenbahn, die alters-
schwachen Telefonmasten vorbeiziehen
sieht, der fühlt sich unweigerlich in ein
anderes Zeitgefühl versetzt.

In solchen Momenten fördert die
(manchmal auch anämische) Route-66-
Archäologie plötzlich Leben zutage, be-
zeichnenderweise immer dann, wenn der
alte Highway seine Bahn durch Provinz
und Alltag sucht und dabei ein Stück
Amerika zeigt, das für die meisten längst
überholt und abgemeldet zu sein scheint –
und das ist schlichtweg das Schönste,
was dieses Land zu bieten hat. Das *Big*

Cuba wird dem Route-66-Fan das Herz
höher schlagen lassen, ganz abgesehen
davon, daß der kleine Ort überhaupt
einen guten Eindruck macht, denn zahlreiche Oldies leben hier munter fort, allen
voran die schmucken, aus handgehaue-
nem Ozark-Gestein gebauten Hexenhäuschen des »Wagon Wheel Motel«, das »EAT
66 Cafe«, der »66 Pizza Express« und die

Engpaß bei Hazelgreen

Prairie Country im Mittelwesten ist ein Teil davon.

Fanning akzentuiert sich weniger als Ort als durch seine Weingüter, Rebstöcke und Trauben, die man an den Straßenständen kaufen kann. In **St. James** gilt der kunterbunte »Route 66 Motors and General Store« als gute Adresse für Souvenirjäger. In **Rolla** haben die Verantwortlichen der »Route 66 Association« endlich Farbe bekannt und die Bishop Avenue eindeutig als Route 66 ausgemacht und deutlich ausgewiesen. Auf einer Strecke wie dieser ist jede Navigationshilfe willkommen.

Wenig später wächst wieder einmal Gras zwischen den Betonplatten in der Mitte der Straße, an deren Rändern noch die wannenförmig abgerundeten »Bordsteine« zu sehen sind. Diese lippenartigen Ränder (*curled lips* bzw. *half curbs*) sollten einst die Autos auf der Fahrbahn halten. Tatsächlich sorgten sie oft dafür, daß viele umkippten.

Nach **Doolittle** wird es hügeliger, und die Straßenränder verwandelt sich kurzfristig in eine Südstaaten-Kulisse: Kudzu, der gefürchtete »grüne Würger«, und andere fleischige Blätter baumeln wie Girlanden an den Bäumen und überwuchern das Felsgestein. Unmittelbar bevor man den Big Piney River überquert, sollte man kurz links (an Teardrop) abbiegen, um sich ein besonders romantisches Stück der Route nicht entgehen zu lassen: die Flußbiegung **Devil's Elbow** mit einer dieser schönen alten Brücken, die an der Strecke noch überlebt haben.

Schnurstracks und krumm: Interstate 44 und Route 66

Es bleibt noch eine Weile (**St. Robert,
Waynesville, Hazelgreen**) wellig und grün.
Und während die Interstate schnurstracks
durchs Gestein schießt, paßt sich die alte
Straße dem Gelände an: Sie steigt und
fällt und windet sich.

Am Ende **Lebanon**, mit rund 10 000
Einwohnern die größte Stadt weit und
breit, bei der auf den ersten Blick nichts
auffällig zu sein scheint. Doch dann wimmelt es plötzlich von Gebrauchtwagen-
händlern, Shops, deren Besitzer früher
Pferdehändler waren und die den Wechsel
der PS-Größen einfach mitvollzogen
haben. Was liegt in Amerika näher, als
daraus gleich einen Werbespruch zu
machen? Lebanon, Missouri: die »Used
Car Capital of the World«. ✤

3. Tag – Route: Lebanon – Springfield – Halltown – Carthage – Joplin – Galena, KS – Miami, OK (262 km/164 mi)

km/mi	Zeit	Route
0	9.30 Uhr	Am Westende von **Lebanon**, am schwarzen W der County Rd., scharf rechts auf der *service road* neben der Interstate (in Fahrtrichtung gesehen) weiter und auf W bleiben. Bei *exit* 118 wechseln die Buchstaben: Statt W gibt es jetzt A, B und C. An C links, über die I-44 und auf der anderen Seite an CC rechts (Richtung Conway) auf der *service road* nach **Conway** (gerade weiter, CC bleibt auch am Stoppschild richtungsweisend), **Marshfield** (in Downtown, an Young's Shopping Center, links in die OO), **Strafford** und **Springfield**. Auf Kearny St. geht es in die Stadt, an US 160 links *(west bypass)*, an der *business loop* 44 rechts (= Chestnut Epwy.) über die I-44 hinweg, und aus der Straße wird die MO 266 *west* (gerade weiter).
114/71		**Halltown** (Besuch der Whitehall Mercantile, ca. 1 Std.). Weiter nach Westen durch Paris Springs; an der Kreuzung mit der MO 96 geradeaus weiter, wo das N steht. Auf N etwa eine halbe Meile, dann (Achtung!) die *farmroad* 2062 rechts über die Brücke durch Spencer und kurze Zeit später am Stoppschild wieder auf die MO 96 und diese links (= eine kleine Schleife über eine ältere Originalstrecke der Route 66). Weiter MO 96 *west* durch **Phelps**, **Rescue**, **Plew** und **Avilla**.
178/111	13.00 Uhr	In **Carthage** über den Spring River und die E. Central (= Route 66) in die Stadt, an Garison links und an Oak (2. Straße) wieder rechts. Lunchpause am **Courthouse Square** (ca. 1 Std.). – Weiterfahrt über Oak St. bis zur Kreuzung mit der US 71, dort *south* (links) Richtung Joplin.
197/123	14.30 Uhr	**Webb City** (kurz hinter der Kreuzung mit Main St. links oben Stopp bei den »Betenden Händen«). An Madison Ave. links, dann ca. 5 km und an der East 7th St. (= MO 66 *west*) rechts nach **Joplin**. Am Westende der Stadt dem Schild OLD ROUTE 66 NEXT RIGHT folgen und über die Grenze nach Kansas. In **Galena** gleich links auf die Main St. und an der Ampel rechts (die Nr. 66 trägt jetzt ein Sonnensymbol). Rechter Hand liegt das
221/138	15.30 Uhr	**Galena Mining Museum** (Kurzbesuch).
226/141		**Riverton**. Am »DX Logshop« halblinks über 3rd St. Richtung BAXTER SPRINGS und am Stoppzeichen an Military Ave. rechts ab durch **Baxter Springs**. Kurz hinter der Grenze zu Oklahoma folgt **Quapaw**; weiter über US 69A *west*, die wenig später US 69 heißt, durch **Commerce** nach
262/164	17.00 Uhr	**Miami.**

3. Tag – Route: Lebanon – Springfield – Halltown – Carthage – Joplin – Galena, KS – Miami, OK (262 km/164 mi)

Extratag: Country-Fans werden es sich wahrscheinlich nicht verkneifen können, **Branson** einen Besuch abzustatten, das am besten von Springfield aus über die US 65 nach Süden erreichbar ist (ca. 96 km, 1½ Std.). Inzwischen gibt es hier Musiktheater mit mehr Sitzen als alle am New Yorker Broadway zusammen: 52 000. Neben fulminanten Musikshows von Top-Stars der Branche (in den Spielarten von Country & Western, Hillbilly, Gospel, Bluegrass und Cajun) bietet die in den seenreichen Ozark-Bergen landschaftlich attraktiv gelegene Country-Kultstätte ausgezeichnete Wassersport- und Wandermöglichkeiten und »Silver Dollar City«, einen Vergnügungspark, in dem außer Musik und Gaudi auch das Leben der ersten Siedler nachempfunden wird: Folklore für die ganze Familie. Alle Hotelketten sind vertreten (Zimmer im Schnitt $–$$); entsprechende Fastfood-Outlets auch, viele mit der Devise «All you can eat». Gute Campingeinrichtungen.

Auskunft: **News Bureau Branson/Lakes Area Chamber of Commerce**, P.O. Box 1897, Branson, MO 65616, ℂ (417) 334-4136, Fax 334-4139.

3. Tag – Informationen

i **Marshfield Chamber of Commerce**
Spur Dr., Marshfield Center
Marshfield, MO 65706
ℂ (417) 468-3943

i **Springfield Convention & Visitors Bureau**
3315 E. Battlefield Rd.
Springfield, MO 65804
ℂ (417) 881-5300 und 1-800-678-8766
Fax 881-7201

 Whitehall Mercantile
Halltown, MO 65664
ℂ (417) 749-2666
Seit 1900 nach dem Motto »Where Yesterday Meets Today«: Fundgrube für Souvenirjäger. Mi geschl.

Carthage, MO 64836   Vorwahl: ℂ **417**

i **Carthage Chamber of Commerce**
107 E. 3rd St.
358-2373, Fax 358-7479

 Oldies & Oddities Mall
331 S. Main St. (Carthage Sq.)
Der Name sagt es: Antiquitäten und Kuriositäten.

 Carthage Deli & Ice Cream
301 S. Main St. (Carthage Sq.)
Coffee Shop, gut für ein *ham and cheesesandwich* und einen Eistee; in klassischer Route-66-Manier möbliert – mit Tanksäule, Jukebox, alten Labels an den Wänden und Teilen eines rosaroten Cadillac.

Boots Motel
107 S. Garrison Ave.
ℂ 358-9453
Typisches Route-66-Motel aus alten Tagen; Clark Gable soll hier mal untergeschlüpft sein. $

i **Joplin Convention & Visitors Bureau**
303 E. 3rd St.
Joplin, MO 64801
ℂ (417) 624-0820

3. Tag – Informationen

 Tri-State Mineral Museum
7th & Schifferdecker Ave.
Schifferdecker Park
Joplin, MO 64801
✆ (417) 623-2341
Mai–Sept. Mo–Sa 10–16, So 13–16 Uhr;
sonst Mi–Sa 12–16, So 13–16 Uhr
Regionales Bergbaumuseum: Gestein, Mineralien, Maschinen und Werkzeuge.

 Galena Mining & Historical Museum
319 W. 7th St.
Galena, Kansas 66739
✆ (316) 783-2192
Der alte Bahnhof gleicht einer Schatztruhe aus den glorreichen Tagen der Stadt: Steine, Mineralien, Werkzeug und Bergarbeiterfotos. Schmuckstück: ein alter Leichenwagen, wie man ihn aus Western kennt.

Miami, Oklahoma 74354
Vorwahl: ✆ **918**

 Coleman Theatre
103 N. Main & First St.

 ✆ 540-2425
Juni–Aug. Mo–Fr 10–16, Sept.–Mai 8.30–17 Uhr
Die ehemalige Vaudeville-Bühne und das spätere Kino wurden 1929 im Stil des sogenannten *Spanish Colonial Revival* errichtet und mit Damast, Blattgold, Bleiverglasung, Mahagoni und einer prächtigen Wurlitzerorgel ausgestattet. Will Rogers und Tom Mix zählten zu den Gaststars. 1983 wurde der Palast unter Denkmalschutz gestellt, restauriert und 1989 von der Coleman-Familie der Stadt übergeben.

 Miami Chamber of Commerce
111 N. Main St.
✆ 542-4481

Best Western Inn
2225 E. Steve Owens Blvd.
✆ 542-6681 und 1-800-528-1234
Fax 542-3777
Gediegener Standard mit Pool, Bar und Restaurant. $

Gala in der Provinz: das Coleman Theatre in Miami

Dreiländereck
Missouri, Kansas, Oklahoma

HOME OF THE WORLD CHAMPIONS OF MISSOURI FOXTROTTING HORSES steht auf dem Schild an der Straße, und die Bestätigung folgt auf den Fuß: Pferde (und Vieh) bestücken die Wiesen und Weiden im friedlichen Missouri.

Manchmal fahren Plakate dazwischen, meistens solche mit VISIT-BRANSON-Appellen, die die Country-Hochburg im Süden von Springfield anpreisen, eine Art Provinz-Nashville, von vielen geliebt, von anderen als Touristenfalle verachtet. Schließlich pilgern jährlich sechs Millionen in das einst verträumte Nest in den Ozark-Bergen, das sich seit den 80er Jahren zu einem perfekt organisierten Publikumsmagneten entwickelt hat. Wie eine Art japanischer Helmut Zacharias zeigt sich auch ein Mister Shoji Tabuchi auf den Reklametafeln – seit langem der erklärte Liebling im täglichen Musikaufgebot von Branson.

Pferde-Ranches, kleine Weiher, zierliche Brücken und die tapfere Eisenbahn begleiten den Weg durch **Conway**, **Marshfield** und **Strafford**. In **Springfield**, einem Ort, dem seine Lage an der Butterfield Overland Stage Route einst wirtschaftlich auf die Beine half, geht es über Kearny Street in die Stadt: ein langer Strip aus einem bunt gemischten Architekturprogramm, aus Glänzendem und Verrostetem, wie z.B. »Stan's Motor Service«.

Springfield, 1821 gegründet, fühlt sich als »Queen of the Ozarks«, denn deren Farmer nutzen die Stadt als Shopping Center, während die Ausflügler von hier in die wald- und wasserreichen Berge starten.

High Noon in Halltown, Missouri

Weiter westlich, vorbei an der »Historic Route 66 Service Station« gewinnen die Pastoralen Motive wieder die Oberhand: die Scheunen, Teiche und Weiden, das Vieh und – die Kirchen. Im ebenso hübschen wie winzigen **Halltown**, genauer gesagt in der **Whitehall Mercantile** an der Hauptstraße, gibt es hinter falschen Fassaden die richtigen Auskünfte. Die Besitzer des Andenkenladens sind wie die meisten ihresgleichen *full of talk*, also wahre Plaudertaschen und Route-66-Historiker.

»Früher war auf der Straße hier der Teufel los. Man mußte regelrecht aufpassen bei dem vielen Verkehr, wenn man sicher von einer Seite auf die andere kommen wollte. Heute können hier die Kinder Tennis spielen«, erzählt der ehemalige Lehrer, der im Kramladen Dienst tut.

Thelma, seine Partnerin, bringt es auf den Punkt: »66 was a blessed road. It tied the country together. It was a pipeline.« Heute sei die I-44 zwar immer noch eine, aber nur noch »a pipeline of drugs«.

Unvorstellbar, was die Schnüffelhunde der Polizei alles in den Autos entdecken, denn die Interstate ist die schnellste Achse zwischen Mexiko, Chicago und der Ostküste. Überhaupt habe der Südwesten von Missouri sein Gesicht verändert.

»Seit etwa zehn Jahren haben sich hier mehr und mehr Mormonen breitgemacht. Sie drängen vor allem ins Schulsystem. Sie haben sich dieses Land ausgeguckt, weil es ihren Prophezeiungen entsprechend ausgestattet schien, nämlich Hungersnöte zu überstehen. Mormonen leben immer mit einer starken Neigung zum Horten.«

Die wahren neuen Schattenseiten des Landes, erzählt sie weiter, rühren allerdings von einem anderen Typ von Zuzügler her, von jenen, die als regierungsfeindliche Elemente gelten, als *anti-government people*, die sich hier verstecken, indem sie sich große Batzen Land kaufen, wo sie unauffindbar sind – ein aktuelles Beispiel für die wachsende Macht der Geheimbünde und oft schwerbewaffneten Milizen *(militia)*, die spätestens seit dem Sprengstoff-Attentat in Oklahoma City ins Gerede gekommen sind.

Sie wollen mit nichts und niemandem etwas zu tun haben, keine Steuern zahlen, dafür aber Marihuana pflanzen, mit Drogen handeln oder sonst was basteln, vor allem aber wieder Recht und Ordnung in die eigene Hand nehmen.

»Neulich noch ist ein Streifenpolizist auf dem Highway von einem jungen Mann erschossen worden. Nur, weil der ihn angehalten hatte.« Inzwischen gibt es landesweit den sogenannten »Klanwatch«, eine Organisation, die diese *hate groups* aufspürt.

Angesichts solcher Berichte sind, wie meistens, die Geschichten von früher

amüsanter. Etwa die vom Friseur aus dem gegenüberliegenden Haus an der Straße, dessen Fassade eine schöne Wendeltreppe schmückt, die zum ersten Stock führt.

»Die ist erst später angebracht worden. In der Zeit, als daraus das Las Vegas Hotel wurde.«

»Las Vegas Hotel?«

»Ja, der Friseur verschwand eines

Einfahrt nach Carthage: Blick auf das pompöse Jasper County Courthouse

Tages nach Vegas und kam dann mit prallen schweren Koffern wieder. Daraufhin hat er seinen Schuppen in ein stattliches Hotel umgebaut.«

Auch die vielen künstlich angelegten Seen ringsum kommen im Kramladen von Halltown zur Sprache. »Klar, sie haben die Freizeitfischer und andere Sportsfreunde angelockt, aber auch viele Zwangsumsiedlungen verursacht. Ganze Farmen gerieten unter Wasser, Leute mußten ihr Land verlassen und Friedhöfe umgelegt werden.«

Auf Halltown folgen **Paris Springs** und wieder Scheunen mit pfiffigen Dreiecksmützchen, die am Dach überstehen, **Phelps**, plattes Weideland und Äcker, **Rescue** mit vielen Kühen, **Plew** mit wenigen Häuschen, das stattlichere **Avilla** mit einigen in Naturstein gebauten Fassaden und **Carthage** [gesprochen: KA-sitch]. Dort geht es über den Spring River, und von Ferne winkt bereits die Kuppel des pompösen Jasper County Courthouse.

Der Platz drumherum, der Carthage Square, hat Format: eine lückenlose und gut erhaltene Bausubstanz der Jahrhundertwende, die nicht weniger als der Marmor des Justizgebäudes selbst auf gute alte Zeiten schließen läßt. Zwar brannten die Konföderierten im Bürgerkrieg die Stadt nieder, einst Heimat der streitbaren Amazonen und gefürchteten »Bandit Queens« Belle Star und Annie Baxter, aber Blei und Zink brachten im späten 19. Jahrhundert beträchtlichen Wohlstand nach Carthage, so daß hier zeitweise mehr Millionäre als sonstwo in den USA wohnten. Einige viktorianische Residenzen erinnern noch an diese fetten Jahre.

Unberührt davon flattern heute die Schmetterlinge über den gepflegten Rasen rund um das Gericht. Das Sortiment in den Shops stammt größtenteils aus der Zeit wie diese selber, Antiquitäten also, aber auch unsäglicher Krempel neueren Datums.

Während **Webb City** zumindest noch die Mega-Skulptur der »Betenden Hände« aufzuweisen hat, die sich auf einem Hügel theatralisch für den Frieden in der Welt falten, begnügt sich die Strecke nach **Joplin** mit einem schwer verdaulichen Mall-Korridor. Außerhalb der von mineralträchtigen Hügeln umgebenenen Stadt wird es zumindest handfest historisch: hinter dem Schild OLD ROUTE 66 NEXT RIGHT rollt man rund zwei Meilen auf einem uralten Stück »Mother Road«, d.h. auf ruppiger Oberfläche mit verblichenem Mittelstreifen, ohne Bordstein und Seitenmarkierung. Dichter kann man dem Mythos nicht auf die Spur kommen!

Das Debüt der Route in Kansas gerät zwiespältig. Erst einmal leuchten herbstli-

»Betende Hände«: Friedensappell in Joplin

102

In Baxter Springs, Kansas, lebt die Westerntradition weiter – zumindest modisch

ches Goldlaub und gelbe Wildblumen, dann aber folgen Rückstände *(chat)* der Eagle-Pitcher Plant, einer Bleischmelze aus der Bergbauzeit – da muß man schon ein Auge zudrücken: *moonscape* statt *landscape*.

Wie in einem Film fühlt man sich im benachbarten **Galena** mit seinem blauen Wasserturm: fast menschenleer wie eine Ghost Town, ein klassisches High-Noon-Szenario. Zwar war die Bergbaustadt noch in den 30er Jahren von blutigen Arbeitskämpfen gebeutelt, aber sie lebte gut bis zum Beginn der 50er Jahre, als die Bleiminen schlossen, weil die mexikanische Konkurrenz billiger war. Von den rund 15 000 Einwohnern blieben weniger als 4 000 mit dem verseuchten Land zurück.

Hinter dem Panzer vor der Einfahrt der Freiwilligen Feuerwehr folgt das Eisenbahndepot, in dem das **Mining Museum** untergekrochen ist. Sein schimmerndes

Sammelsurium illustriert die reiche Bergbaugeschichte in und um Galena, das sich seinen Namen *(galena* = Galenit) von dem blaugrauen, oft silberhaltigen Blei besorgt hat.

Mit einer eleganten olivgrünen Heuschrecke als Fahrgast auf der Windschutzscheibe geht es über den Rest der gerade mal 13,2 oder so Meilen, die der Route 66 in Kansas vergönnt sind. Entsprechend sorgfältig haben die Route-66-Denkmalpfleger die Streckenführung gekennzeichnet und praktisch jeden Meter in touristisches Formalin gelegt. Besonders in **Riverton**. Wie mit dem Kartoffelstempel markiert, steht hier »66« auf der Straßendecke.

Eine alte Eisenbrücke liegt am Weg nach **Baxter Springs**, das bald nach seiner Gründung 1858 den Namen »first cow town in Kansas« weghatte, weil es als Terminal fungierte, als Sammelstelle für die aus Texas hergetriebenen Viehherden,

103

die hier gefüttert und gepäppelt wurden, bis sie nach Kansas City verladen bzw. verschifft wurden.

Nachdem sich die Honky-Tonk-Ära gegen Ende des 19. Jahrhunderts beruhigte, besann man sich auf die Heilkraft der heimischen Quellen und wurde Badeort. Doch Kurpark und Kurkonzerte wichen in den 20er Jahren Handfesterem: Zink-, Blei- und Cadmiumfunde verwandelten Baxter Springs in eine Boom-Stadt – mit einer regionalen Umweltvergiftung sondergleichen. Lungenkrankheiten, Krebs, Herz- und Nierenleiden stiegen überdurchschnittlich an. In den 60er Jahren wurden die Minen dichtgemacht.

Am unübersehbaren McDonald's-Zeichen kann man im Ort halblinks noch eine kleine Schleife fahren, um einen älteren »Jahresring« der Route 66 kennenzulernen. Wie gesagt, wenn man nur ein gutes Dutzend Meilen abbekommen hat, zählt jeder Meter. Jesse James, der an der Military Avenue einst eine Bank überfiel, konnte sich diese Muße nicht leisten.

Vor dem weiten Horizont über flachen Feldern steht es an der Grenze schwarz auf weiß: WELCOME TO OKLAHOMA, NATIVE AMERICA. Namentlich scheint das in Ordnung zu gehen, denn »Okla« bedeutet »Menschen« in der Sprache der Choctaw-Indianer, »homma« »rot«. **Oklahoma**, Land der Rothäute also. Mit dem »native« allerdings, dem »Gebürtigen«, hat es so seine eigene Bewandtnis.

1803 tätigten die USA den »Louisiana Purchase«, d.h. sie kauften von Napoleon einen riesigen Batzen Land, zu dem auch das Gebiet des heutigen Oklahoma gehörte, wo zu dieser Zeit schon seit 12 000 Jahren Indianer vom Landbau und der Bisonjagd lebten; in jüngerer Vergangenheit (900–1450) auch die *mound builders*, die uns schon in Cahokia begegneten und die untereinander durch Handelsbeziehungen verflochten waren.

Zur Zeit des Erwerbs lag das Land so weit ab vom Schuß, daß es für weiße Siedler nicht in Frage kam. Was also sprach dagegen, sich der lästigen Indianer im Südosten zu entledigen und sie nach dorthin abzuschieben? Man erklärte das Land zum »Indian Territory« und erteilte allen Anglos ein Siedlungsverbot. 1830 schuf der »Indian Removal Act« die gesetzliche Grundlage für die gewaltsame Deportation der sogenannten »Five Civilized Tribes« (Cherokee, Choctaw, Chickasaw, Creek und Seminole) ins »Indian Territory«.

Der damalige US-Präsident, Martin Van Buren, nahm kein Blatt vor den Mund. »Kein Staat kann es je zu Kultur, Zivilisation und friedlichen Entwicklungen bringen, solange man den Indianern erlaubt, dort zu bleiben, wo sie sind.« Auf dem berüchtigten »Trail of Tears« zogen 1838 17 000 Indianer um; ein Viertel überlebte den gewaltigen Marsch nach Oklahoma nicht.

Lange währte das Versprechen, dieses Land von weißen Siedlern freizuhalten, allerdings nicht. Zunächst kaufte die Bundesregierung Teile des Landes von den Stämmen zurück (1866), dann brach sie einige Versprechen und beantwortete die Wut der Indianer durch militärische Gewalt und den Ausbau eines Fort-Systems. Bereits 1875 endete die indianische Ära von Oklahoma. Durch die Ausrottung der Büffel (unter tatkräftiger Beteiligung gefeierter Wildwest-Helden wie Wild Bill Hickok, Pat Garrett und Buffalo Bill Cody), entzog man den Indianern die Lebensgrundlagen.

Jetzt war die Grasprärie frei für die Viehherden aus Texas, die schon länger auf dem Weg zu den Bahnstationen in Kansas das Land über verschiedene Trails kreuzten. Der Siedlungsdruck wuchs. Nach den Viehherden mußten die Indianer die Eisenbahn passieren lassen, Holzindustrie und Kohlebergbau zogen Arbeitskräfte (auch europäische Immigranten) an, und ihre Lage wurde immer prekärer.

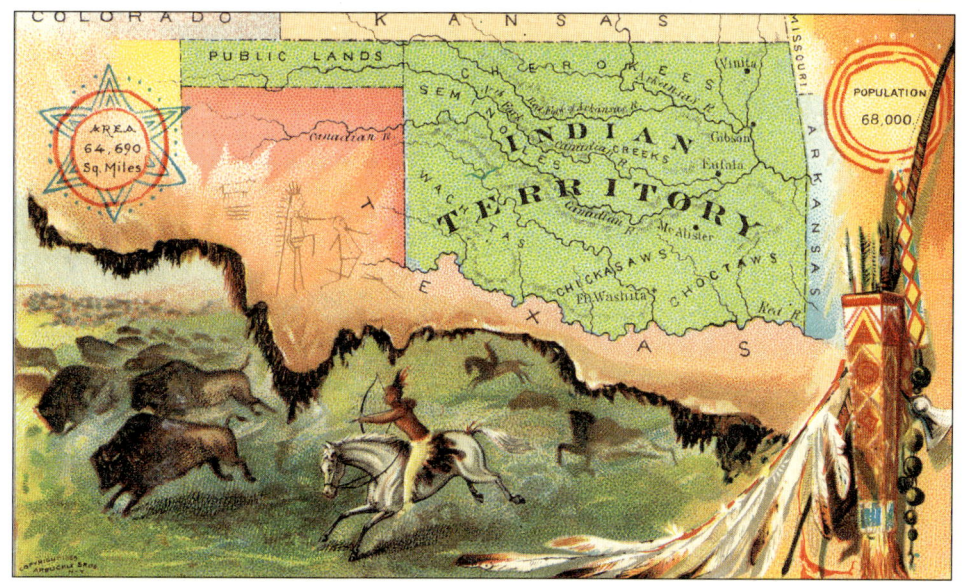

Dieses Sammelbildchen einer Kaffeefirma kursierte kurz vor der Öffnung Oklahomas für weiße Siedler und zeigt das Gebiet noch als ein ausschließlich indianisches Territorium

Obwohl die Weißen bald in der Überzahl waren, besaßen sie weder Land noch Rechte. Daraufhin erklärte die Regierung plötzlich einzelne Landesteile zu besiedelbarem Land. Am 22. April 1889 gingen auf ein Startsignal hin 50 000 Siedler von den vier Grenzlinien aus ins Rennen, auf einen hektischen *land run*, um die jungfräuliche Prärie zum Nulltarif in Besitz zu nehmen. Zu Pferde oder zu Fuß, auf Ochsenkarren, Eseln, Buggies und Planwagen, mit der Eisenbahn oder auf dem Fahrrad – ins neue Kanaan wollten sie alle. Ganze Zeltstädte entstanden bis zum Abend, darunter Oklahoma City.

Einige waren besonders clever und schlichen schon vor dem offiziellen Start über die Grenze und versteckten sich, um bessere Ausgangspositionen zu haben: die sogenannten *sooners*, die Vorschnellen«. Bis heute ist Oklahoma der einzige US-Staat, der sich mit einer Gesetzeswidrigkeit brüstet, denn er schmückt sich mit dem Beinamen: »Sooner State«.

Ein Jahr später verbleibt nur noch der östliche Teil »Indian Territory«, der Rest heißt schon »Oklahoma Territory«. Der letzte Versuch der Indianer, die endgültige Annexion zu verhindern und statt dessen einen eigenen Staat zu gründen, stößt im Kongreß auf taube Ohren. Der geplante »Indian State of Sequoyah« sollte den Namen des Mannes tragen, der, ursprünglich Silberschmied in Tennessee, zu einem Schriftgelehrten avancierte, weil er vom bedruckten Papier der Weißen – dem *talking leaf* – so fasziniert war, daß er ein indianisch »sprechendes Blatt« erfinden wollte.

Ohne selbst lesen und schreiben zu können, gelang es ihm 1821, eine Lautschrift bzw. Silbentabelle aus 85 Zeichen zu schaffen, die jedes für sich einen Laut der Cherokee-Sprache repräsentiert. Die phonetische Umschreibung dieses sogenannten *sequoian syllabary* war von den Stammesgenossen derart einfach zu lernen, daß praktisch über Nacht eine litera-

Ehemaliger Diner in Miami, Oklahoma

rische Kultur entstand. Die meisten Cherokee-Sprecher leben heute in Oklahoma, einige wenige noch in ihrer Heimat North Carolina. Doch weder Staatsgründungsabsichten noch Alphabetisierung wendeten die Geschicke. 1907 proklamierte Präsident Theodore Roosevelt Oklahoma als neuen US-Bundesstaat.

Hinter **Quapaw**, benannt nach einem Indianerstamm, der 1833 ins Indian Territory zog, begegnen uns weitere Rückstände aus den Bergbautagen, und südlich des Städtchens erheben sich kahle, fast dünenartige Bergrücken über den Baumkronen am Rand der Felder. Nach **Commerce**, das den umliegenden Minen sei-

nen Auf- und Abstieg gleichermaßen verdankt, folgt **Miami**, das als ehemaliges
Finanz- und Handelszentrum ebenfalls von
den Bergwerkaktivitäten im Dreiländer-
eck des *Tri-State*-Gebiets profitierte.

Zum Auftakt grüßt der »Route 66
Bepop Diner« scheinbar standesgemäß,
aber leider ist er nicht echt, sondern

nachgemacht. Er paßt damit zum folgenden Strip mit aufgeregten Reklamezeichen, die einfach nicht enden wollen.
Aber wenn dann im aufgeräumten (und
auch noch verkehrsberuhigten) Innen-
stadtbereich die hübsche Fassade des
Coleman Theatre auftaucht, ist die kleine
Welt von Miami durchaus in Ordnung. ◈

4. Tag – Route: Miami – Foyil – Claremore – Catoosa – Tulsa, OK (166 km/104 mi)

km/mi	Zeit	Route
0	9.00 Uhr	In **Downtown Miami** an Steve Owens links ab in Richtung Interstate (als *detour* wegen der Bauarbeiten, deren Ende nicht abzusehen ist). I-44 (Will Rogers Turnpike) Richtung Tulsa *(west)* bis zur 1. Ausfahrt, dem *exit 302* nach AFTON und diesem Schild folgen (rechts) nach **Afton** und **Vinita**. OK 66 *west* und dieser weiter folgen (Richtung CHELSEA) nach **White Oak**, **Chelsea** und **Foyil**. An der 28A links abbiegen und dem Schild ADAIR folgen zum
101/ 63	10.30 Uhr	**Totem Pole Park** (ca. 1 Std.). – Wieder zurück zur Kreuzung 66 und 28A in Foyil. Weiter in Richtung **Claremore**, an Verdigris vorbei (Ort liegt rechts von der Straße) nach **Catoosa**. An der ersten Ampel (Entry Dr.) rechts, und gleich danach an Cherokee links; ein paar hundert Meter und hinter der Schule links (am Stoppzeichen auf die 193rd E. Ave. in Richtung Interstate. Unter ihr durch und immer geradeaus bis 11th St., diese rechts Richtung
166/104	12.30 Uhr	**Tulsa** (Route 66 ist hier die 11th bzw. ab Elgin 10th; Lunchvorschlag: Metro Diner).
Nachmittag		**Philbrook Museum of Art** oder/und **Gilcrease Museum**. Zufahrt zum Philbrook Museum von Downtown aus: Denver nach Süden, an 15th links, an Peoria rechts, an 27th links. Zum Gilcrease Museum: von Downtown Denver nach Norden, an Edison links, am Gilcrease Museum Dr. rechts und Schildern folgen.

Alternativen und Extras: Die kulturellen Schätze von Tulsa sind kaum an einem Nachmittag zu heben. Das gilt für die beiden erwähnten Museen und erst recht für das **Fenster Museum of Jewish Art** in der B'nai Emunah Synagoge, das 4 000 Jahre jüdische Geschichte zu einer eindrucksvollen Schau aufbereitet (s.u.).
– Von Tulsa bietet sich ein interessanter Ausflug an: nach **Bartlesville** und auf dem Rückweg zum **Woolaroc Museum and Wildlife Refuge**, 20 km südwestl. von Bartlesville an der SR 123 (✆ (918) 336-0307, Ende Mai–Ende Sept. tägl. 10–20, sonst 10–17 Uhr, Mo geschl.). Das Anwesen begann in den 20er Jahren als Privatranch des Ölmagnaten Frank Phillips, Gründer der Phillips Petroleum Co., der sich damit ein Resort für prominente Freunde schuf, u.a. für Herbert Hoover, Harry Truman und Will Rogers. Der heutige Museums- und Landschaftspark bildet eine Combo aus *wool, lakes and rocks* (daher der Name) – also Büffeln, Seen und Felsen.

4. Tag – Route: Miami – Foyil – Claremore – Catoosa – Tulsa, OK (166 km/104 mi)

Das Museum beherbergt eine beachtliche Sammlung an Westernmalerei und Waffen, das Native American Heritage Center indianische Werkzeuge und Kunstgegenstände und der mit dem Auto durchfahrbare Wildpark Elche, Longhorn-Rinder und Büffel. Außerdem gibt es Wanderwege in die Osage Hills und für Kinder einen kleinen Zoo. Kulinarisches Highlight: Büffel-Sandwiches in der »Buffalo Haunt«.
– **Vinita** ist ein günstiger Ausgangspunkt für erholsame Ausflüge in das wasserreiche Ost-Oklahoma, z.B. zur Westküste des **Grand Lake O' the Cherokees**.

4. Tag – Informationen

Vorwahl: ☎ 918

ℹ️ **Afton Chamber of Commerce**
Box 611
Afton, OK 74331
☎ 257-5544

🏃 **Afton Buffalo Ranch**
1 Meile nördl. der Stadt
👪 ☎ 257-4544
Beliebtes Ausflugsziel für die ganze Familie: Ponyreiten, Milchfarm, Westernladen,
🍴 BBQ und *buffalo burger*.

ℹ️ **Vinita Chamber of Commerce**
125 S. Scraper St.
Vinita, OK 74301
☎ 256-7133

🍴 **Top Hat Dairy Bar**
Kreuzung S 28A und S 66
Foyil, OK
☎ 341-0477
Kleine Stärkungen (Sandwiches & *submarines*). $

👁️ **Totem Pole Park**
Nähe von Foyil (S 28A)
Ensemble bunt bemalter Totempfähle des emsigen Volkskünstlers Ed Galloway, betreut u.a. von der Rogers County Historical Society, P.O. Box 774, Claremore, OK 74018.

ℹ️ **Claremore Area Chamber of Commerce**
419 W. Will Rogers Blvd.
Claremore, OK 74017
☎ 341-2818

Denkmalpflege im Totem Pole Park, Foyil, Oklahoma

Will Rogers Memorial Library
1720 W. Will Rogers Blvd.
Claremore
✆ 341-0719 oder 1-800-828-9643
Tägl. 8–17 Uhr
Grab, Memorabilien und Archiv (Filme, Radiosendungen und andere Dokumente): Hommage an den 1879 hier geborenen Schauspieler, der in den späten 20er und frühen 30er Jahren zum beliebten Cowboystar aufstieg. Mit seinen Lasso-Tricks trat er in Wildwest-Shows, Vaudeville-Varietés und Hollywood-Filmen auf; in Beverly Hills wurde er sogar zum Bürgermeister h.c. ernannt. 1935 kam Will Rogers bei einem Flugzeugabsturz in Alaska ums Leben. Eintritt frei.

 J. M. Davis Arms & History Museum
333 N. Lynn Riggs Blvd.
Claremore
✆ 341-5707
Mo–Sa 8.30–17, So 13–17 Uhr
Das Museum zeigt Tausende alte Feuerwaffen, Speerspitzen und Schwerter. In der »Outlaw-Gallery« lagern Waffen, die (angeblich) von Pancho Villa und Jesse James benutzt wurden.

 Catoosa Chamber of Commerce
750 S. Cherokee St.
Catoosa, OK 74015
✆ 266-6042

Tulsa, Oklahoma

 Metro Diner
3001 E. 11th St. (Route 66)
✆ 592-2616
Schicker, neonstrahlender Diner aus den 50er Jahren mit entsprechender Küche: gegrillte Hähnchen, Hamburger und frische *pies*. $

 Tulsa Convention & Visitors Bureau
616 S. Boston Ave. (zwischen 6th und 7th St.)
Tulsa, OK 74119-1298
✆ 599-6116
U.a. auch Infos zu den Art-déco-Rundgängen durch die Innenstadt.

 Doubletree Hotel Downtown
616 W. 7th St. (Downtown)
 Tulsa, OK 74127-8983
✆ 587-8000 und 1-800-228-TREE
Lounge, Pool, Fitneßraum und Restaurant
The Grill ($$). $$$

 Best Western Trade Winds East Inn
3337 E. Skelly Dr. (südöstl. des Philbrook Museum)
Tulsa, OK 74135
✆ 743-7931 und 1-800-528-1234
Fax 743-4308
Solide, mit Bar und Pool. $$

 The Philbrook Museum of Art
2727 S. Rockford Rd.
✆ 749-7941 und 1-800-324-7941
Di–Sa 10–17, So 11–17, Do bis 20 Uhr
Die elegante Villa des Ölmagnaten Waite Phillips (1926), im Beverly Hills von Tulsa gelegen, umgibt sich mit schönen Gartenanlagen im Stil der italienischen Renaissance. Man sagt, das Philbrook sei das schönste Museum in Oklahoma. Es entfaltet seine Schätze auf drei Ebenen. Die Bilder hängen in intimen, wohlproportionierten Räumen, deren Einrichtung teilweise sogar auf die Bilder abgestimmt ist. Prächtiges Treppenhaus.

Venezianische Malerei des 15. und frühen 16. Jh., florentinische des 15., sienesische aus dem 14. Jh. und beginnenden 15. Jh. Teile der Kress-Sammlung gehören auch zum Bestand. Neben italienischer Malerei, asiatischer und afrikanischer Kunst auch hervorragende Stücke indianischer Töpfer- und Korbflechtkunst. Museum Shop. Zur Stärkung **La Villa**-Restaurant. Eintritt $ 4.

 Gilcrease Museum
1400 Gilcrease Museum Rd.
✆ 596-2700

Philbrook Museum of Art, Tulsa

 Di–Sa 9–17, So 11–17, Do bis 20 Uhr, im Sommer auch Mo

Auch das von Thomas Gilcrease (1890–1962) gegründete Institut liegt in einer grünen Oase weitab von Downtown. Die Kollektion des Ölmagnaten, der stolz auf seine indianische Herkunft (Creek) war, umfaßt eine der umfangreichsten Sammlungen von Westernmalerei in den USA mit Werken von Thomas Moran, Frederic Remington, Charles M. Russell, George Catlin, Albert Bierstadt: »Sierra Nevada Morning«, Emanuel Gottlieb Leutze: »Westward the Course of Empire Takes its Way« und indianisches Kunsthandwerk. Ergiebiger Museum Shop und Restaurant **Rendezvous** (Lunch Di–Sa, Dinner Do). Eintritt $ 3.

 Boston Avenue United Methodist Church
1301 S. Boston Ave. (13th St.)
✆ 583-5181

Mo–Fr 9–17 Uhr; Messen am So 8.30 und 11 Uhr
Der elegante Art-déco-Bau ist die erste Methodistenkirche (1929) im Stil einer »Kathedrale«.

 Fenster Museum of Jewish Art
1223 E. 17th Place (2,4 km südl. von *exit* 7 von der I-244)
✆ 582-3732
Mo–Do, So 10–16 Uhr
Größte Judaica-Sammlung im Südwesten der USA. Eintritt frei.

 Union Depot
3 S. Boston Ave.
 ✆ 583-6900
Dekorative Art-déco-Elemente schmücken den 1931 errichteten Bau.

 Philcade
511 S. Boston Ave.

111

»Goldener Bohrer«: Sinnbild für den Boden-reichtum und die industrielle Leistungsfähig-keit von Tulsa, Oklahoma

☎ 581-3011
Noch ein schönes Art-déco-Beispiel von 1930.

 Utica Square
Utica Ave. & 21st St.
Mo–Sa 10–18 Uhr
Shopping Mall der gehobenen Preisklasse und Restaurants. U.a. die Buchhandlung **Scribbener's** (1942 Utica Sq.).

 The Browsery
3311 E. 11th St. & Harvard Ave.
☎ 836-4479
Gemütlicher Antiquitätenladen.

 Golden Driller
21st & S. Pittsburgh St.
Der stattliche Superman, einst Symbol einer internationalen Petroleum-Ausstellung, bringt es auf 25 m Höhe.

 Warren Duck Club
6110 S. Yale Ave. (61st St.)
☎ 495-1000
Im Doubletree Hotel at Warren Place: erlesene Küche in holzgetäfelter Club-Atmosphäre mit schönem Blick auf den Park. So geschl. $$$

 The French Hen
7143 S. Yale Ave. (71st St.)
☎ 492-2596
Französische Küche. So geschl. $$–$$$

 Atlantic Sea Grill
61st. St. & Memorial Dr.
☎ 252-7966
Feines Seafood-Lokal. Reservierung empfohlen. $$$

 Bodean Seafood
3323 E. 51st St.
☎ 743-3861
Renommiertes Fischrestaurant. $$

 Caravan Cattle Country
7901 E. 41st St. (Memorial Dr.)
 ☎ 663-5468
Führender C&W-Club.

 Cain's Ballroom
423 N. Main St. (4th St.)
 ☎ 584-2309
Traditionsreiche Adresse für Country & Western-Musik: seit den 30er Jahren Live-Konzerte (oft als Radioübertragungen).

 Im historischen **Greenwood District** (Nordostecke von Downtown) findet man viele Musikkneipen und die Oklahoma Jazz Hall of Fame (322 N. Greenwood, ☎ 582-1741, Mo–Fr 9–17 Uhr). Mitte Aug. findet hier das Greenwood-Jazz-Festival »Jazz on Greenwood« statt.

Filigran in der Prärie
Tulsa

Oldtimer in Oklahoma nennen sie die »free road«, denn schließlich bildet die alte Route 66 nicht nur die beschauliche Alternative zur neuen Autobahn, sondern auch die preiswertere Lösung. Die Interstate 44, die hier »Will Rogers Turnpike« heißt, kostet nämlich Gebühren.

Friedliche Büffel grasen auf der »Buffalo Ranch«, und das alte Motel-Logo der »Green Acres« hat ein Longhorn-Gehörn integriert – erste untrügliche Anzeichen

des Westens. Das 1886 gegründete Farm- und Eisenbahndepot **Afton** beheimatet noch ein paar angeschlagene Oldies, etwa das »Resthaven Motel«, das »Palmer Motel« und das »Old 66 Cafe«. Aufs Ganze gesehen aber hat der Zahn der Zeit hier bissig genagt: Das meiste ist zugewachsen oder einfach zu Bruch gegangen.

Weite Weiden voller Vieh und offene Horizonte begleiten die Straße nach **Vini-**

Zärtliche Zottel: Buffalo Ranch in Afton, Oklahoma

Passend zur Prärie: Westernladen in Afton

ta, 1871 gegründet und damit eins der ältesten Städtchen in Oklahoma. Neben dem »Will Rogers Memorial Rodeo Stadion«, wo es Ende August immer hoch hergeht, steht die »Livestock Auction Hall«. Fun und Business also Wand an Wand. Der anheimelnde »Vinita Inn« wirbt mit Traumraten und McDonald's mit einem luftigen Glashaus. Die Parkplätze vor den Kirchen sind gut gefüllt, schließlich ist Sonntag in Oklahoma.

Auf dem Land sieht es jetzt so aus, wie der Westernfilm »Oklahoma« einst nahelegte: glücklich grasende Kühe auf welligen Fluren, Bäume und Scheunen auf sanften Anhöhen. Offenbar hat man diese Szenerien damals übersehen, denn der Film wurde im Süden Arizonas mit der Begründung gedreht, in Oklahoma selbst sähe es längst nicht mehr so aus wie in Oklakoma.

Auch hinter **White Oak**, das abseits der Straße liegt und von dieser ebenso wie von den Schienen halbiert wird, behält die Szenerie aus saftigen Weiden und makellosen Farmen Bilderbuchcharakter. HAY FOR SALE kann man im Umkreis der perfekt gerollten Strohballen lesen.

Fotogen verfallen, also wie gewünscht bei Route-66-Fans, präsentiert sich das kleine **Chelsea**: verstreute Schuppen, ein

Pumpkin-Pause: Kürbisfeld bei Miami

Brückenschläge: Route 66 bei Tulsa

ausgedienter Speicher, abblätternder Lack am »Chelsea Motel«. Dennoch rühmt sich der Ort, daß Gene Autry, der singende Cowboy, einst hier gearbeitet habe, und der Pioniertat, das erste Fertigteilhaus aus dem Katalog von Sears & Roebuck errichtet zu haben. Das hölzerne **Hogue House** von 1913 steht heute sogar unter Denkmalschutz (10th und Olive St.).

In **Foyil** muß man abbiegen. Erstens, um die »Top Hat Dairy Bar« (ein Routenklassiker) in Augenschein zu nehmen, und zweitens, um einen Ausflug zum **Totem Pole Park** zu machen, den der Schmied und Volkskünstler Ed Galloway einst angelegt und bepinselt hat.

Während seines Rentnerlebens sammelte er Holz, vor allem Geigen, und stapelte sie in seinem »Fidelhaus«. Draußen auf der Wiese verarbeitete er alles, was er finden konnte, mit viel Beton und noch mehr Fantasie zu einem Denkmal für die Indianer. Der Haupt-Totem, angeblich der

weltweit höchste Pfahl seiner Art, entpuppt sich bei genauerem Hinsehen als das »Haus« einer Schildkröte. Seit einiger Zeit haben sich historische Gesellschaften aus Kansas und Oklahoma des kuriosen Gebildes angenommen und schicken Crews freiwilliger Denkmalpfleger mit schwerem Gerät, Pinsel und Farbe zur Restaurierungsarbeit.

Ensembles geduldiger Brötler- und Bastelkunst verstecken sich vielerorts in den USA. Ob in Kansas, Utah oder Los Angeles (z.B. die »Watts Towers« des Simon Rodia): Immer sind diese originellen Formen in lebenslänglicher Kleinarbeit geschaffen worden.

Wenn sich die Ortsschilder von **Claremore** nähern, hat man längst schon wieder historischen Boden unter den Reifen. Vor dem J. M. Davis Gun Museum ist ein Panzer aufgepflanzt – man zeigt halt, was man hat. Das ziemlich vernachlässigt dreinschauende »Will Rogers Hotel« über-

Memorabilien Shop, Tulsa

ragt das gesamte Städtchen; einsam und so gut es eben geht, zollt es dem großen Sohn der Stadt Tribut.

Ihn zu ehren hat man auch allen Grund, denn lange lief vieles schief in Claremore. Die zuerst gründelnden Cherokee verkrachten sich mit den Osage-Indianern, ein später errichteter Trading Post florierte nicht, und auch die Entdeckung einer Quelle brachte keinen einträglichen Kurbetrieb in Schwung. Nein, wäre da nicht Will Rogers gewesen, es stünde schlecht um Claremore.

Aus dem gewitzten Cowboystar lassen sich wenigstens Publicity und ein paar Festivals an Land ziehen; an der Pflege des Western-Erbes kann man halt überall gut verdienen. Und Will Rogers bietet sogar die Gewähr für Cowboy- *und* Indianernostalgie, schließlich floß auch ein wenig Cherokee-Blut in seinen Adern. »Meine Vorfahren sind nicht als Passagiere der ›Mayflower‹ rübergekommen, aber sie haben sie am Schiff getroffen«, pflegte er zu sagen.

Auch Lynn Riggs stammt aus Claremore, jener Autor, der das Theaterstück »Green Grow the Lilacs« schrieb, aus dem 1943 das Musical »Oklahoma« hervorging, eine simple Liebesgeschichte mit dem Lokalkolorit Oklahomas, die zum ersten Dauerbrenner am Broadway wurde. Richard Rodgers schrieb das Libretto, Oscar Hammerstein II die Musik.

In der Höhe von **Verdigris** taucht unterhalb des Mittelstreifens eine verwachsene Trasse auf, die gut die alte »66« sein könnte, und auch die Patina der alten Eisenbahnbrücke paßt zur alten Wegführung. In **Catoosa** geht es über den Verdigris River, und damit über jenen Fluß, der gewissermaßen das Endstück einer gigantischen Wasserstraße ist, die von hier aus bis zum Mississippi reicht: das Arkansas River Navigation System. Die Zähmung des Flusses durch Dämme,

Chelsea, Oklahoma ▷

Draußen ...

Kanäle und Reservoirs war ein Milliarden-
projekt der Bundesregierung – über 700
Kilometer lang und deutlich teurer als der
Bau des Panamakanals. Tulsa bekam mit
seinem Vorort Catoosa und dessen Bin-
nenhafen Zugang zum Golf von Mexiko.

Überhaupt ähnelt das östliche Oklahoma stellenweise einem aquatischen Paradies, einem wässrigen Verbund von Flüs-
sen, Seen und Reservaten, die neben
Nützlichem (Hochwasserschutz, Stromer-
zeugung, Bewässerung und Trinkwasser)
vor allem wegen ihres hohen Freizeitwerts
beliebt sind. Noch einmal O-Ton Will
Rogers: »When the Arkansas, Red River,
Salt Fork, Verdigris, Cat Creek, Possum
Creek, Dog Creek and Skunk Branch all
are up after a rain, we got more seacoast
than Australia.«

Zum Thema Wasser paßt auch der am
Weiher an der Straße dümpelnde »Blue
Whale«, das Überbleibsel eines ehemaligen Fun Parks, der lange Zeit Touristen
nach Catoosa zog. Heute ist dem Moby

Dick nur noch das erstarrte Lachen und
etwas Restfarbe geblieben. Der Ortsname
kommt von »Old Catoos«, einem runden
Hügel westlich der Stadt, der bei den Che-
rokee-Indianern »Gi-tu-zi« oder »Ka-too-
see« hieß, was bedeutete, daß sich »Menschen des Lichts« auf dem Hügel trafen.

Zur Abwechslung donnert ein Harley-
Trupp über den Old Highway, dem zünfti-

... und drinnen ist die Welt des »Metro Diner« von Tulsa in Ordnung

gen Sonntagsspaß auf der Spur. Freuden ganz anderer Art verheißt die Soul Heaven Church: CALM DOWN AND CHEER UP hat sie sich auf ihre Fahne geschrieben. Je näher Tulsa kommt, um so enger scheinen die Kirchen zusammenzurükken, obwohl bisher schwer vorstellbar war, daß ihre Konzentration überhaupt noch zu steigern sei. Vonwegen! Allenfalls traut sich noch mal ein Gebrauchtwagenhändler oder ein Zementwerk dazwischen.

Letztlich jedoch beherrscht wieder das vertraute Route-66-Szenario die Einfahrtsstraße nach **Tulsa**. Das »Brookshire Motel« ähnelt einem Hexenhaus; das »Saratoga Motor Hotel« trägt ein ebenso schönes Logo wie das »Oasis Motel«.

Downtown Tulsa

sich aus Alabama umgesiedelte Creek-Indianer hier niederließen. Die erste Stadtratssitzung, der ein Indianerhäuptling vorsaß, fiel ins Jahr 1836 und fand unter einer dicken Eiche *(Council Oak)* statt, die heute noch munter weiterwächst (Ecke 18th und Cheyenne St.).

Um diese Zeit machten auch die ersten Anglos ihre Läden auf, während texanische Rancher ihr Vieh auf die Weiden der Umgebung verteilten. Creek und Weiße widmeten sich gleichermaßen der Landwirtschaft.

Der Bürgerkrieg brachte viel Leid über die Stadt (wie überhaupt über das gesamte, in der Sklavenfrage gespaltene Oklahoma) und die 1879 gegründete Poststation wenig Änderungen. Die Frisco Railroad richtete dagegen in den 80er Jahren mehr aus und machte Tulsa zu einem florierenden Handelposten.

Doch erst die spektakulären Ölfunde von 1901 sorgten für weltweite Publicity (»Oil Capital of the World«) und städtischen Reichtum. Im Zuge des schwarzen *gold rush* verschönerte sich das Stadtbild beträchtlich, und einige philanthropische Ölbarone taten sich als Kunstmäzene hervor, allen voran Waite Phillips und Thomas Gilcrease.

Von diesem jüngeren Erbe profitiert der Besucher heute noch. Filigrane Tupfer zeugen allenthalben von der ornamentalen Fantasie am Bau, die das Art-déco hat walten lassen: die »Zig-Zag-Moderne« der 20er Jahre, die Stromlinien der 30er Jahre und die klotzigen Klassizismen aus der Zeit der Großen Depression und des New Deal. Die Kunstsammlungen des Philbrook und des Gilcrease Museum gehören zu den besten weit und breit. Und wer in den terrassierten italienischen Gärten der Philbrook-Villa spazierengeht, wird weder mitbekommen, daß Tulsa heute eine der Top-Adressen für die Petroleumtechnologie ist, noch etwas davon spüren, daß die Prärie um die Ecke liegt. ✦

Letzteres sieht zwar kaum wie eine Oase aus, aber was soll's, die geparkten Autos verraten in jedem Fall gute Geschäfte. Und da die Versorgung der Leute im Transit damals wie heute nicht nur den Fahrgästen, sondern auch dem Gefährt galt, wechseln die Angebote zwischen Essen (»Tasty Freeze« oder »66 Tavern«), Trinken, Schlafen, Bowling und Autoreparatur (»Clay's Motor Company«). Das optische Highlight aber ist jüngeren Datums, der »Metro Diner«: neu, funkelnd und ganz offensichtlich *in*.

Die Ursprünge von Tulsa – mit heute rund 700 000 Einwohner die zweitgrößte Stadt im Staat – reichen bis in die 30er Jahre des 19. Jahrhunderts zurück, als

5. Tag – Route: Tulsa – Kellyville – Chandler – Arcadia – Oklahoma City, OK (186 km/116 mi)

km/mi	Zeit	Route
0	10.00 Uhr	In **Tulsa**, Ecke 10th und Elgin, 10th St. folgen; aus 10th wird wieder 11th. Vor dem mausoleumartigen Bau halblinks, aber *gerade* über Boulder und Denver hinweg, und halblinks, aus 11th wird jetzt 12th, und zuletzt unten an der T-Kreuzung am Stoppschild links auf den Southwest Blvd.: über den Arkansas River stadtauswärts nach **Sapulpa**. Rechts der 66 folgen (dem Schild), Dewey Richtung Downtown. Außerhalb der Stadt auf 66 *west* bleiben.
35/ 22		Am Schild von KELLYVILLE, links über Buffalo Ave. nach **Kellyville** *(kurze cruising tour)*. Wieder zur OK 66 zurück und weiter nach Westen und
61/ 38		**Bristow**. Main St., an 4th St. rechts der S 66 folgen nach
74/ 46		**Depew**. Hier (vor der Tankstelle) vom Highway links abbiegen bis zum Ende von Main St. und wieder zurück zum Highway
90/ 56	12.00 Uhr	**Stroud** (Main St. = Route 66).
114/ 71		**Chandler**, Manvel Ave. ist die Hauptstraße. **Museum of Pioneer History and Lincoln County** (Besichtigung und Lunch ca. 1 1/2 Std.). Manvel Ave. nach Westen bis
154/ 96	14.30 Uhr	**Arcadia**, Stopp an der **Red Barn**. Weiter westlich wird aus der S 66 die 77 *south* durch **Edmond**, an Broadway links (= 77 *south*). Am Schild MEMORIAL AVE./KELLY AVE. rechts abbiegen und 2 x links – an YIELD und an der Ampel an Memorial (ausnahmsweise kurz dem Schild 77 NORTH folgen). Unter dem Broadway Expwy. hindurch und an Kelly rechts eine Weile nach Süden. An N.E. 50th rechts und anschließend links auf den Lincoln Blvd. bis zum
186/116	15.30 Uhr	Kapitol in **Oklahoma City. (Einen Stadtplan von Oklahoma City finden Sie auf der beiliegenden separaten Karte.)**

Ausflugsvorschlag: nach **Guthrie**, der ersten Hauptstadt des Landes mit einem weitgehend restaurierten Baubestand aus viktorianischer Zeit und vielen B&Bs, schön zum Rumlaufen und Einkaufen. Übrigens: Tom Mix arbeitete im »Blue Bell Saloon« als Barkeeper … **Route:** I-35 *north, exit* 157.

Norma's Diamond Cafe
Route 66
Sapulpa
Seit den 50er Jahren Futter-Himmel für Stammgäste. Keine Frage, daß alle Gerichte auf Original-Frankoma-Steingut serviert werden. $

Frankoma Pottery
2400 Frankoma Rd.

Sapulpa, OK 74067
✆ (918) 224-5511
Führungen Mo–Fr 9.30–15, Sa 9–17, So 13–15 Uhr
Keramik aus der roten Tonerde von Oklahoma in rustikalem Design. Gründervater und Keramik-Experte John Frank wurde am Chicago Art Institute ausgebildet, also genau dort, wo die Route 66 beginnt.

Dollie's Country Kitchen
67 E. Buffalo Ave.
Kellyville
✆ (918) 247-3167
Gut für eine Stärkung und einen Blick ins typische Midwestern-Milieu: karierte Hemden, ein Mann mit Cowboyhut, der sein Baby auf dem Tisch wickelt, eine vergeßliche alte Dame, die bedient, ein üppiges Frühstück – *two eggs over easy, bacon, hashed browns, whole wheat toast and coffee...*

Stroud Chamber of Commerce
216 W. Main St.
Stroud
✆ (918) 968-3321

Rock Cafe
114 W. Main St.
Stroud
✆ (918) 968-3990
Seit 1939 eine (in puncto Architektur und Umfang der Portionen) verläßliche Größe an der Route, heute in neuem Glanz. Der ursprüngliche Besitzer soll, um sein Haus zu bauen, für jeden Stein 5 $ bezahlt haben, der beim Bau der Route 66 freigelegt wurde.

The Stroud House Bed & Breakfast
110 E. 2nd. St.
Stroud, OK 74079
✆ (918) 968-2978 und 1-800-259-2978
Hübscher Viktorianer und Haus des Stadtgründers J. W. Stroud (einen Straßenblock von der Route 66 entfernt, Nähe Rock Cafe). Mit Frühstück. $$

Chandler, OK 74834   Vorwahl: ✆ 405

Lincoln Motel
740 E. 1st St.
✆ 258-0200
Seit seiner Eröffnung 1939 proper und gemütlich. $$

Chandler Chamber of Commerce
824 Manvel Ave.
✆ 258-0673

Oklahoma Route 66 Association
901 Manvel Ave.
✆ 258-0008
Di–Fr 10–16 Uhr
Memos, Karten und Informationen.

Museum of Pioneer History & Lincoln County
717–719 Manvel Ave.
✆ 258-2425
Mo–Fr 9.30–16 Uhr
Klein, aber sehenswert. Liebevoll und gründlich arrangierte Dokumente der Lokalgeschichte: von der Kutsche über die Sitzgarnituren alter Coffee Shops, Klaviere, Druckpressen, Fotoapparate. Indianer, Longhorn-Züchter, Baptisten, wilde Cowboys, Baumwollgeschäft und Route 66. Auf dem ersten Stock sind Uniformen, Waffen, landwirtschaftliche Geräte, Quilts, Musikinstrumente, Brillen und Porträts ebenso zu sehen wie eine Arztpraxis, Apotheke und ein kompletter Klassenraum, ein Nähzimmer mit Spinnrad, Schlafzimmer, Küche, Eßzimmer, Badezimmer etc.: So abwechslungsreich kann man durch Geschichte spazieren. Eintritt frei.

The Round Barn of Arcadia
Route 66
Arcadia
☏ 396-2398
Di–So 10–17 Uhr
1988 restaurierte rote Eichenholz-Scheune von 1898. Gift Shop. Eintritt frei.

Oklahoma City, Oklahoma

 Oklahoma City Convention & Visitors Bureau
189 W. Sheridan St.
Oklahoma City, OK 73102
☏ 297-8912 und 1-800-225-5652
Mo–Fr 8.30–17 Uhr

 Marriott Waterford Hotel
6300 Waterford Blvd.
Oklahoma City 73118
☏ 848-4782 oder 1-800-992-2009
Fax 843-9161
Feine Adresse mit guten Sporteinrichtungen: Pool, Sauna, Squash- und Tennisplätze. Restaurant. $$$$

 Marriott Hotel
3233 N.W. Expwy.
Oklahoma City, OK 73112
☏ 842-6633 oder 1-800-228-9290
Gehobener Standard, mit Pool, Sauna, *health club* und Restaurant. $$–$$$

 Lafayette's Hilton Inn
2945 N.W. Expwy.
Oklahoma City, OK 73112
☏ 848-4811 oder 1-800-848-4811
Fax 843-4829
Zentral gelegen. Pool, Fitneßraum, Restaurant. $$

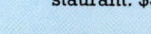 **Nikz Supper Club**
5900 Mosteller Dr. (oben im United Founders Tower)
☏ 843-7875
Drehrestaurant mit schönem Blick auf die Stadt. Gediegene Küche. Reservierung empfohlen. $$$

Schöne Scheune: die »Round Barn« in Arcadia, Oklahoma

 Deep Fork Grill
5418 N. Western Ave.
☏ 848-7678
Steaks und Seafood. $$–$$$

 County Line Restaurant
1226 N.E. 63rd St. (Nähe Cowboy Hall of Fame)
☏ 478-4955
Populäres Lokal seit 1918, getreu dem Spruch »dine at the line«: Steaks, BBQ-Rippchen und andere amerikanische Grundnahrungsmittel. $$

 In Cahoots
2301 S. Meridian Ave.
☏ 686-1131
 Die C&W-Bar.

 Vzd's
4200 N. Western Ave.
☏ 524-4203
 Ehemalige Drogerie, jetzt Restaurant und Musikclub. Live-Musik (Rock 'n' Roll etc.).

Pastorales Pantheon
Die rote Scheune von Arcadia

*»Save your diamonds and your pearl,
She ain't no ordinary girl.«*

(C&W Radio Station)

Unübersehbar winkt der schlanke Turm der **Boston Memorial Church** zum Abschied von Tulsa, bevor sich die Route profaneren Begleiterscheinungen widmet, denn am Arkansas River dampft und zischt die Raffinerie und eine zweite folgt auf dem Fuß: Industriepoesie. Ein kleines Motel steht zum Verkauf (FOR SALE),

Boston Memorial Church, Tulsa

und die alte, noch lesbare Werbung am »66 Motel« (REASONABLE RATES) hat dessen Tod nicht verhindern können.

Wohin man sieht: Es bleibt desolat, überwachsen, überklebt, verbrettert, verfallen, durchsetzt von Schrott- und Autohändlern, die mit alten Kisten, Blech und Reifen noch ein paar müde Dollars machen möchten. Nur ab und zu der Hinweis auf einen Gospel-Gottesdienst und auf Kontakte zu Höherem.

Aber das ist nun mal die »Route 66«: Wer am Rockzipfel der *mother road* klebt, der muß außer idyllischen Abziehbildchen von *rolling hills*, scheuenden Pferden, tüteligen Oma-Cafés, nostalgischen Motels und stillen Straßen auch mit den Kehrseiten Amerikas rechnen. Die oft als beschauliches Förderband der Sehnsucht nach der guten alten Zeit gepriesene Strecke, auf der Autofahren *happy motoring* bedeuten sollte, war nirgendwo und zu keiner Zeit nur von glücklichen Pepsi-Gesichtern, *Moms & Dads* und *malts & burgers* umstellt. Heute, angesichts der Ästhetik des Verfalls oder der properen Reißbrett-Malls, schon gar nicht.

Westlich von Tulsa nähern sich eine Ölpumpe und die seit 1933 in Familienhand befindliche Frankoma-Porzellanmanufaktur und -Töpferei, gleich an der Einfahrt nach **Sapulpa**, das, nach einem Creek-Häuptling benannt, ganz aus Kleinstadt-Backstein erbaut wurde und eine hübsch renovierte Main Street vorweisen

Chandler, Oklahoma ▷

Souvenirladen, Stroud

In **Kellyville** führt die Buffalo Avenue in den Ort und zu seiner hübschen Methodistenkirche. Bei den *railroad tracks* kommt ein fossiles Stück »66« zum Vorschein: ein paar hundert Meter poröser, grasdurchwachsener Beton. Natürlich führt er nirgendwo mehr hin. Muß auch nicht, denn dies ist heilige Erde für die Fans.

Was folgt, liest sich wie ein typischer Oklahoma-Mix: Kühe, Raffinerien, Pferde und nickende Ölpumpen, von denen manche so aussehen, als seien sie Insekten von einem anderen Stern.

In **Bristow** heißt es WELCOME, doch Downtown unterscheidet sich kaum von den Orten bisher. Viele der niedrigen Ziegelbauten aus dem frühen 20. Jahrhundert sind verfallen, stehen leer oder horten verstaubten Kram in den Schaufenstern – sofern es solche gibt, denn viele sind verbrettert.

Anders **Depew**. Die Main Street des kleinen, während des Ölbooms gegründeten Örtchens wirkt hellwach. Im roten Backsteinblock der Ladenfronten hat der »Rain Bow Florist« ein ausgestopftes Pumpkin-Mädchen auf die Bank vor die Tür gesetzt. Das eine oder andere ist auch hier vernagelt, aber der Kolonialwarenhändler hat alles unter sein Dach ge-

kann. In der Sprache der Creek bedeutet *sapulpa* »süße Kartoffel«. Nach einer Weile dann melden sich weiße Zäune zurück, artig gerollte Heuballen und ein paar saftige Weiden.

Nicken wie schwerfällige Heuschrecken: Ölpumpe bei Chandler

126

Liebliches Oklahoma: zwischen Chandler und Arcadia

bracht: Video, Pizza, Burger und einen Fax-Anschluß für alle.

Hin und wieder erkennt man auf der rechten Seite die ganz alte 66-Trasse, vor allem an den Telefonmasten, die im übrigen oft den zuverlässigen Pfadfinder für die ursprüngliche Route spielen. Dann wieder wechselt der Vorläufer auf die andere Seite. Das macht den Fahrer zum echten *go between* – zwischen historischer und noch historischerer Route ...

Wie aus dem Ei gepellt präsentieren sich die hübschen viktorianischen Häuser von **Stroud**, einer weiteren Öl-Hochburg. Das solide aus Steinen gebaute »Rock Cafe« hat werbewirksam einen schicken Oldtimer vor dem Eingang geparkt. Ansonsten wimmelt es von Antiquitätenshops. Manche Besitzer hocken drinnen regungslos im Schaukelstuhl und sehen wie ausgestopft aus, erst wenn sie grüßen, merkt man, daß inmitten des Krempels noch etwas lebt.

Weiden, Buschland und wohltuende Weitblicke dominieren die Strecke nach **Chandler** – wegen seiner vielen Nußplantagen ringsum mit »Peacan Capital of the World« betitelt –, ein kleiner freundlicher Ort, dem man nicht ansieht, daß er 1897, sechs Jahre nach seiner Gründung, von einem Tornado dem Erdboden gleichgemacht wurde.

Das in einem achtbaren rötlichen Steinbau, gleich neben der Bäckerei, untergebrachte »Museum of Pioneer History« gehört zweifelsohne zu den Top-Sehenswürdigkeiten der Region. Auf engstem Raum zusammengepfercht, erzählen die Artefakte die Geschichte von Lincoln County – vom einschneidenden Louisiana Purchase, mit dem Frankreich seine amerikanischen Besitzungen auf einen Schlag verkaufte, über die sogenannte Indianerbefriedung, den Viehhandel, die Eisenbahn und Landwirtschaft (Baumwolle, Mais, Erdnüsse) bis zum Öl; von den frühen, von missionarischen Quäkern ins Leben gerufenen Indianerschulen zu den vielen tschechischen und slowakischen Siedlern aus der Prager Gegend, die sich hier niederließen und bis heute der Region ihren Stempel aufdrücken. Im Juni, wenn sich in Chandler eine mobile Gästeschar aus allen Landesteilen zur »Route 66 Celebration« versammelt, geht es hoch her.

Auf der Straße sieht man jetzt mehr und mehr Autos mit roten Reifen: Der Regen hat die rostrote Erde hochgespült, die sich nun zusehends vordrängt und die Farbpalette aus weißen Häuser, grünen Wiesen und schwarzweißen Kühe bereichert.

Ranching, Raffinerien und Nußbäume bereiten den Auftritt der roten Scheune von **Arcadia** vor, jenes pastoralen Pantheons von Oklahoma und bekannt für seine Scheunentänze. Innen hat man eine Zwischenebene eingezogen, die den sorgsam restaurierten Rundbau in zwei Hälften teilt. Die untere ist dem touristischen Durchgangspublikum gewidmet und bietet dementsprechend Videos und Souvenirs; die obere *(loft)* dient dem C&W-Dancing, Festessen, Hochzeiten oder Geburtstagsparties. Nachteil der roten runden Sache: Die einst gerühmte Akustik der Holzkuppel hat durch die Halbierung gelitten. Dennoch bleibt das Obergeschoß ein optisch eindrucksvoller Raum.

Zwar grast eine Longhorn-Herde westlich von Arcadia, aber das letzte Stück nach **Oklahoma City** ist alles andere als ländlich, sondern, wie meist, von Shopping Centers, Malls und Filialbetrieben vereinnahmt, deren Namen man inzwischen schon auswendig kennt. Einzig der »Memorial Cemetery« an Kelly Avenue fällt aus dem Rahmen: ein Friedhof mit ruinösen Kirchtürmen und einer angefressenen Backsteinmauer, die mühelos aus einem englischen Schauerroman stammen könnten.

Die runde Scheune von Arcadia

Regierung an der Quelle: Ölbohrturm vor dem Kapitol in Oklahoma City

Für eine Weile entpuppt sich Kelly Avenue überhaupt als sympathische Landstraße, d.h. als wohltuende Abwechslung vom Franchise-Rummel, bis dann Lincoln Boulevard die Rolle der Einfahrtsschneise zum **Oklahoma State Capitol** übernimmt – ein Strip mit Lunchplätzen für die Mitarbeiter der Staatsregierung. Kurz vor ihrem Amtssitz erinnern einige ausgediente Motels an Zeiten, in denen ihre Grundstücke zu den besten Adressen gehörten. Vorbei.

Dagegen scheint die Konstanz des Öls zuverlässiger. Noch über 2 000 Bohrstellen sind innerhalb der Stadtgrenzen tätig, ja, selbst auf dem Rasen des Kapitols wird gebohrt. Ob es der Staatskasse nützt?

Wie dem auch sei, 1928 fand man heraus, daß die Stadt auf einem der größten US-Ölfelder saß. Im Nu wandelte sich das Terrain in ein Meer von Bohrtürmen, die fortan »OKC« zu einer Boom Town machten. Zuvor hatten sich die Geschicke der

Stadt eher langsam und zähflüssig entwickelt, mit ein paar Spinnereien, Wurstfabriken und einem Terminal für Baumwolle. Dabei war sie, wie gesagt, gleichsam mit einem Kanonenschlag aus der Taufe gehoben worden – an jenem 22. April 1889, dem offiziellen Beginn des »Great Land Run«, der kostenlos Land jedem Erstbesten bescherte, der, von Kansas, Arkansas, Missouri oder Colorado kommend, das bis dahin »Unassigned Lands in Oklahoma Territory« genannte Gebiet betrat. Ein einziger Tag reichte für die Gründung von Oklahoma City: morgens noch ein Flecken Flachland rings um einen Bahnhof der Santa Fe Railroad und einen Holzschuppen, der als Postamt fungierte, abends bereits eine Zeltstadt mit 10 000 Menschen.

In rund hundert Jahren entwickelte sich daraus eine Metropolis in der Prärie mit knapp einer Million Einwohnern, die im wesentlichen von der Regierung als

Stockyards City, Oklahoma City

Hauptarbeitgeber leben, aber auch von der Army (Tinker Air Force Base), der Petrochemie sowie der Luft- und Raumfahrtindustrie. Die University of Oklahoma ist im südöstlichen Vorort Norman ansässig.

Mitte der 60er Jahre entschlossen sich die Stadtväter, Downtown ein *face lifting*

zu verpassen. Ein Kongreßzentrum und ehrgeizige Skyscrapers wuchsen in die Höhe, verbunden durch ein von Tunneln und Brücken konstruiertes Netz *(Metro Concourse System)* aus Büros, Hotels und Konferenzräumen. Schließlich können die Sommer in Oklahoma City ganz schön brüten. Unter anderen wurde auch der renommierte Architekt I.M. Pei um neue städtische Lösungsvorschläge gebeten. Ergebnis: die Crystal Bridge, ein botanischer Superzylinder aus Glas und Stahl, der sich wie ein umgekippter Salzstreuer über großzügige Gartenanlagen mitten in der Innenstadt querlegt.

Doch trotz aller Neuerungen hält die Stadt an ihrem Western- und *American Indian*-Erbe fest und bewahrt sich vieles aus den Pioniertagen. Cowboyhüte, Stiefel und Gürtelschnallen so groß wie Radkappen mischen sich zwanglos unter Seidenschlipse und Zweireiher. Und was den Cowboys recht, das ist ihren Pferden billig: Wie kaum eine andere Stadt im Südwesten hängt OKC an Rodeos, Pferde-Shows und -rennen. ◈

Vormittag   **Stockyards City** und Frühstück; Stopp bei den **Myriad Botanical Gardens** in Downtown.

Mittag   Lunch und Bummel durch **Bricktown.**

Nachmittag   **National Cowboy Hall of Fame.**

Alternativen: Museen im **Kirkpatrick Center** (s.u.) und/oder (Di–Sa) dem **Harn Homestead and 1889er Museum** (s.u.).

Einen Stadtplan von Oklahoma City finden Sie auf der beiliegenden separaten Karte.

Extratag – Informationen: Oklahoma City   Vorwahl: ℰ 405

 Cattlemen's Cafe and Steakhouse
1309 S. Agnew Ave. (Stockyards)
ℰ 236-0416
Ältestes Haus am Platz (seit 1910). Ab 6 Uhr morgens kräftige Kost zum Frühstück. Zum Lunch und abends: perfekte Steaks (*steaks au jus*), seit 1910 erprobt. $$

 Shorty's Caboy Hattery und **Marshall/ Heffington Handmade Boots**
1206 S. Agnew Ave. (Stockyards)
Sehenswerte Handwerksbetriebe: Western-Hutladen und Maßschusterei für Cowboystiefel.

 Langston's
Exchange/Ecke Agnew Ave. (Stockyards)
Seit 1916 größte Auswahl an *western wear* weit und breit: Gürtel (*belts*), Schnallen (*buckles*), Sporen, Hüte (auch schicke Hutschachteln für Westernhüte), Stiefel, Hemden, historische Cowboymäntel. Bei Jeans ist »Wrangler« die Marke, die zählt.

 Myriad Botanical Gardens
Reno Ave. und Robinson St. (Downtown)
ℰ297-3995
 Blühender Stadtpark mit See, Wasserfall und imposantem Gewächshaus, dem »Crystal Bridge Tropical Conservatory« (tägl. 9–18 Uhr, Eintritt $ 3), entworfen von I. M. Pei.

 Abuelo's Mexican Embassy
17 E. Sheridan/Ecke Oklahoma Ave. (Bricktown)
ℰ 235-1422
Mexikanisch. $

 Bricktown Brewery Restaurant & Pub
1 N. Oklahoma Ave. (Bricktown)
 ℰ 232-2739
Beliebte Brauerei und *hangout* – mit Pooltischen und Virtual-Reality-Spielen.

 Windy City Pizza & Pasta Kitchen
27 E. Sheridan St.
ℰ 236-0999
Herzhaftes – wie der Name schon sagt.
$

Western wear in Stockyards City

Cattlemen's – das älteste Haus in Stockyards City

⁉ Bricktown Antiques

100 E. Main St. (1. Stock von »Bricktown Mercantile«)
ℂ 235-2803
Mo–Mi 10-18, Do–Sa 10-21, So 12–17 Uhr
Fundgrube für Antiquitäten, Bücher, Gläser, Möbel, Western Heritage, Oklahoma History. Im Erdgeschoß duftet die »Espresso Grove«.

50 Penn Place

N.W. 50th und Pennsylvania Ave.
ℂ 848-7940
Mo–Sa 10–18, Do bis 20, So 13–17 Uhr
Schicke Mall mit exklusiven Läden und einer gemütlichen Buchhandlung: **Full Circle** (ℂ 1-800-683-READ). Wer möchte, kann sich mit einem zimtgewürzten Kaffee in die Ecke setzen und lesen.

National Cowboy Hall of Fame and Western Heritage Center

1700 N.E. 63rd St.
ℂ 478-2250

Im Sommer tägl. 8.30–18, sonst 9–17 Uhr
Hunderttausende Besucher pilgern jährlich zur Ruhmeshalle der Cowboys, um in einem wichtigen Stück *Americana* zu schwelgen. Das weitläufige Institut besitzt eine vorzügliche Sammlung amerikanischer Westernmalerei, u.a. Arbeiten von Charles M. Russell, Altmeister Remington, Carl Wimar, Thomas Moran, ein toller Bierstadt (»Immigrants Crossing The Plains« , 1867), Charles Schreyvogel (z.B. »On Patrol«).

In der Galerie der Hollywood-Westernveteranen paradieren John Wayne, Tom Mix, James Steward, Dennis Weaver, Gary Cooper, Barbara Stanwyck, Walter Brennan, Randolph Scott, Robert Taylor, Gene Autry (der übrigens seine Karriere als »Oklahoma's Yodeling Cowboy« begonnen hat), Kirk Douglas, Glen Ford, Rex Allan, Slim Pickens, Roy Rogers u.a. Auch den Rodeo-Cracks ist eine eigene Ruhmeshalle gewidmet. Besonders Kindern bereiten die *interpretative environs* – Szenarien, in denen der Wilde Westen in Einzelteilen nachgebaut ist – Freude: Tiere, Transportmittel, Büros und Privaträume etc. Eintritt $ 6.50.

Kirkpatrick Center Museum Complex
2100 N.E. 52nd St. & M. L. King Ave.
✆ 427-5461 oder 1-800-532-7652
Im Sommer Mo–Sa 9–18, So 12–18 Uhr; im Winter Mo–Sa 9.30–17, So 12–18 Uhr
Museen, Planetarium, Kunstgalerien, Gärten und Gewächshäuser. Unter den Museen bietet das **Red Earth Indian Center** Einblicke in Geschichte und Kunst der *Native Americans*; die **International Photography Hall of Fame** Arbeiten namhafter Fotografen; das **Air Space Museum** jede Menge Leckerbissen für Flugzeugfans – von den Gebrüdern Wright bis zum Space Shuttle. Im **Garden Cafe** kann man Kleinigkeiten essen und trinken. Eintritt $ 6.

Harn Homestead Museum
313 N.E. 16th St.

✆ 235-4058
Di–Sa 10–16 Uhr
Das Gehöft von 1889 besteht aus einem im Stil der Jahrhundertwende eingerichteten Bauernhaus (1904), Scheune und Schule. Eintritt $ 3.

Besondere Veranstaltungen
In Stockyard's City ist Mo–Mi **Viehauktion**. Führungen finden Mo ab 8 Uhr bei der Oklahoma National Stockyards Company (✆ 235-8675) statt.

Im Juni treffen sich Indianer verschiedener Stämme zum dreitägigen **Red Earth Festival** im Convention Center, einem der größten *powwows* in Nordamerika mit weit über tausend Tänzern.

Die bei den Oklahomans beliebten **Pferderennen** im Remington Park verteilen sich aufs Jahr: Im Frühling und Herbst laufen Thoroughbred-Pferde, im Sommer Quarter Horses. **Rodeos**: Anfang Juni (Stockyard Stampede) und Mitte Dez. (International Finals Rodeo).

Buchhandlung »Full Circle« im Shopping Center Penn Place

Cowboy Capital
Oklahoma City

Viehauktion in Stockyards City

»Wenn der Wind von Westen weht, kann man den Kuhduft noch in Downtown riechen«, erzählt Dough, ein Oklahoma-Oldtimer, während des Frühstücks gleich bei den Viehhöfen am Stadtrand.

Wie das Leben ringsum, kann auch das Frühstück mitunter deftig ausfallen. Zum Beispiel im zünftigen **Cattlemen's Cafe**. Hier kommen mit dem ersten Hahnenschrei Spezialitäten auf den Tisch, die für mitteleuropäische Gaumen ungewohnt sind: *eggs 'n' brain*, Rinderhirn mit Ei, und *lamb fries*, dünngeschnittene Rinderhoden im Schlafrock …

Seit der Jahrhundertwende, als die schier endlosen Viehherden nach Oklahoma getrieben wurden, um den Rindfleischbedarf des Ostens zu decken, herrscht in **Stockyards City** Bienenfleiß. Als sich hier 1926 führende Fleischverarbeiter mit ihren Schlachthöfen und Wurstfabriken niederließen, hieß die Gegend plötzlich »Packing Town«.

Damals war »Cattlemen's« einer der wenigen Plätze, die nach Anbruch der Dunkelheit noch geöffnet hatten. Entsprechend bunt waren die Gäste gemischt. Auch während der Prohibition galt das Lokal als Geheimtip für »Liquid Delights«, sogenannte »flüssige Freuden«. Nach dem Zweiten Weltkrieg übernahm dann ein gewisser Hank Fry das Lokal, ein Spieler, der das Anwesen auch prompt danach beim Würfeln wieder verlor.

Seither geht's hier stetiger zu, und das altgediente Schild scheint ein Garant dafür. Saftige Steaks und solide Folienkartoffeln (mit oder ohne *sour cream and chives*) ziehen auch Medienstars, Rodeovirtuosen und Politiker an, die das Cattlemen's längst zum Szenetreff befördert haben.

Zwischen Eiern, Toast und Schinken landet das Gespräch bei einem lokalen Lieblingsthema, dem traditionellen Städtezwist zwischen Oklahoma City und Tulsa. Weil die Hauptstadt praktisch an einem Tag entstanden sei, heißt es, lebt in ihr immer noch mehr Pioniergeist; die

Mexikanische Küche: »Abuelo's« im Bricktown Historical District

Bestellungen trudeln auch per Fax ein – von betuchten *urban cowboys* zwischen Boston und Beverly Hills, so daß die sündhaft teuren Klamotten meist nur nach einjähriger Wartezeit zu haben sind.

Vor der Hochhauskulisse von Downtown, dort, wo sich um die Mittagszeit die obligaten Luncher zwischen spiegelnden Glasfassaden und Gründerzeitbauten die Beine vertreten, sorgen die **Myriad Botanical Gardens** für ein grünes Stück Abwechslung, wobei ein Gewächshaus in

Leute gelten als freundlicher und bodenständiger *(down to earth)* als im Rivalen Tulsa. Regierung und Vieh bildeten die Basis, und manchmal käme sogar bei beiden dasselbe heraus *(same output)*. Tulsa dagegen sei zwar kleiner, fühle sich aber (dank der reichlichen Öldollars) als die eigentliche »Kulturhauptstadt« des Landes, als die »Queen of the Culture«. Wer von dort nach Oklahoma umziehen müsse, hätte stets das Mitleid auf seiner Seite. Und noch etwas: Im Gegensatz zu den gewachsenen Stadtvierteln von Tulsa (Muster: etwa die Zufahrt zum Philbrook Museum), herrsche in Oklahoma City weit mehr »Suburbia«, jene weitgehend isolierten und in sich abgeschlossenen amerikanischen Vorstädte.

Auch wenn nicht gerade eine Viehauktion läuft, gibt es zwischen dem Restaurant, der Auktionshalle und den Ställen viel zu entdecken: Westernhutläden, Maßschustereien für Cowboystiefel, Sattler, Anbieter von Gürteln, Schnallen, Hemden und sonstiger *western wear*. Einer der Verkäufer klärt auf: »Real cowboys wear Wranglers, not Levi's«.

Die Kundschaft kommt praktisch von nebenan, sozusagen von der Arbeit, denn um Arbeitskleidung geht es. Aber viele

Form einer Riesentrommel die städtische Parkanlage dominiert.

Ein paar Blocks entfernt (an den Eisenbahnschienen) liegt das altgediente Lagerhausviertel, dessen tiefrote Ziegelbauten über ein halbes Jahrhundert intakt blieben, dann aber verfielen, nachdem sich die Stadt seit den 50er Jahren vor allem im Westen durch zahlreiche Industrieparks ausdehnte – ein *urban sprawl*, der selbst jedem flüchtigen Besucher auffällt.

Inzwischen sind die meisten Gebäude im **Bricktown Historical District** wieder in Schuß, und zahlreiche Restaurants, Bars und Antiquitätenläden haben sich dort eingenistet. Eine »Microbrewery«, wie sie derzeit im US-Trend liegt, fehlt hier ebensowenig wie eine andere US-Neuheit: die Quelle für einen guten Kaffee. Man sieht, der kulinarische Fortschritt ist auch bis nach Oklahoma vorgedrungen.

Stärkungen aller Art können jedenfalls nicht schaden, wenn man sich zur **Natio-**

Feuchtgebiet und Trockentrommel: Downtown Oklahoma City

nal Cowboy Hall of Fame and Western Heritage Center aufmacht, zum absoluten Prunk- und Paradestück unter den städtischen Museen, der »signature attraction«, wie sie hier heißt. Alles und jedes in dieser Walhalla kreist um die Cowboykultur. Sogar die Museumswärter. Sie präsentieren sich als rüstige Senioren in weißen Hemden, schwarzen Hosen, schwarzen Hüten und schwarzen Westen mit silbernem Sheriffstern.

Den Blickfang in der Eingangshalle bildet eine monumentale weiße Marmorplastik in Gestalt eines erschöpften Cherokee-Indianers zu Pferd mit hängendem Speer. Titel: »End of the Trail«. Viele halten die von James E. Fraser 1915 entworfene Skulptur für die populärste US-Statue des 20. Jahrhunderts, vergleichbar allenfalls mit der Fackeldame aus New York und den Präsidentenköpfen im Felsen des Mount Rushmore. (Fraser schuf übrigens auch den »Buffalo Nickel«, ein

5-Cents-Stück, das vorne einen Indianerkopf und hinten einen Büffel zeigt und 1913–38 in Umlauf war.)

Die Halle der sogenannten »Masters« läßt zweifellos die Herzen der Freunde klassischer Westernmalerei höher schlagen. Thomas Moran, Charles Schreyvogel, Charles M. Russell, Frederic Remington und der Caspar David Friedrich des amerikanischen Westens, Albert Bierstadt, – keiner fehlt hier in Öl und eindrucksvollen Formaten.

Weiterhin entfalten sich die Varianten der aus Heftchen, Hollywoodfilmen und TV-Serien bekannten Wildwest-Ikonen, z.B. »Hopalong Cassidy« alias William Boyd und sein auf Taschenmessern, Plakaten, Milchflaschen, Kameras und Uhren tausendfach reproduziertes Konterfei. Auch die Rodeo-Heroen kommen nicht zu kurz: Die Champions sind neben ihren Trophäen und Sätteln zu sehen, und ab und zu mischt sich auch mal ein Rodeo-

In memoriam: am Ort des Bombenattentats in Oklahoma City – Ecke 5th & Harvey Streets, wo das Alfred P. Murrah Federal Building stand

»End of the Trail«: Monumentalplastik in der National Cowboy Hall of Fame

Cowgirls dazwischen. Eine Etage tiefer liegt die sicher unterhaltsamste Ebene des Museums: Im John-Wayne-Studio laufen nonstop die Filme des »Duke«. Kinder finden das penibel nachgebaute Inventar des Wilden Westens besonders spannend: Pferde, Biber und andere Tiere, Goldwäscher und Postkutsche, ja ganze Arztpraxen und eine kleine Kirche, in der die Hüte der Gläubigen ordentlich an den Wänden aufgehängt sind.

Der Haken zum Schluß: ein paar Stücke Stacheldraht (»Devil's Rope«), sorgsam aufgereiht und datiert. Er wird auf der Reise noch einmal vorkommen, was auch nicht verwundert, denn der zuerst 1874 eingeführte *barbed wire* markiert eine Zäsur in der Besiedlungsgeschichte des Westens, nämlich das Ende der offenen Weiden *(open ranges)* und den Beginn von Ranching und Farming.

Lokalpatrioten von »OKC« hielten es sicher für unfair, wenn zwei Erfindungen übergangen würden, die aus dem amerikanischen Alltag nicht mehr wegzudenken sind: die Parkuhr *(parking meter)* und der Einkaufswagen *(shopping cart)*. Das Parkproblem der Innenstadt wurde 1935 durch einen ehemaligen Postler entschärft, was fortan in den gesamten USA Schule machte.

Genau 20 Jahre später beobachtete eine gewisse Sylvan Goldman Frauen im Supermarkt, die in einem Arm die Waren und im anderen ihr Kind herumschleppten. Ihre praktische Konsequenz führte zu jenen allseits bekannten Kärrchen, die längst auch außerhalb ihres eigentlichen Funktionskreises mannigfaltige Eigenleben führen.

Shopping cart people heißen jene, die ihr ganzes Hab und Gut in so einem Metallrost mit sich herumschieben. Noch heute erinnert eine bronzene Statue im Kirkpatrick Center an die goldene Idee der feinfühligen Frau. ◆

6. Tag – Route: Oklahoma City – Yukon – El Reno – Clinton – Shamrock – McLean, TX (354 km/221 mi)

km/mi	Zeit	Route
0	9.00 Uhr	In **Oklahoma City** vom Kapitol 23rd St. *west*, Classen Blvd. oder May Ave. *north*, I-44 *west*, in Höhe der Ausfahrt Bethany (= 66 *west*) durch **Bethany** nach **Yukon** und **El Reno**. An Wade links, an Choctaw rechts, an Sunset links (= *business loop* 40 *west*). Kurz vor der I-44 rechts ab nach FT. RENO. Beim Abzweiger steht auch: GRAZING-LANDS RESEARCH LABORATORY. Am Stoppschild rechts über US 270 nach **Calumet**. Weiter Richtung GEARY (US 270 *west*).
74/ 46		**Geary**. Beim Stoppzeichen links (= 281 *south*). An der Kreuzung mit »281 spur« rechts halten in Richtung Hinton (das ist offiziell die 281 oder 8 *south*) über den South Canadian River. Danach Achtung: <u>Nicht</u> der 281 *south* weiter folgen (die nämlich führt gleich danach auf die I-40), sondern bei der Gabelung die alte Straße gerade weiter Rich-tung Bridgeport (was leider nicht angezeigt wird), die zur *service road* auf der Nordseite wird. Dem Schild HYDRO folgen (rechts ab) nach
110/ 69	11.00 Uhr	**Hydro**. An Main St. kann man kurz durch den Ort und dann wieder zurück zur *service road* fahren und diese (<u>vor</u> der Interstate-Auffahrt) rechts nach
118/ 74		**Weatherford**. Auf der *service road*, gerade auf den Kirchturm zu, in die Stadt. An Washington links, an Main St. rechts (= *business* 40). Am Stadtausgang <u>nicht</u>: die *business* 40 weiter, sondern <u>geradeaus</u> (7th St.) zur 54 *north*, allerdings nur kurz, an 4th St. wieder links (über die Gleise) und weiter auf der *north service road*. Bei der nächsten T-Kreuzung links über die Interstate. Auf der anderen (Süd-) Seite rechts in die *service road* nach Westen. Beim ersten Stoppzeichen gerade weiter, beim zweiten rechts. Auf der anderen Seite links (nach Westen) weiter auf der *service road* der Nordseite und dem Schild OKLAHOMA 66 MUSEUM geradeaus folgen nach
150/ 94	12.00 Uhr	**Clinton**. An der 10th St. links (hier ist auch ein Route-66-Zeichen mit Pfeil zu sehen) geht es wieder aus der Stadt raus. (Unterbrechung für eine Clinton-Tour: Museum und Innenstadt. Die Hauptstraße, u.a. mit Antiquitätengeschäften, heißt Frisco St. und läuft parallel zu Gary Blvd., an dem das neue 66-Museum liegt. Museum und Lunch ca. 1¹/₂ Std.)
163/102	13.30 Uhr	Ab **Clinton**: Kreuzung Gary/10th, unter der I-40 hindurch, dann rechts an der Y-Gabelung gerade weiter nach Westen. In der Folge

kann man mehrfach die Seiten wechseln, denn es gibt verschiedene Möglichkeiten, die Interstate zu unter- bzw. überqueren, um die jeweilige *service road* zu benutzen. Schließlich: über die Clinton Lake Rd. wieder auf die Südseite der I-40 nach

198/124 14.00 Uhr **Canute.** Bis zum Ortsende und dort, bevor es ins Grüne geht, rechts abbiegen und die I-40 unterqueren und dann links – nach Westen, wie immer. *Service road* folgen bis

232/145 15.00 Uhr **Elk City** und dort auf der *service road* (inzwischen = *business* 40) bleiben. Es folgt ein Schild nach SAYRE, und es geht ausnahmsweise einmal über die I-40 *west.*

261/163 **Sayre.** Im Ort, beim Stoppzeichen, links der 283 *south* (4th St.) folgen über den **Red River** (North Fork). Kurz vor der Auffahrt zur I-40 rechts in die *service road* nach Westen bis

286/179 15.30 Uhr **Erick.** Dem Schild TEXOLA folgen.

299/187 **Texola.** Dahinter liegt die texanische Grenze. Beim Verlassen der Stadt aufpassen: Die I-40 nicht unterfahren, sondern halblinks auf deren Südseite bleiben bis

322/201 **Shamrock.** Weiter auf der *service road.* Am *exit* 146 (County Line Rd.) verläßt man an der Überführung die südliche *service road* und fährt rechts den *overpass* der Interstate. Dahinter wieder sofort links in die *service road* in westlicher Richtung nach

354/221 16.30 Uhr **McLean.**

Extra: Westlich von El Reno und dem Canadian River führt die US 281 in südlicher Richtung nach ein paar Meilen zum **Red Rock Canyon State Park** (℡ 405/542-6344), d.h. zu schattenspendenden Ahornbäumen in einem schönen Sandstein-Canyon, in dem einst Cheyenne-Indianer lebten. Picknick, Wandern, Camping.

Yukon Chamber of Commerce
510 Elm Ave.
Yukon, OK 73099
℘ (405) 354-3567

El Reno Chamber of Commerce
206 N. Bickford Ave.
El Reno, OK 73036
℘ (405) 262-1188

Lucille's Historic Highway 66
Hydro
℘ 663-2341
Rastplatz der Nostalgie: Tankstelle (teils schon überwachsen) und Laden, seit 1941 im Besitz von Lucille Hamons: Sprit und Snacks.

Weatherford Chamber of Commerce
522 W. Rainey Ave.
Weatherford, OK 73096
℘ (580) 772-7744 und 1-800-725-7744

Clinton, OK 73601   **Vorwahl: 580**

Clinton Chamber of Commerce
600 Avant Ave.
℘ 323-2222 und 1-800-759-1397
Fax 323-2931
Mo–Fr 8.30–12 und 13–17 Uhr

Oklahoma Route 66 Museum
2229 W. Gary Blvd.
℘ 323-7866
Sommer: Mo–Sa 9–19, So 13–18 Uhr; Winter Di–Sa 9–17, So 13–17 Uhr, Mo geschl. Neueres Museum, das sich ganz der »original open road« verschrieben hat: Oldtimer, Zapfsäule, nachgebauter Diner, historische Straßenkarten, unterhaltsamer Film und, als Höhepunkt, ein »Okie«-Lastwagen mit Sack und Pack.

Pop Hick's Restaurant
223 W. Gary Blvd.
℘ 323-1897
66-Institution und Treffpunkt der *local*

heroes, 24 Stunden geöffnet: Hamburger und andere deftige Sachen. Auch Motel. $

Trade Winds Courtyard & Restaurant
2128 W. Gary Blvd. (gegenüber vom Museum)
℘ 323-2610
Frühstück und Dinner. Spezialitäten: »Big Red« (Schinkensteak, Eier, Reibekuchen und Toast) oder »Okie Special« (Frikadelle mit Kartoffelsalat, Tomaten und Bohnensuppe). Beides hält vor bis Amarillo. $

Jigg's Smoke House
Nähe *exit* 62, I-40
℘ 323-5641
Einer der renommiertesten BBQ-Plätze des Westens. $

Elk City Chamber of Commerce
1016 E. Airport Rd.
Elk City, OK 73644
℘ 225-0207 und 1-800-280-0207

Elk City Old Town Museum
2701 W. 3rd St.
℘ 225-2207
Di–Sa 9–17, So 14–17 Uhr, Mo geschl. Viktorianischer Jahrhundertwendebau, der die Geschichte des Great Western Trail erzählt, der in der Nähe vorbeizog. Andere Nachbauten: Pionierkirche, Arztpraxis, Teepee, Gazebo, Schule und kleiner Bahnhof. Eintritt $ 2.50.

Anadarko Basin Museum of Natural History
107 E. 3rd St. (Casa Grande Hotel)
℘ 243-0441
Elk City
Wer sich für Geologie und die Geschichte der Petroleum-Industrie interessiert, kommt hier auf seine Kosten.

In der Nähe:

Coyote Hills Ranch
P.O. Box 99
Cheyenne, OK 73628

6. Tag – Informationen

 ✆ 497-3931 oder 497-2515
Dude Ranch, die besonders bei Kindern
gut ankommt. Hier kann man reiten, mit
einem *prairie schooner* über alte Viehwe-
ge fahren, in Schlafsack und Zelten am
Lagerfeuer übernachten. (Anfahrt: von
Sayre Hwy. 283 nach Norden bis Cheyenne, dort Hwy. 47 etwa 6 km nach
Westen, dann wieder kurz nach Norden
und noch einmal nach Westen verset-
zen.)

McLean, Texas 79057 Vorwahl: ✆ 806

 Devil's Rope Museum
100 S. Kingsley St. (Ecke Route 66)
✆ 779-2225
April–Okt. Di–Sa 10–16, So 13–16 Uhr,
sonst Fr/Sa 10–16, So 13-16 Uhr
Pieksig: Kollektion aus Zäunen, Drähten,

Werkzeugen und Skulpturen aus Stacheldraht (»Barbed Wire Art«). Schrullig: ein
getreu nachgebauter Diner. Angesichts
seiner Besetzung mit Wachsfiguren fühlt
man sich in Madame Tussauds Londoner
Kabinett versetzt.

Mit dabei: **The Texas Old Route 66
Exhibit Museum**, das u.a. die Geschichte
der Burma-Shave-Zeichen dokumentiert
(vgl. dazu S. 28 und 216).

 Cactus Inn
Old Route 66 *west*
✆ 779-2346
Motel: simpel, typisch, freundlich. $

Country Corner Texaco
Nähe *exit* 142 der I-40
✆ 779-2391
Kulinarische Endstation des Tages: die
letzte Chance, wenn man nicht mit knur-
rendem Magen ins Bett gehen will. $

Warnung vor Bleichgesichtern: Sonnencreme-Reklame in Texas

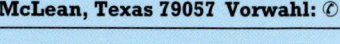

Showdown in Ghost Town

McLean, Texas

Nach kurzer Verneigung vor dem State Capitol verdrückt sich die Route 66 aus Oklahoma City nach Westen, allerdings wenig spektakulär – vom goldenen Super-Hamburger der »Liberty. The Bank of Mid-America« zwischen Western Avenue und Classen Boulevard einmal abgesehen.

Im ebenso grünen wie feuchten Terrain rund um den Lake Overholser kommen linker Hand vier verrostete Brückenbogen zum Vorschein und damit die noch ältere Straßenführung des Highway. Wieder einmal wird die historische Route von ihrer eigenen Prähistorie begleitet – auch Verkehrswege tragen Jahresringe.

HOME OF GARTH BROOKS steht auf dem Ortsschild in **Yukon**. Der Hinweis auf den Country & Western-Superstar, vis-à-vis der Getreidesilos der Mehlfabrik »Yukon's Best Flower & Grain Co.« postiert, hilft der städtischen Imagepflege.

El Reno, Texas

Eigentlich gar nicht nötig, denn das kleine Schlafstädtchen von Oklahoma City braucht sich nicht zu verstecken. Schon gar nicht auf dem jährlichen Oktoberfest der tschechisch-stämmigen Bevölkerung, wenn Yukon seinem Ruf entspricht, die »Tschechische Hauptstadt von Oklahoma« zu sein.

An der hübschen Main Street prangt ein farbstarkes Wandbild, auf dem eine imposante Herde von Longhorn-Rindern zu sehen ist und das den Titel »Chisholm Trail« trägt, weil dieser einst (1867–84) Yukon und El Reno passierte.

In seinem Verlauf von Texas nach Kansas trotteten Millionen Tiere über die saftigen Weiden des »Indian Territory«, auf denen man sich möglichst lange aufhielt, weil der ergiebige Weidegrund Gewicht und damit Wert der Herde steigerte. Wie alle anderen Rinder-Highways auch,

Route 66 Museum in Clinton, Oklahoma

verlor der Chisholm Trail an Bedeutung, als die Stacheldrahtzäune die Ära der *open range* beendeten. Die Zukunft der Viehtransporte gehörte fortan der Eisenbahn.

Elk City, Oklahoma

haben arg gelitten oder komplett dicht gemacht: NO VACANCY für alle Ewigkeit. Auch das Gefängnis verrät nichts Gutes. Es warnt vor Trampern: HITCHHIKERS MAY BE ESCAPING INMATES. Die käuenden Büffel und Longhorn-Rinder schert das alles nicht.

Calumet, mit obligatem Wasserturm und Getreide-Terminal, sieht schon ein bißchen wie eine Western Town aus. Wie Körner-Kathedralen ragen die Superspeicher gen Himmel und schaffen markante Orientierungen. Und ein Silo kommt selten allein.

Westlich des für seine Viehauktionen bekannten Örtchens **Geary** gerät erneut historischer Straßenbelag unter die Räder. Rauhe Betonplatten ersetzen jetzt den glatten Asphalt, und die rappelige Rollbahn zieht sich am South Canadian River hin und über dessen bogenreiche Brücke. Auch die alten Straßenränder sind wieder zur Stelle, gelegentlich auch Schlaglöcher und anderes typisches Route-66-Szenario: eine alte Rostbrücke und ein paar vergessene Sessel neben der Fahrbahn. Alles wirkt wie friedliche und perfekte Kulissen für einen Film aus den 40er Jahren, zumindest solange, bis sich in der Ferne die weißgetünchten Röhren neuer Silos abzeichnen, die wie eine Panflöte mit den Insignien von **Hydro** verbunden sind: HYDRO, OKLA. COOP. Dann geht es über den roten Fluß.

Zwei Dinge tragen vor allem zum urbanen Charme der Hydro-Kultur bei: Man darf mitten auf der Straße parken und kann sich außerdem an fettleibigen Kürbissen erfreuen, die zur Erntezeit dekorativ auf den Gehsteigen herumliegen. Noch ein dritter Pluspunkt zählt, auch wenn man ihn nicht sehen kann: das immer schon hervorragende Quellwasser, dem der Ort seinen Namen verdankt.

Lust, ein bißchen herumzufahren oder sich zu stärken, macht **Weatherford**, auch wenn das »Out To Lunch Cafe« längst *out of order* ist: FOR SALE. Die einem grie-

Neben seiner Hauptstraße kann die Stadt auf eine Reihe von Motels blicken, deren Bausubstanz deutlich besser dasteht als ihre Werbeschilder. Normalerweise ist das umgekehrt. Alte Zeichen an neuen Bauten – eine Spielart der Routen-Renaissance? Westlich von Yukon reißen die Horizonte der *western prairie* auf – Breitwandbilder voll von Viehherden, kargem Weideland und Ölpumpen. Keine Frage, der langersehnte Westen ist erreicht.

Die Highlights des ehemaligen Kavalleriepostens **El Reno** beschränken sich im wesentlichen auf große Speichertürme, denn die Attraktivität der Innenstadt hält sich in Grenzen. Vor dem »Big Eight Motel« sieht man (wie lange noch?) ein zerbrochenes Neon von »Amarillo's Finest«, ein Relikt der Filmkulissen des Hollywoodstreifens »Rain Man«. Noch schlechter steht es um einige Route-66-Oldies außerhalb der Stadt. Sowohl das »Frontier Motel« als auch das »Motel Reno«

chischen Tempel nachempfundene Fassade eines Kleiderladens auf der Main Street wirkt nicht nur wie ein seltsamer Fremdkörper, sondern sie ist außerdem auch windschief. Ausgerechnet eine deutsche Bank soll dieses Unikum früher mal benutzt haben.

Außerhalb der Stadt überquert der alte Highway zunächst die Bahngeleise, bis er sich eng ans Gelände schmiegt – mal rauf, mal runter, mal links, mal rechts –, während die Interstate ohne Rücksicht auf Verluste durchs Terrain schneidet.

Zwischen El Reno und Texas (also praktisch in ganz West-Oklahoma) erstreckt sich das *short grass country*, kurzes Büffelgrasland, dessen grüner Pelz einmal in Oklahoma den dunkelroten Lehm bedeckte und von Kanada bis Mexiko reichte. Bis tiefe Narben folgten – durch Viehhufe, Packesel, Ochsenkarren, Eisenbahnen, Highways, Pflüge, Traktoren und Pipelines. Nachdem dann auch

Tornados, Wolkenbrüche und Präriefeuer ihren zersetzenden Beitrag geleistet hatten, blieb eine ausgemergelte Dust Bowl übrig, von der sich das Land nur langsam und bedingt erholte.

Die Einfahrt nach **Clinton** markiert der erste Trading Post in Oklahoma, die pittoreske »Mohawk Lodge«, wo man Perlen von einem Stamm der Cheyenne-Arapaho-Indianer kaufen kann. Weitere Oldtimer folgen: das verbretterte »Hotel Rio Siesta« und der in 66-Insider-Kreisen legendäre »Pop Hick's«, wo es rund um die Uhr etwas zu futtern gibt. Neu und aufwendig ist die Inszenierung des **Oklahoma Route 66 Museum** gelungen. Keine Frage: auf dieser Reise ein Muß.

Anders als im Museum birgt die Route bisweilen in Wirklichkeit einige Tücken, vor allem, wenn (wieder einmal) das Prinzip von Nadel-und-Faden im Verhältnis zwischen alter und neuer Straße zur Anwendung kommt: Erst unterquert man

Startklar für die Traumstraße: Wandgemälde in Sayre

die Interstate, dann fährt man über sie weg und so weiter – Geschichte und Gegenwart im Kreuzstich.

Die kleine, ländliche und gerade mal seit 1901 besiedelte Gemeinde von **Canute** begrüßt seine Besucher immerhin mit dem katholischen »Friedhof der Heiligen Familie« von 1926, der sich als fotogene Grotte herausstellt. Ansonsten ist hier, abgesehen von der ungewöhnlichen Kirche, wenig gebacken. Die Bank steht zwar noch, aber sowohl das »Cotton Boll Motel« als auch »Fred's Garage« haben ihren Geist aufgegeben.

Kaum ermutigender sieht **Elk City** aus, das sich erst einmal mit frischem Bauschutt vorstellt. Wenigstens gibt's einen stattlichen Ölbohrturm, den Parker Drilling Rig No. 114, das Highlight der Stadt der Elche, eine Erinnerung an den späten, aber kurzzeitigen Ölfund von 1947. Doch das scheint's gewesen zu sein, an Main Street flitzt nämlich schon das »PALOMINO MOTE« vorbei. Das »L« hat abgedankt, das Motel erst recht.

Glück hat, wer am Labor Day Weekend zu Besuch kommt, denn er gerät mit Sicherheit in den alljährlichen Rodeo-Trubel, bei dem vor allem jene Quarter Horses mitwirken, die in und um Elk City gezüchtet werden. Ganzjährig dagegen steht das **Elk City Old Town Museum** offen, ein kleines Ensemble sorgfältig wiederhergerichteter Bauten – wie aus dem Bilderbuch »Once Upon a Time in The West«.

Während die rote Erde Oklahomas mehr denn je dominiert, naht **Sayre**, das einen recht intakten Eindruck macht, vor allem das Gerichtsgebäude der Kreisstadt, das Beckham County Courthouse. Main Street darf sich einer Rolle im Film »Früchte des Zorns« rühmen. Unter den Bauten, die überlebt haben, verbreitet der »Owl Drugstore« den Drogerie-Charme der 30er Jahre; sogar die Limonadenmaschine (soda fountain) funktioniert noch.

Man sollte nicht überrascht sein, Straußenvögel herumfliegen zu sehen, denn in dieser Kleinstadt sitzt eine der größten Straußenfarmen von Oklahoma. Die

Texas: Büffelherden? Das war einmal. Der Boom kam mit dem Öl und blieb mit Texas Instruments, Herzchirurgie und NASA

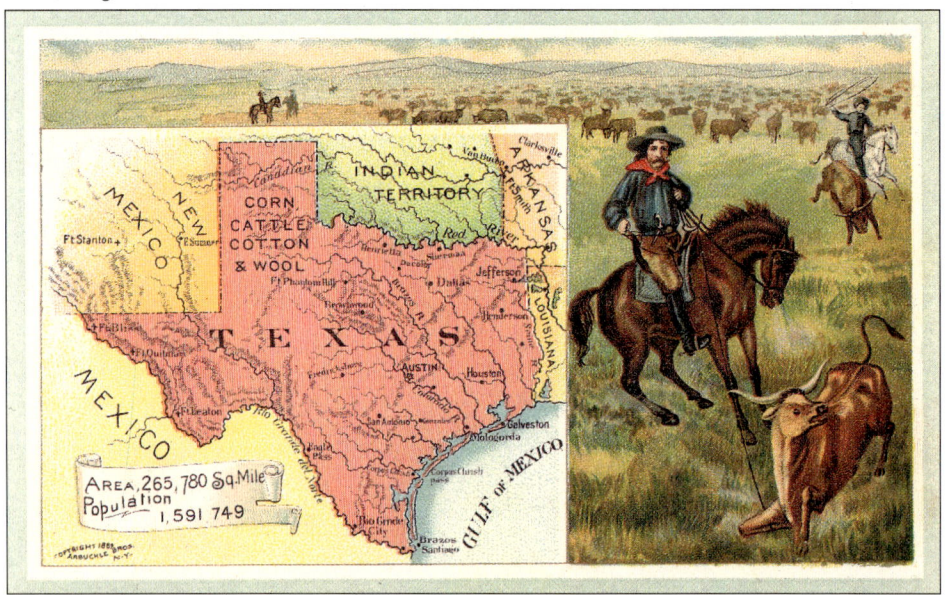

Klassiker an der Route 66: das »U Drop Inn and Cafe« in Shamrock, Texas

Strauße von Sayre sind weltberühmt und richtige Globetrotter, denn sie werden überallhin in den USA, nach Kanada und Mexiko exportiert.

Danach folgt der nördliche Arm des **Red River**. Von der *service road* aus erkennt man das alte verwilderte Straßenbett und die Telegrafenstangen verraten die Eisenbahnlinie. Zum Schild vom »Cabana Motel« in **Erick** sucht man vergeblich die entsprechende Herberge. Und nicht nur das, die ganze Stadt ist unauffindbar. Kein Mensch weit und breit: Ghost Town total. Auch **Texola**, der letzte Stopp in Oklahoma vor der texanischen Grenze, hat außer einer Bar (BEER TO GO) eigentlich nur Ruinen auf Lager.

Der Übergang zum Texas Panhandle verläuft fließend, und fast unbemerkt fällt der Grünbewuchs dabei struppiger und niedriger aus. Ein endloser Pelz aus Grasland überzieht die Prärie bis **Shamrock**, das, lange am Tropf von Erdgas und Öl,

heute verlassen im trockenen und windigen »Pfannenstiel« daliegt.

Apropos »Panhandle«. Ein Blick auf die Landkarte zeigt, woher der Name kommt. Die Kontur des nördlichsten Texas-Zipfels ähnelt tatsächlich dem »Stiel«, mit dem man die »Riesenpfanne« des »Lone Star State« gut in den Griff bekommen kann. Oder sind die rauhen Winde, das weite flache Hochplateau und die zerklüfteten Canyons doch nur eine Hinterwelt, in der sich die Präriehunde gute Nacht sagen?

Kaum, denn die südlichen Ausläufer der Great Plains besitzen durchaus ihre herben Reize. Einsam und endlos dehnen sich die Äcker und Weiden unter einem riesigen Cinemascope-Himmel. Berüchtigt sind die *blue northers*, heftige Stürme, die plötzlich lostoben, rapide Temperaturstürze bescheren und ebenso rasch wieder abflauen – ein Land im Windkanal.

Kein Wunder, daß sich die ersten Siedler an die Baukunst der heimischen *prai-*

149

*Rostlauben gehören zu den treuesten Wegge-
fährten des Route-66-Reisenden*

rie dogs, der Erdhörnchen, hielten, die in
Löchern siedeln. Die Neuankömmlinge
machten es den drolligen Moppeln nach –
in Form von Erd- und Grubenhäusern,
den sogenannten *dugouts*, um sich in
diesem windigen Westen zu schützen. Der
Wassermangel war groß. Lange kannten
nur die Indianer und Büffel die wenigen
Quellen und wußten sich deshalb im
unendlichen Grasmeer zu bewegen und
zu behaupten.

Ein spanischer Kolonist, der sich hier
1808 von San Antonio nach Santa Fe
durchzuschlagen versuchte, notierte: »Es
gab nichts als Gras und ein paar Regen-
löcher ... Auf der Prärie, wo wir kampier-
ten, mußte man Pfähle für die [Anbindung
der] Pferde einschlagen.« Diese bestück-
ten ein Hochplateau, die High Plains, die
sich von hier
nach New
Mexico er-
strecken, eine
riesige Mesa an
einem Stück,
die so aussieht,
als sei sie wie
ein Sockel aus
dem umliegen-
den Gebiet her-
ausgedrückt
worden.

Lange galt die Gegend als unbesiedelbar.
Die Meinung änderte sich erst, als man
die Indianer vertrieben hatte. Weiße Büffeljäger rückten nach, und bald entstanden große Ranches wie beispielsweise die
»XIT«, »Matador«, »JA«, »T Anchor« und
»LS«. Der berühmte Viehzüchter Charles
Goodnight (1836–1929), der sich als
Texas Ranger und Erfinder des *chuck
wagon* (der bei den Pionieren beliebten
Proviant- und Feldküche) einen Namen
machte, war der erste, der seine Riesen-
herde hierher trieb und sich niederließ.
Als man unterm Gras fruchtbaren Boden
entdeckte, wich das Ranchland mehr und
mehr Baumwoll- und Getreidefarmen.

Im Ersten Weltkrieg nahm die Weizen-
nachfrage drastisch zu, und immer mehr
Farmer gingen dazu über, die Decke des
ehemaligen Büffelgrases zu lüften und die
Erde unterzupflügen. Das bot der Wind-
erosion unbegrenzte Angriffsflächen. die
Oberbodenverluste gingen schließlich so
weit, daß die gesamte Region unter den
Sammelbegriff der »Dust Bowl« – Staubschüssel – rückte, die durch Steinbeck zu
literarischen Ehren kam.

Erst nach dem Desaster kümmerten
sich die Farmer um effizienteren Wind-
schutz und Bewässerungsmethoden. Heute gehört der »Golden Spread« des Panhandle wegen seiner ausgeprägten
Bewässerungskunst zu den fruchtbarsten
Gebieten der USA.

Zurück nach Shamrock und dem ersten
Eindruck von dieser Geisterstadt: Statt iri-
schem Kleeblattgrün rosten Zapfsäulen
vor sich hin an einer Main Street, auf der
munter das Gras wächst. Nur das »U Drop
Inn and Cafe«, das alte Café in Bau-Ein-
heit mit der Tankstelle, hat sich seit seiner Geburt 1936 inzwischen zum Art-
déco-Denkmal gemausert. Lange war
Shamrock eine durch und durch irische
Kleinstadt an der Route 66, in der Farmer
und Ölarbeiter wohnten. Allenfalls am
Wochenende brachten ein paar Fernfah-
rer etwas Leben in die Bude. Wie so oft

besiegelte die Umgehungsstraße den Tod der Stadt, ohne sie je beerdigt zu haben.

Überhaupt war nicht nur der neue Straßenbau für das Sterben vieler Kleinstädte verantwortlich, weit verheerender wirkte der wirtschaftliche Bankrott der kleinen Familienfarmen und Ranchbetriebe. Die meisten unter ihnen sind inzwischen hoffnungslos verschuldet, denn sie haben keine Chance gegen die generalstabsmäßig geführten Großbetriebe, gegen die Massentierhaltung der *corporate farms*, den Maschinenpark und das technologisch hochgerüstete *agribusiness*. Selbstmorde und immer mehr Gewaltverbrechen sind oft die Folge.

Endstation und Tagesziel: **McLean**. Staub wirbelt durch die menschenleeren Straßen, alles scheint auf die Stunde Null und den *showdown* zu warten. Die Texaco-Tankstelle auf der Wiese hat sich mit einem Hamburger-Imbiß zum einzigen Platz zusammengetan, wo es in diesem Nest etwas zu essen gibt. Alle Fragen nach einer Alternative gehen ins Leere.

»Gourmet?«

»No«, sagt der Mann im Motel und schüttelt den Kopf. »Just food.«

Der herbe Charme der Texaco-Girls ermutigt dennoch zur Nachfrage.

»What about a beer?«

»No. Next beer 8 miles.« So knapp, so gut.

Auf der Heimfahrt ziehen plötzlich dicke schwarze Wolken über der Pampa auf, und Sekunden später zucken schon grelle Blitze am rabenschwarzen Himmel. Es schüttet eimerweise, aber die Abkühlung tut den stickigen Motelzimmern gut, weil Air-conditioning hier noch ein Fremdwort ist. Piepsend reiben sich die Zikaden die Hände und konzertieren die ganze Nacht hindurch, während in der Ferne die Laster lärmen. Wie festlich beleuchtete Musikdampfer ziehen sie im Dunkel der Nacht ihre Bahn. ✧

Typische »Phillips 66«-Tankstelle in McLean, Texas

7. Tag – Route: McLean – Amarillo, TX (106 km/66 mi)

km/mi	Zeit	Route
0	9.00 Uhr	In **McLean** die Hauptstraße nach Westen und auf die I-40 bis *exit* 135, dort dem Schild ALLENREED folgen nach
13/ 8		**Allenreed.** (Die Route 66, die von hier aus als südliche *frontage road* weiterführt, sollte man meiden: Sie ist nicht befestigt.) Zurück auf die Interstate und weiter nach Westen, *exit* 114 (GROOM). Am schiefen Turm (BRITTON USA) links nach **Groom**. Durch den Ort Richtung CONWAY (= südliche *service road*).
72/45		**Conway.** Beim nächsten *exit* (89) über die Interstate und gleich links auf die nördliche *service road* und auf dieser bleiben (auch *exit* 85 ignorieren, *business* 40/Route 66 folgen) nach
106/66	11.00 Uhr	**Amarillo.** An Pierce links in die Innenstadt. (Hotelsuche und/oder gleich zum Shopping und Lunch im Distrikt von Old San Jacinto: von Pierce rechts in die W. 6th Ave. bis Höhe Georgia bzw. Western St., parken.)
Nachmittag		Ausflug zum Panhandle Plains Historical Museum und Palo Duro Canyon: ab Kreuzung I-40/I-27 die I-27 nach Süden Richtung CANYON und LUBBOCK. Ausfahrt nach Canyon und geradeaus, an der Ampel 4th Ave. stehen Schilder für das Museum und den Palo Duro Canyon: hier links bis zur nächsten (Universitäts-) Ecke: **Panhandle Plains Historical Museum** (27 km, 20 Min.). Vom Musem 21 km weiter über 4th Ave. (= TX 217 und Texas Plains Trail) nach Osten zum **Palo Duro Canyon State Park**. State Park Rd. 5 führt durch den Canyon. **Rückfahrt nach Amarillo:** Vom Parkausgang über die gleiche Straße zurück. Am ersten Blinklicht rechts die Texas *farmroad* 1541, eine schöne Landstraße, nach Norden (35 km, gute ½ Std.).

Extras: Die **Amarillo Livestock Auction** ist die wichtigste ihrer Art in ganz Texas. Dienstags werden hier übers Jahr mehr als 300 000 Rinder verkauft; 100 S. Manhattan, Amarillo, ✆ (806) 373-7464. – Auch wenn man nicht unbedingt ein Pferdeliebhaber ist, lohnt der Besuch des **American Quarter Horse Heritage Center and Museum**, I-40 *east, exit* 72 (Quarter Horse Dr.), ✆ (806) 376-5181. Es gibt Einblick in die Cowboy-Kultur und die Geschichte ihrer Lieblingspferderasse, der American Quarter Horses, muskulöser Gesellen, die sich auf kurzen Strecken als äußerst schnell erweisen.

7. Tag – Route: McLean – Amarillo, TX (106 km/66 mi)

– Bei einem längeren Aufenthalt in Amarillo: Ausflug zum **Alibates Flint Quarries National Monument,** P.O. Box 1460, Fritch, TX 79036, ℂ (806) 857-3151. Von Amarillo: Hwy. 136 51 km nach Nordosten, dann 1,5 km hinter Turkey Creek Plant links auf Alibates Rd. abbiegen. Zügig zieht sich die Straße aus der Stadt zurück auf plattes Land, vorbei an Kraftwerken, Fleischfabriken, Sonnenblumenfeldern, Kupferveredlungsbetrieben und Weiden. Dann der alte Steinbruch am Südufer des Lake Meredith, aus dem die Indianer der High Plains, 7 000 Jahre bevor die Ägypter ihre Pyramiden errichteten, Flintgestein abbauten, um Waffen und Werkzeuge herzustellen, die in Nordamerika gehandelt wurden. Pueblo-Ruinen und Petroglyphen nur mit Ranger-Führung. (Touren beginnen zwischen Memorial und Labor Day tägl. 10 und 14 Uhr, sonst nach telefonischer Voranmeldung zu besichtigen.)

Schöne Aussichten auf den nahen **Lake Meredith.** Für die kleine Wanderung zum und im Steinbruch braucht man feste Schuhe, Sonnenschutz und genügend Atem. Für sportliche Angebote am/im See: Lake Meredith Recreation Area, Box 1305, Borger, TX 79008, ℂ (806) 865-3391.

7. Tag – Informationen: Amarillo   Vorwahl: ℂ 806

ⓘ Amarillo Convention & Visitor Council
1000 S. Polk St. (10th St.)
Amarillo, TX 79105
ℂ 374-1497 und 1-800-692-1338
Fax 373-3909
E-mail: jutta@amarillo-cvb.org
Mo–Fr 8–17 Uhr

🛏 Ambassador
3100 I-40 W. (*exit* 86B)
Amarillo, TX 79102
ℂ 358-6161 und 1-800-922-9222
Fax 358-9869
Erste Adresse in der Stadt: Restaurant, Pool, Fitneßräume, Sauna. $$$

🛏 Holiday Inn Holidome
1911 I-40 E. (Ross/Osage *exit*)
Amarillo, TX 79102
ℂ 372-8741 und 1-800-465-4329
Fax 372-2913
Guter Standard. Restaurant, Pool, Fitneßraum, Sauna, Minigolf. Die Lobby hat man durch einen »Feriendom« ersetzt, eine leicht chlorgeschwängerte Badeanstalt für die ganze Familie. $$

🛏 Best Western Amarillo Inn
1610 Coulter Dr. (I-40, *exit* 65 und 3 Blocks nach Norden)
Amarillo, TX 79106
ℂ 358-7861 und 1-800-528-1234
Fax 352-7287
Mit Atrium-Pool, Münzwäscherei und kleinem Frühstück. $$

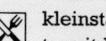
Historic Route 66 Old San Jacinto District
W. 6th Ave. (Georgia und Western St.)
Bunte Nostalgie- und Flohmarkt-Meile im kleinstädtischen Viertel von Old San Jacinto mit Läden, Cafés und kleinen Imbißrestaurants. Etwa **Alex's 66 Antiques,** 2912–18 W. 6th Ave., ℂ 376-1166, und **Route 66 Antique Mall.** In den Räumen der **NAT Antiques** hat man ein komplettes Orchester der 20er Jahre mit Puppen und Instrumenten nachgebaut, zu dem die passende Musik läuft.
Zur Stärkung: **Park on Sixth,** 6th St./Nähe Georgia; **Golden Light Cafe,** unscheinbar, aber beliebt, 2908 W. 6th Ave. (zwischen Kentucky und Alabama St.).

Panhandle Plains Historical Museum
2401 4th Ave. (Nähe 24th)
 Canyon, TX 79016
☏ 651-2244
Mo–Sa 9–17 (zwischen Memorial und Labor Day bis 18), So 13–18 Uhr
In diesem geräumigen Art-déco-Gebäude von 1933 ist nicht nur eine Western Town komplett und originalgetreu wieder aufgebaut worden, sondern auch andere Elemente der Besiedlung des Panhandle: zum Beispiel ein *drilling rig*, ein imposanter Ölbohrturm.

Gut aufgemacht ist auch das Thema *windmills of the west*, das die texanische

Im Panhandle Plains Museum

Windradkultur nachzeichnet. Es gab einen *windmiller*, der dafür verantwortlich war, die Räder aufzubauen und darauf zu achten, daß sie in Schwung kamen und funktionstüchtig blieben. Die Leute arbeiteten sowohl als Angestellte der Ölfirmen als auch als Unabhängige. Außerdem sind alte Autos zu besichtigen.

Besonders sehenswert ist die 1. Etage, die sich fast komplett und äußerst anschaulich dem Thema Petroleum widmet: mit einem Defilee von Bohr-Rüsseln und dem Nachbau des herrschaftlichen, holz- und lederträchtigen Büros eines Ölbarons. Im »Petroleum Theatre« läuft ein Film über die Ölgewinnung. In der Tierabteilung gibt es neben vielen Monstern, Knochen und Zähnen u.a. Bison-Skelette, Mammutzähne aus dem Pleistozän und ein Gerippe des Allosaurus, der einer der gefährlichsten Fleischfresser der Jurassic-Periode war.

Palo Duro Canyon State Park
Canyon
☏ 488-2227
Juni–Aug. tägl. 6–22, sonst 8–22 Uhr
Der »Grand Canyon of Texas« und zweitgrößte Canyon in den USA erwächst aus dem Prairie Dog Town Arm des Red River. Scenic Drive, Wander- und Reitwege, Pferde kann man mieten, Campingplatz. Die Freilichtbühne **Pioneer Amphitheater** zeigt Mitte Juni–Ende Aug., Mo–Sa 20.30 Uhr, das Musical »Texas«. Tickets an der Theaterkasse und beim

»Texas« Information Office
Canyon
2010 4th Ave.
Reservierung: ☏ 655-2181.

Wer den Kurzbesuch des Canyon zu einem zünftigen Western-Erlebnis ausbauen möchte, ist auf der **Figure 3 Ranch** gut aufgehoben (Rt. 1, Box 69, Claude, TX 79019, ☏ 944-5562 und 1-800-658-2613): Diese Ranch bietet in aller Frühe zweistündige Exkursionen mit dem Pferdewagen

Roß und Reiter sind im Palo Duro Canyon gut aufgehoben

zum Canyonrand mit einem herzhaften Cowboy-Frühstück (ca. $ 20). Der Vorteil dieser Touren: Sie bieten Ein- und Ausblicke, die man sonst nicht bekommt, weil sich die *Vista Points* auf privatem Landbesitz befinden. (April–Okt., vorher reservieren; für die Anfahrt von Amarillo sollte man etwa 1 Std. rechnen: I-40 *east*, *exit* 77, *farmroad* 1258 erst nach Süden, dann nach Südosten.) Eintritt $ 5.

Marty's
2740 Westhaven Village (34th Ave.)
✆ 353-3523
Steaks und Meeresfrüchte (die *clam chowder* schmeckt und der *blackened snapper* erst recht). Live-Entertainment in der Lounge mit einem Gute-Alte-Zeit-Charme, den viele Westernhüte und »LOLs«, *little old ladies*, genießen. Aus der Not eine lokale Tugend machen bedeutet hier, zum Essen einen texanischen Cabernet zu bestellen, z.B. einen gereiften »Llano Estacado«, sprich: Texas High Plains Cabernet Sauvignon von einem Weingut in Lubbock. $$

Ohms Gallery Cafe & Catering
619 S. Tyler St.
✆ 373-3233
Gemütliche Cafeteria mit originellen Gerichten zur Selbstbedienung. Oft Live-Musik. Den Namen des Lokals lesen viele Einheimische als eine Abkürzung: »On Her Majesty's Service«: OHMS. $

Catfish Shack & Seafood Grill
3301 Olsen Blvd. (Nähe Paramount)
✆ 358-3812
Fisch: im Schlafrock oder nackt vom Grill. Nichts Tolles, aber ebenso populär wie die Evergreens aus dem Lautsprecher, allen voran »Peggy Sue«. Auch zum Draußensitzen. $–$$

Western-Nostalgie: Freizeit-Treck unterwegs zum »Cowboy Cookout«

 Stockyard Cafe
100 Manhattan St. E. & 3rd Ave.
ℰ 374-6024
Treff der Cowboys und Züchter seit 1945. Geradezu überwältigende Frühstücksportionen, preiswerte Riesensteaks (auch Lunch). $–$$

 The Big Texan Steak Ranch & Opry
7700 I-40 E. (Lakeside Dr.)
ℰ 372-6000 und 1-800-657-7177
Gastronomisches Wahrzeichen des Panhandle. Vieles von dem, was ringsum kreucht und fleucht, wird hier verbraten: Büffel und Klapperschlangen.

Hausgemachter Gag: Wer das berühmte 72 oz steak (über 2 000 g) in einer Stunde verdrücken kann, braucht es nicht zu bezahlen. Achtung: Im gleichen Zeitraum muß man auch die Beilagen verschlungen haben (Folienkartoffel, Shrimps-Cocktail, Salat, Brötchen). Wer aufgibt – strenge Kontrolleusen überwachen die Futterer –, kommt ans Zahlen.

Dienstags C & W-Musik *(live opry)*, Tanz und Gesang. in Kürze wird es einen »Cowboy Palace« geben, einen Anbau für C & W Konzerte und andere Parties. Reservierung erforderlich.
$$

 Midnight Rodeo
4400 S. Georgia St.
 ℰ 358-7083
Tanzclub und Bar mit DJ-Musik.

 The Caravan
3601 Olsen Blvd.
 ℰ 359-5436
Live-Musik und viel Platz zum Tanzen.

Yellow Rose of Texas

Amarillo

*»This country's so flat
you can see for two days.«*

(Redensart)

Im »Cactus Inn« wohnen lauter Frühaufs, die im ersten Morgenlicht ihr Gepäck im Auto verstauen oder schon mal ihre Harley-Davidson mit Inbrunst für die nächste Etappe wienern.

Sandsturm und Gewitter haben sich verzogen, und McLean sieht wieder freundlich aus. Besonders die rosarote Phillips 66 Service-Tankstelle an der Hauptstraße, der die städtische Denkmalpflege auf die Beine geholfen hat. An anderer Stelle kam jede Rettung zu spät:

Eine Tankstellen-Café-Combo in McLean hatte lange Jahre mit dem lapidaren Spruch geworben: »STOP, EAT and GAS With Us«.

Stadtauswärts breitet sich das Grasland der High Plains aus. Außer ein paar Häuschen und einer hübschen kleinen Kirche erinnert noch die ausgediente »Super Phillips 66 Service Station« von **Allenreed** an alte Tage. Wie gründlich sie vorbei sind, merkt jeder, der der Route hartnäckig über die *service road* auf der Südseite der

Laster mit Longhorn: zwischen Groom und Amarillo, Texas

Groom, Texas

Interstate folgt. PAVEMENT ENDS steht da geschrieben. Danach kommt Lehmboden der sich nach Regenfällen in eine unbarmherzige Matschfalle für Mietwagen verwandelt.

»These little cars just don't have room for dirt«, meint der Automechaniker in Allenreed, als ein lehmgeschädigtes Touristenpärchen mit letzter Kraft und verschlammten Stoßdämpfern heranrumpelt und Hilfe sucht. Wer sich auskennt, fährt hier natürlich nur mit einem Pick-up. Route-66-Explorateure sollten also nicht zu ehrgeizig sein und hier lieber die Interstate benutzen. Sie zieht weiterhin durch karge Grassteppen. Nur dort, wo sie sich

in Senken vor dem Wind ducken können, wagen sich Büsche und Bäume vor. Kleine *washes* und Canyons schlängeln sich durch die Ebene, und die für den Westen typischen Windräder rotieren für Wasserpumpen. Irgendwo geht es nach Pampa. Das paßt.

Doch für Abwechslung ist gesorgt. Über den ersten künstlich bewässerten Feldern sieht man von weitem den schiefen Turm von Groom mit der Aufschrift BRITTON USA. Es heißt, man hätte das schräge Teil von vornherein als Augenfalle für Trucker und Touristen gebaut. Wie auch immer, **Groom** kann den Gag gut gebrauchen. Fast erschlagen von den großen

COOP-Speichern, sucht man hier vergeblich nach Schokoladenseiten. Sogar der Pfeil des »Golden Spread Motel« ist zerbrochen.

Wer jetzt den alten Highway weiterfährt, erweist zwar der Route 66 die gebotene Ehre, nicht aber der touristischen Vernunft, denn anders als in Illinois, Missouri oder im östlichen Oklahoma eröffnet die Landstraße hier kein anderes Amerika als die komfortable Interstate.

Hinter **Conway**, überragt von den schönen schlanken Silos der »Robertson Grain Co.«, zieht die *service road* einen Strich durch Gräser und Mazolafelder (eine Art Mais mit braunen Fruchtkolben und grünen Blättern), vorbei an den texanischen Prärie-Ikonen, den Windrädern und Wasserpumpen.

Gleich bei der Einfahrt nach **Amarillo** (gesprochen mit texanischem Doppel-L und nicht mit einem spanischen einfachen, das wie »j« klingt) stehen am Boulevard die alten Kameraden der Route 66 wieder Spalier: ein gebeuteltes Café mit einer Rakete als *eye catcher*, der »Wagon Wheel Trailor Court«, der durchgehalten hat (Wohnwagen sind offenbar zeitlos, zumindest deren Stellplätze), das »Silver Spur«, »Hillcrest« und »Cactus Motel« und Logos von anderen *roadside businesses*, die sich mit den Verkehrschildern in

Der schiefe Turm von Groom gehört zu den altbewährten Gags an der Route

einem Himmelreich der Zeichen vereinen. Wenn man in Amarillo jemandem begegnet, der wie ein Cowboy aussieht, kann es passieren, daß er auch einer ist. Die große Wahrscheinlichkeit, daß jemand oder etwas echt ist, trägt dazu bei, daß in dieser rund 1 000 Meter hoch gelegenen und 1887 gegründeten Metropole des Panhandle, die aus einer »Ragtown« genannten Zeltstadt herauswuchs, noch der selbstzufriedene und familiäre Ton des *Old West* kursiert. Wer hier wohnt, nennt seine Stadt »The Yellow Rose of Texas«. Verständlicherweise. »Amarillo« heißt nun mal »gelb« auf Spanisch, und auch das Wasser des nahen Creek trägt diese Farbe.

Bodenständigkeit und Viehauktion passen besonders gut zusammen, was sich vor Ort feststellen läßt. Von romantischer Schwärmerei und Urban-Cowboy-Mode keine Spur. Alles dreht sich um propere Bullen, nüchterne Kaufleute und harte

Dollars. Über 70 Prozent aller texanischen Rinder wechseln in Amarillo den Besitzer. Neben dem Viehhandel rühmt sich die Stadt, Zentrum der nordtexanischen Öl- und Gasindustrie und Sitz der weltgrößten Heliumfabrik zu sein. Auch für ästhetische Tupfer ist Platz. Immerhin leistet man sich ein Sinfonieorchester und eine Ballett-Truppe. In Downtown hat der Kunstmäzen, Stanley Marsh 3, eine Art Peter Ludwig des Panhandle und Sponsor der »Cadillac Ranch«, Verkehrsschilder witzig verfremden lassen.

Wer sich für den Rest des Tages nicht in den gemütlichen Cafés und Souvenirläden an der 6th Avenue vergnügt, der sollte sich unbedingt zum Palo Duro Canyon aufmachen, denn dieser ideale Einstieg in die wundersamen Steinwelten des amerikanischen Südwestens liegt praktisch vor der Haustür. Die beste Vorbereitung dazu bietet das einladende **Panhandle Plains Historical Museum** in Canyon, nicht zuletzt auch deshalb, weil man hier die Schlucht schon einmal in Miniatur besichtigen kann.

Brettgerade führt der Texas Plains Trail zum **Palo Duro Canyon State Park.** Kein Berg, nicht mal ein Hügel. Wo kann hier überhaupt ein Canyon sein? Damit wird klar, wie hoch die Ebene selbst schon liegen muß und daß es nur noch abwärts gehen kann. Prompt zeigen sich auch die ersten roten Furchen: Vorboten des Canyon, der von einer der drei Gabeln des Red River gegraben wurde.

Der Name »Palo Duro« ist spanisch und bedeutet »hartes Holz« – wahrscheinlich in Anspielung auf die zähen Juniper- und Mesquite-Bäume an den knallroten Canyonwänden. Die farbigen Felsschichten und die hervorstechenden, durch Wind- und Wassererosion erzeugten Steinpfähle *(hoodoos)* machen den Reiz der Schlucht aus. Wer in sie hinabsteigt, legt dabei auch Millionen Jahre geologi-

Auf der Lauer: Trading Post bei Amarillo

Zeichensalat: Route 66 in Amarillo

161

Mona Lisa, texanisch: Straßenkunst in Amarillo

Coronado das Territorium 1541 auf seiner Expedition zu Gesicht, als er hier in einen schlimmen Hagelsturm geriet und beinah scheiterte. Im Zuge der Westbesiedlung wurden Comanchen und Comancheros (Mexikaner, die mit den Comanchen handelten) nach und nach aus der Region vertrieben. 1874 zogen sich die letzten von ihnen zurück. Zwei Jahre später grasten bereits die Rinder der großen T-Anchor-Ranch an dieser Stelle, die Charles Goodnight, wie gesagt, einer der berühmtesten texanischen Rancher, für sich und die Seinen ausgeguckt hatte.

sche Entwicklung zurück – im Zeitraffertempo versteht sich.

Der heutige Park umfaßt nur einen Teil des weitläufigen Canyon, in dem schon vor 12 000 Jahren Nomaden Büffel jagten, wie Funde belegen. Auf seiner Suche nach den sieben goldenen Städten bekam

Vergangenheitsbewältigung, freilich aus ganz anderer Perspektive, betreibt das historisch-patriotische Freilichtmusical »Texas«, das während der Sommermonate im Pioneer Amphitheater vor der Canyonkulisse über die Bühne geht – ein Dauerbrenner seit Jahren, bei dem vor allem texanische Patrioten voll auf ihre Kosten kommen. ✧

Amarillo Light

8. Tag – Route: Amarillo – Cadillac Ranch – Tucumcari – Las Vegas, NM (386 km/241 mi)

km/mi	Zeit	Route
0	9.00 Uhr	In **Amarillo** I-40 *west*, *exit* Arnot Rd. und auf der gegenüberliegenden Seite über die *frontage road* ein Stück zurückfahren zur
18/ 11		**Cadillac Ranch** (Fotostopp ca. 1/2 Std.). – Zurück auf die I-40 bis *exit* 49 nach **Wildorado**, *service road* nach **Vega**. Die Route 66 führt am Stoppschild rechts in den Ort. Dann zurück und in Richtung ADRIAN auf der *north frontage road* bis **Landergin** und **Adrian**. An der Gruhlkey Rd. auf die I-40.
112/ 70	11.00 Uhr	WELCOME TO NEW MEXICO (Zeitgrenze = 1 Std. Zeitgewinn).
141/ 88		*Exit* 356 nach **San Jon**. Unter dem Freeway durch auf die Südseite, am nächsten Stopp rechts nach Westen, dem Schild TUCUMCARI folgen. Unter der I-40 durch auf dem Tucumcari Blvd. (= *business* 40) durch
176/110	12.00 Uhr	**Tucumcari** (kleine Rundfahrt und Lunchpause ca. 1 Std.). Zur I-40 zurück, Abfahrt bei *exit* 321 (Palomas), Seitenwechsel der I-40 und auf der dortigen *frontage road* (Südseite) nach Westen (am ersten Stopp links und am 2. wieder rechts). Nach einer Weile geht es automatisch durch einen Tunnel unter der I-40 hindurch und danach links weiter nach Westen. Beim Montoya, *exit* 311, über die I-40 und auf der Südseite die *service road* weiter nach Westen bis
243/152	14.00 Uhr	**Newkirk**.
278/174		**Santa Rosa** (*exit* 277 = *business* 40). Beim Stoppschild rechts in die Stadt. Nach wenigen Meilen Überquerung des **Pecos River**, danach Zeichen für I-40 (*west*) folgen zur Interstate.
310/194	15.00 Uhr	Ausfahrt für US 84 (LAS VEGAS) wählen, über diese durch **Dilia** nach
376/235		**Romeroville**, hier endet für heute die Route 66. Statt sie weiterzufahren, die I-25 wählen nach
386/241	16.00 Uhr	**Las Vegas**. Erste Ausfahrt nehmen und dem Schild HISTORIC OLD TOWN folgen.

Alternative: Statt (die ältere Route bis 1937) über Las Vegas und Santa Fe kann man die neuere Streckenführung (nach 1937) der Route 66 von Santa Rosa aus direkt nach Albuquerque fahren. Von Santa Rosa bis dort sind es ca. 160 km, für die man etwa 3 Std. Fahrzeit einkalkulieren sollte.

Die Strecke führt über **Clines Corners, Moriarty, Edgewood** und **Tijeras** durch den gleichnamigen Canyon hinunter nach **Albuquerque**, wo die Route 66 als die geschäftige Central Ave. auftritt und die ganze Zeit über auch bleibt. Besonders der östliche Teil von Central Ave. strotzt von betagten Motels, Imbißstationen und Tankstellen. Sehenswert vor allem: das **El Vado Motel** von 1937; die **Monte Vista Fire Station**, ein Eßlokal von 1936 im Pueblo-Revival-Stil (3201 Central Ave.); der **Route 66 Diner** (zwar neueren Datums, aber trotzdem: 1405 Central Ave.) und das **KiMo Theatre** von 1927 (423 Central Ave./5th St.). An San Felipe St. oder Rio Grande Blvd. sollte man rechts abbiegen und den Schildern zur Plaza von **Old Town**, dem wuseligen historischen Stadtkern folgen, der eine reiche Auswahl an Restaurants, Bars und Shopping-Gelegenheiten bietet. Restaurant-Tip: **High Noon Restaurant & Saloon**, $–$$.

8. Tag – Informationen

 Cadillac Ranch
Die 10 schräg in den Acker gerammten und nach Westen ausgerichteten Cadillacs (Baujahre zwischen 1948–64) ergeben keine Ranch, eher ein Stück *land art* oder ein Denkmal für das Goldene Zeitalter der Route 66 und der amerikanischen Autokultur, gesponsert 1974 vom Prärie-Mäzen und Helium-Millionär Stanley Marsh 3 aus Amarillo.

 Best Western Sands Motel
1800 Vega Blvd.
Vega, TX 79092
☎ (806) 267-2131, Fax 267-2134
Empfehlenswertes Haus mit Restaurant und Pool. $

Tucumcari, New Mexico 88401   ☎ **505**

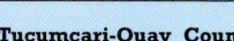 **Tucumcari-Quay County Chamber of Commerce**
404 W. Tucumcari Blvd. & 5th St.
☎ 461-1694

 Blue Swallow Motel
815 E. Tucumcari Blvd.
☎ 461-9849
Ein typischer *motor court* aus den 40er Jahren, mit blauer Neon-Schwalbe. $

 La Cita
Tucumcari Blvd. & 1st St.
Solides Tex-Mex-Restaurant (kein Bier).
Gut für ein mexikanisches Lunch. $

Del's
1202 E. Tucumcari Blvd.
Route-66-Diner mit einschlägiger Schnell-
küche: Burgers, Steaks etc. $

 Tucumcari Historical Museum
416 S. Adams St.
✆ 461-4201
Im Sommer tägl., sonst Mo geschl.
Kleinstadtmuseum mit einem Sammelsurium unterschiedlichster Sachen, die das
Pionierleben veranschaulichen – u.a.
durch die Nachbildung einer illegalen
Schnapsbrennanlage *(moonshine still)* aus
der Prohibitionszeit. Eintritt $ 2.

Santa Rosa, NM 88435

 Santa Rosa Chamber of Commerce
486 Parker Ave.
✆ 472-3763
Mo–Fr 9–17, Sa 9–13 Uhr

 Joseph's Restaurant
865 Will Rogers Dr. (Route 66)
✆ 472-3361
Nette *cantina (root beer)*, manchmal Live-
Musik. $

 Club Cafe
Will Rogers Dr.
✆ 472-3631
Mexikanische Küche, aber auch amerikanische Grundnahrungsmittel: *burgers,
eggs, steaks.* $

 Blue Hole City Park
Blue Hole Rd.
✆ 472-3370
Von der Route 66 (Will Rogers Dr.) in Santa Rosa an Lake Dr. links und Blue Hole Rd.
wieder links. Im Park sprudelt ein artesi-
scher Brunnen: ca. 30 m tiefer, fischrei-
cher Pool mit kristallklarem Quellwasser –
ein Paradies für Schwimmer, Angler und
Scuba-Taucher. (Im nahen Park Lake kann
man ebenfalls schwimmen, picknicken
und duschen.)

Las Vegas, NM 87701

 **Las Vegas – San Miguel Chamber of
Commerce**
727 N. Grand Ave.
✆ 425-8631 oder 1-800-832-5947

 **Rough Riders Memorial and City
Museum**
725 N. Grand Ave.
✆ 425-8726
Mo–Fr 9–16 Uhr
Erinnert an das von Theodore Roosevelt
aufgestellte freiwillige Kavalleriekorps,
die »Rough Riders«, und ihre Rolle bei der
Invasion in Kuba (1898). Außerdem indianisches Kunsthandwerk und Dokumente
der Stadtgeschichte.

 Los Artesanos Bookstore
220 Plaza St.
✆ 425-8331
Di–Sa. Guter alter Buchladen.

 La Castaneda Hotel
510 Railroad Ave.
Leerstehendes Bahnhofshotel aus den
großen Tagen der Eisenbahn, das auf seine Restaurierung wartet. 1898 als eines
der ersten in der Kette Fred Harvey's
errichtet. Lobby und Speisesaal sind noch
erhalten.

 Plaza Hotel
230 Old Town Plaza
✆ 425-3591 und 1-800-328-1882
Fax 425-9659
Prächtig restaurierter Viktorianer von
1882 mit Restaurant (**Landmark Grill**, $$)
und altem Saloon. $$

  El Rialto
141 Bridge St.
✆ 454-0037
Beliebtes Restaurant und Lounge: neume-
xikanische und amerikanische Gerichte
mit viel Geschmack und gute Margaritas.
Lunch und Dinner. $

Kunst im Kornfeld

Cadillac Ranch

Wer die schrägen Caddies nicht gesehen hat, der sollte sich nach einer Route-66-Tour zu Hause nicht mehr blicken lassen. Es wird auch kaum helfen, (korrekterweise) darauf hinzuweisen, daß dieses Kuriosum strenggenommen gar nicht am alten Highway, sondern an der Interstate liegt. Nein, man muß ganz einfach auf ein Originalstückchen Route 66 westlich von Amarillo verzichten und statt dessen in der Stadt die erstbeste Auffahrt zur I-40 wählen, die sie nach ein paar Meilen und Minuten ins Bild rückt: die **Cadillac Ranch**, Auto-Gag auf dem Acker, Stonehenge, USA.

Zehn zur Hälfte eingegrabene Cadillacs strecken ihr Hinterteil *(tail fins)* in die Höhe, in Schieflage wie die Enten im See, aber hübsch ordentlich hintereinander. Die Installation stammt von der Künstlergruppe »Ant Farm« (Chip Lord, Doug Michels und Hudson Marquez) aus San Francisco, die den Auftrag und das Geld dazu von dem reichen Texaner Stanley Marsh 3 erhielten.

An Interpretationen hat es diesem Autofriedhof nie gemangelt. Einer der Urheber sprach von einem »weißen Schrott-Traum«, was allerdings heute nicht mehr ganz nachvollziehbar ist, denn über die Jahre haben die Touristenscharen selbst Hand angelegt, haben die Bleche eingekratzt, besprüht, bepinselt oder mit Kugeln durchsiebt. Der Mäzen meinte, die Cadillac Ranch symbolisiere »die große Flucht, die sexuelle Freiheit, die Freiheit

der Wahl, die Möglichkeit, einfach abzuhauen«.

Kurz vor der Ausfahrt nach **Wildorado** rauschen Hunderte von Metern Vieh vorbei – eine riesige Rinderfarm. Der Ort selbst kann da nicht mithalten: ein »Tumbleweed Cafe«, ein Trading Post, doch leider, bis auf die Tankstelle, alles dicht. Nichts tut sich: ein paar verrostete Container und

platte Acker- und Ranchszenerie *for miles and more.* Keine »kicks«. Auch nicht in **Vega**. Einsam blickt ein (gemaltes) Longhorn-Rind vom gelben Wasserturm auf die tote Plaza herunter.

Gründliche Pfadfinder, die von hier aus dem Schild 66 folgen, enden kurz danach im Schotter, denn es handelt sich nur um den Rest eines zeitweiligen Streckenver-

Stonehenge, USA: die »Cadillac Ranch« bei Amarillo

laufs, der einmal »Dirt 66« hieß – eine der zahlreichen historischen Fußnoten im Fahrtenbuch der Route 66. Das nette »Vega Motel« setzt beim Marketing nicht nur auf Kontakte mit dem Jenseits (JESUS IS LORD, steht angeschlagen), sondern auch auf irdische Signalwirkung – durch einen Neuanstrich.

Landergin vervollständigt das inzwischen bekannte 66-Puzzle einfach und schnell: ein Silo, eine Tankstelle, ein dekorierter Schuppen für Souvenirjäger. In **Adrian** pfeift das Schild MIDPOINT zur Halbzeit, die Hälfte der Strecke zwischen Chicago und L.A. ist geschafft. Am Horizont tauchen jetzt tafelbergartige Höhen auf: ein deutlicher Schritt in Richtung Rocky Mountains. Die Gräser werden schütter, die Erde roter. Staked Plains heißt diese Halbwüste bzw. Llano Estacado. Sie ist so eben, daß Reisende in früheren Zeiten Stöcke *(stakes)* in den Boden rammen mußten, um auf dem Weg von einem Wasserloch zum nächsten die Orientierung nicht zu verlieren. Lange waren die Staked Plains die Heimat der Büffelherden und die Jagdgründe der Comanchen.

Der letzte texanische Abstecher endet in **Glenrio**, eine Namenscombo aus »Glen« und »Rio« und ein Beispiel für »Spanglish«, den im Südwesten der USA häufig anzutreffenden Sprachsalat aus englischen und spanischen Brocken. Aber was bringt's? Ein Pferd, ein bellender Hund, eine Ghost Town, in der die Lichter längst ausgegangen sind. Selbst das alte Postamt, ansonsten eine der verläßlichsten Institutionen amerikanischer Kleinstädte, hat den Geist aufgegeben. Nur das Schild vom »First/Last Motel in Texas« (je nach Fahrtrichtung zu sehen) steht noch, aber auch wohl nur, weil ein Kugelhagel nicht richtig getroffen hat.

Am Schild WELCOME TO NEW MEXICO kann man die Uhr eine Stunde zurückdrehen, denn man gewinnt Zeit an dieser Grenze zwischen »Central« und »Mountain Time«.

Wer will, kann sich das Nest **San Jon** ansehen, doch außer einem mäßigen Wandbild, das um diese Tageszeit meist im Schatten liegt, ist es touristisch gesehen auch nicht gerade ein Faß ohne Boden. Dafür sammelt nun die Strecke über Land wieder Pluspunkte: Sie geht rauf

Wildorado, Texas

und runter, hat kaum Verkehr, dafür gelbe Wildblumen und rote Felsen, liebliche Grasstücke mit künstlich bewässerten Feldern und vereinzelte Kakteen – Indizien für die weitere »Verwüstung« des Terrains. Im Südwesten begrenzen Tafelberge (*mesas* oder *buttes*) den Horizont.

Eine muntere Zeichenwelt empfängt den Besucher in **Tucumcari**, wo der gleichnamige Boulevard einige besonders schöne Oldtimer der Branche zur Schau stellt, die belegen, daß die Stadt zwischen 1930 und 1960 (also vor dem Eintreffen der Interstate) ein beliebter Stopp für 66-Rei-

Tucumcari-Hauptbahnhof

aus der Sprache der Comanchen, von »tukamukaru« (»auf der Lauer liegen«). Vielleicht hat diese Hypothese die Stadtväter auf die Idee gebracht, möglichst vielen Übernachtungsgästen aufzulauern, denn Tucumcari, die 1901 gegründete Eisenbahnstadt, gleicht einer wahren Bettenburg: 2 000 Motelzimmer bei gerade mal 8 000 Einwohnern. Nur Las Vegas, Nevada, hat eine höhere Pro-Kopf-Bett-Rate zu bieten.

Also, entweder schmerzen die Augen oder der Magen knurrt – andere Gründe, hier zu verweilen, sind schwer auszumachen. Weder in Old Downtown, das sieben Blocks in nördlicher Richtung versetzt leblos in der Sonne flimmert, noch am Bahnhof. Selbst die *locals* gestehen, vom kulturellen Angebot nicht gerade überfordert zu sein. Auf der dritten Seite der Lokalzeitung beginnt bereits der Sportteil.

sende gewesen sein muß: »Royal Palacio Motel«, »Lasso Motel«, »Cactus Motel«, »Palomino Motel«, »Apache Motel« und so weiter. Eine blaue Schwalbe schwebt über dem Eingang zum »Blue Swallow Motel«, während am Westende der markante Rodeo-Cowboy das »Buckeroo Motel« ziert. Wie bei allen Neons, starten Schwalbe und Reiter erst im Dunkeln.

Dunkel bleibt auch die Herkunft des Stadtnamens. Wahrscheinlich kommt er

Außerhalb der Stadt wird es deutlich hügeliger und felsiger, weil der Highway

New Mexico: Weniger die rauhe Bärenjagd als die ethnischen Kulturen bestimmen das Leben im »Land of Enchantment«, dem »Land der Verzauberung«

Alte Schuppen und Schilder begleiten den Weg nach Montoya

auf den Westrand der Staked Plains klettert. Juniper (Wacholder) und Piñon (Kiefern) schieben sich langsam ins Bild, sie werden sich in den nächsten Tagen stets als die am häufigsten vertretenen Büsche und Bäume in New Mexico erweisen. »P&J« heißt dieser Piñon-und-Juniper-Mix. Die Kiefern-Büsche wachsen etwas höher als die kugeligen Wacholdersträucher.

Über **Newkirk** und **Cuervo** (spanisch: die Krähe) führt die Straße nach **Santa Rosa**, dem es ähnlich erging wie Tucumcari: Nach einem kurzen Eisenbahn- und Touristenboom schnitt die neugebaute Interstate alles Verkehrsleben ab. Das heißt aber nicht, daß man hier aufgeschmissen wäre. Im Gegenteil. Wen es hierhin verschlägt, der hat keinerlei Probleme damit, sich zu stärken, zu übernachten und – sich zu erholen. Die Auswahl ist beträchtlich.

Die bunten Motelschilder sprechen für ein reichhaltiges Angebot; Restaurants und der schöne »Comet Drive-In« blättern ihre Speisekarten auf, ja, und sogar das berühmte »Club Cafe« (das mit der Abbildung des pausbäckigen Onkels; 1935– 92) sieht seinem Comeback – COMING SOON steht draußen angeschlagen.

Und noch eine Besonderheit versteckt sich in Santa Rosa, eine, die man diesem knochentrockenen Fleck gar nicht zutrauen würde: beträchtliche Wasserreserven, Quellen und Pools, die scharenweise Angler, Schwimmer und Taucher anziehen, allen voran die **Blue-Hole-Quelle**, übrigens ganz in der Nähe von Downtown. Stolz nennt sich Santa Rosa deshalb auch »The City of Natural Lakes«. Also, wenn plötzlich viele Autos mit dem Kennzeichen NEW MEXICO und beladen mit Taucherausrüstungen vorbeirauschen, dann sollte man sie keineswegs für eine Fata Morgana halten.

Die anschließende erste Überquerung des **Pecos River** läßt (ähnlich wie der Llano Estacado) sicher das Herz jedes Karl-May-Kenners höher schlagen. Die Straße steigt kräftig weiter in der von Büschen grüngesprenkelten Hochebene, die wie eine Art Alpenvorland aussieht. Wind und (Bilderbuch-) Wolken bringen Bewegung ins Panorama; helle und dunkle Flecken wechseln auf der schmalen Farbskala der Erde.

Der Abschied von der Interstate und ihren rollenden Rüpeln, den Trucks, wird prompt mit Ruhe und schönen Landschaftsbildern belohnt, die noch zulegen, je näher die Berge rücken. Bei einer kurzen Verschnaufpause in **Dilia** erfreuen eine hübsche kleine Dorfkirche und duftender Wacholder. Von den verfallenen Häusern kann man schließen, daß die

steinige Erde hier keine geeignete Lehmmasse für die Herstellung guter Adobeziegel gibt. Überhaupt, Guadalupe County, in dem Dilia und das benachbarte Anton Chico ansässig sind, zählt zu den ärmsten in ganz New Mexico.

An der südlichen *frontage road* der I-25 scheiden sich die Route-66-Geister: Eigentlich führt die Straße in den Ort, nach Romeroville. Aber wozu? Dann doch lieber nach **Las Vegas**, aber nicht zu Casinos und Strip-Shows, sondern in eine reizvolle Kleinstadt, die seit kurzem wie ein Geheimtip gehandelt wird, weil sie abseits vom touristischen Trend ihren Charakter bewahrt hat. Allerdings hört man auch Stimmen, die auf die wachsende Zahl von Boutiquen und Souvenirläden hinweisen und meinen, Las Vegas wandle sich bereits zu einem neuen Taos. (Das traumhaft gelegene Taos gilt neben Santa Fe als teures Pflaster für Kunstfreunde, Gourmets und Skitouristen.)

Schmuckstück: Lehmkirche in Dilia, New Mexico

172

Erstes Haus am Platz: das Plaza Hotel in Las Vegas, New Mexico

Wie dem auch sei, einen besseren Vorgeschmack auf die Stadtkultur von New Mexico als Las Vegas gibt es nicht. Und daß alles bequem zu Fuß erreichbar ist, kommt nach der langen Autofahrt ohnehin gelegen.

Die guten Noten für die Stadt sind neu. Mindestens seit einem halben Jahrhundert dümpelte sie als *no name place* vor sich hin. Dabei entwickelte sich die 1835 von spanischen Familien als »Nuestra Señora de los Dolores de Las Vegas Grandes« gegründete Siedlung anfangs aufgrund ihrer Lage am Santa Fe Trail recht erfolgreich.

Bis in die 70er Jahre des vorigen Jahrhunderts grasten östlich der Stadt noch große Büffelherden. Hinzu kam der Handel mit den Comanchen, die sich auf den südlichen Plains herumtrieben, sowie mit den Comancheros, spanischen Händlern aus Mexiko, die ihrerseits mit den Indianern Geschäfte machten.

1846 erklärte General D. W. Kearny auf der Plaza New Mexico für amerikanisch und entzündete damit den Mexikanischen Krieg. Der Bau des Fort Union in der Nähe brachte ebenfalls Vorteile, denn der Santa Fe Trail diente jetzt nicht nur dem Handel, sondern auch dem Militär. Dadurch wurden auch die ersten Touristen angelockt, die sich für das trockene, milde Klima und die heißen Quellen im Norden der Stadt interessierten. Die Montezuma-Quelle soll einst vom Aztekenherrscher höchstpersönlich besucht worden sein. Das später dort von der Eisenbahngesellschaft errichtete luxuriöse Montezuma Hotel wird heute von einem privaten College genutzt.

Durch die Ankunft der Atchison, Topeka and Santa Fe Railroad (AT & SF) am 4. Juli 1879 bekam Las Vegas eine Schlüsselrolle im Schienenverkehr, nicht zuletzt auch wegen seines *roundhouse*, einer Reparaturhalle und Drehscheibe für

Loks, die es noch heute gibt (Grand Avenue).

Die Eisenbahn stellte die Stadt geradezu auf den Kopf, denn sie bescherte ihr nicht nur einen heftigen Boom, sondern auch eine bis heute wirkende Teilung. Weil der Bahnhof eine Meile östlich der zentralen Plaza entstand, bildete sich plötzlich East Las Vegas oder »New Town«, was merkwürdigerweise die Trennung zwischen hispanischer Bevölkerung und angloamerikanischen Newcomern, Streckenarbeitern und Nutznießern, Spanisch und Englisch, Katholisch und Protestantisch einleitete.

Während sich das ältere Viertel in engen Winkeln und gebogenen Straßen in der Nähe der Plaza und des Gallinas River ausbreitete, entwickelte sich die Neustadt vom Bahnhof aus im Schachbrettraster mit der typischen viktorianischen Architektur des Mittelwestens. Die Ziegelstei-

ne dafür importierte man aus Trinidad, Colorado, die schmiedeeisernen Ornamente per Katalog aus St. Louis. Heute arbeiten zwei Verkehrsämter in der Stadt, eins für die Anglos und eins für die Hispanics.

Die Bevölkerung wuchs, wenn auch in sehr unterschiedlichen Richtungen. Das Spektrum reichte von respektablen deutsch-jüdischen Kaufleuten bis zu *rowdies* und *bandidos*, die in den Saloons und Spielhöllen ihr Unwesen trieben. Einige der Desperados stehen seither in der »Who's-Who-Liste« der »Westernhelden«: der berühmte Zahnarzt von Dodge City, »Doc« Holliday, auch Jesse James und Wyatt Earp. Der Sheriff von Lincoln County, Pat Garrett, brachte in Las Vegas einen weiteren Outlaw ins Gefängnis: Billy the Kid. Außerdem prägten Immobilienzwistigkeiten unter hispanischen und Anglo-Gruppen das rauhe Wildwest-

Bunt und munter: Bridge Street, Las Vegas

Vielleicht bald in neuem Glanz: das La Castaneda Hotel auf einer Postkarte von 1904

Milieu der Stadt gegen Ende des Jahrhunderts.

Auch wenn 1900 Teddy Roosevelt in Las Vegas seine Präsidentschaftskandidatur verkündete, ging es mit Las Vegas unaufhaltsam bergab. Fort Union war schon neun Jahre zuvor geschlossen worden; Streiks und Entlassungen bei der Eisenbahn folgten, der Wollmarkt verfiel. Albuquerque wuchs zum neuen Wirtschaftszentrum von New Mexico heran. Was blieb, war die nicht gerade prestigeträchtige New Mexico Highlands University und – die Landesnervenheilanstalt. Seit den 20er Jahren, als die Landwirtschaft schwere Rückschläge erlitt und die Große Depression folgte, hat sich Las Vegas nie wieder erholt.

Inzwischen haben die rund 15 000 Einwohner für frischen Wind gesorgt. Er setzte bei der Pflege des baulichen Erbes an, das von der spanischen *casita* bis zur eleganten Viktorianervilla reicht. Rund 9 000 Gebäude stehen inzwischen unter Denkmalschutz. Und was heute im historischen Distrikt zwischen Douglas/Sixth Street und Railroad Avenue zu sehen ist, wirkt weder geleckt noch perfekt, sondern eher ruppig-charmant, vor allem die **Plaza** mit ihrem leicht verwilderten Grün und einem Musikpavillon mittendrin. Den stattlichen Rahmen des Zentrums stellt die gelungene Fassade des ebenfalls renovierten Plaza Hotels.

Auch die **Bridge Street** kann sich sehen lassen. Häuserfronten aus den alten Tagen, bunte Artsy-Craftsy-Läden und Cafés mit Sattlereien und Werkstätten für die Autoreparatur bilden ein lebendiges Kraut-und-Rüben-Gemisch. Die leerstehenden Gebäude waren preisgünstig zu mieten und brachten neuen Schwung, auch wenn einige Entrepreneure schon wieder aufgegeben haben.

Ja, es besteht sogar Hoffnung auf einen zweiten Frühling für das alte **La Castaneda Hotel** am Bahnhof. Schauseite und Innenhof des im sogenannten *Mission Revival Style* errichteten Komplexes blicken nicht zur Straße, sondern auf die Schienen.

Um Vorne und Hinten geht es im übertragenen Sinn auch bei einem Detail, das im Plaza Hotel zu finden und für viele Weststädtchen typisch ist. Es erzählt ein Stück Geschichte aus der Zeit, als der Westen noch erheblich schießfreudiger war als heute: Auf den Männertoiletten sind Spiegel vor den Becken angebracht, so daß man beim Pinkeln sehen kann, wer hinter einem steht. Devise: »pie and see«. ✦

9. Tag – Route: Las Vegas – Tecolote – Pecos National Historical Park – Santa Fe, NM (96 km/60 mi)

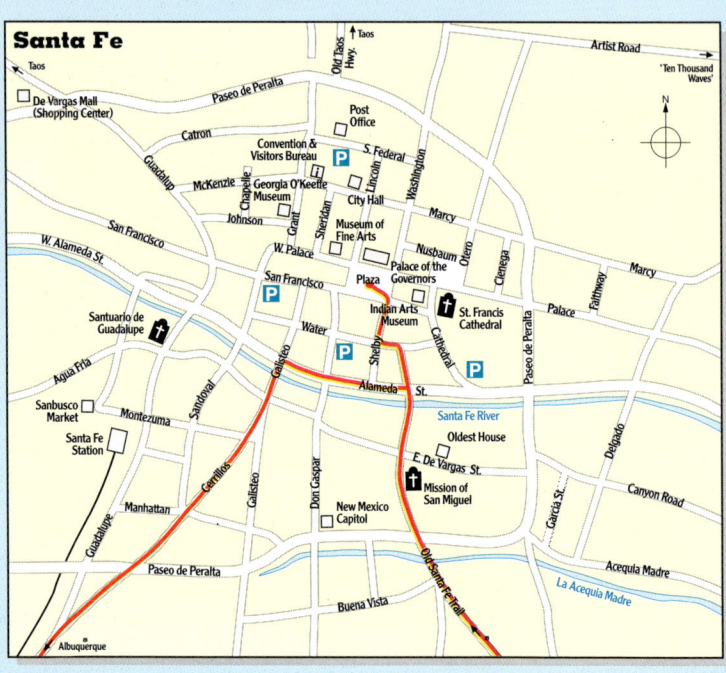

km/mi	Zeit	Route
0	9.00 Uhr	Von der Plaza in **Las Vegas** über South Pacific St. zur US 84/85/I-25 bis zur Ausfahrt ROMEROVILLE. Ab dort wieder Route 66, d.h. man fährt die nördliche *frontage road* in Fahrtrichtung weiter durch **Tecolote**. Bei der nächsten Möglichkeit (beim »Pecos River Camp Store«) überquert man die Interstate und fährt auf der Südseite (Richtung SAN JUAN) weiter, durch **Sands** und **Rowe**. Hier (*exit* 307) geht es unter der I-25 hindurch und auf der NM 63 Richtung PECOS, dem Schild PECOS NATL. MONUMENT folgen und zuletzt links in den Park zum
53/33	10.00 Uhr	**Pecos National Historical Park** (1 Std. Rundgang). Weiterfahrt: am Parkausgang links NM 63, die an der Glorieta-Ausfahrt in die I-25 mündet (Richtung Süden: SANTA FE). Nach ca. 5 Meilen, am *exit* 294 (Canoncito), verläßt man die Interstate wieder und fährt auf dem Old Las Vegas Hwy. weiter, der nach ca. 10 Meilen durch einen gelinden Rechtsabbieger zum **Old Pecos Trail** wird, der sich seinerseits kurz danach mit dem **Old Santa Fe Trail** vereint und an der
96/60	12.00 Uhr	**Santa Fe Plaza** endet (Lunch und Standrundgang).

Pecos National Historical Park
P.O. Drawer 418
Pecos, NM 87552
(an S 63, 2 Meilen südl. von Pecos)
☏ 757-6032 und 757-6414
Im Sommer tägl. 8–18, sonst 8–17 Uhr
Ausgrabung eines der größten Pueblos
aus dem 13. und 14. Jh.; mächtige Mauerreste der Pecos Mission, 1707 von Franziskanern erbaut. Visitor Center. Eintritt $ 4.

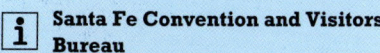 **Santa Fe, New Mexico**

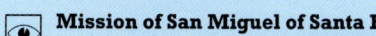

Dorfkirche in San Jose, New Mexico

 Santa Fe Convention and Visitors Bureau
201 W. Marcy St.
Santa Fe, NM 87504-0909
☏ 984-6760 oder 1-800-984-9984
Im Sweeney Center, ein paar Schritte
nordwestlich der Plaza.

Mission of San Miguel of Santa Fe
401 Old Santa Fe Trail & E. De Vargas St.
Im Sommer Mo–Sa 9–16.30, So 13–16.30
Uhr; im Winter wochentags ab 10 Uhr
Der dickwandige Adobe-Bau zählt zu
den ältesten Kirchen des Landes (seit
1610). Turm und Westfassade wurden
erneuert.

Oldest House
215 E. De Vargas St.
Frühes Beispiel der für die Region typischen Lehmziegelbauweise *(adobe)*: Lehm-
fußboden, niedrige, durch Holzbalken
(vigas) gestützte Decken, Eckkamin und
Lehmputzwände. Gift Shop.

Palace of the Governors
Plaza
☏ 827-6483
Mo–Sa 9–16, So 14–16 Uhr
Gilt als ältestes »Kapitol« der USA (1610).
Stadt- und landesgeschichtliches Muse-
um. Außerdem: Museumsladen und eine
gutsortierte Buchabteilung zur Kultur des
Südwestens.

 La Casa Sena
125 E. Palace Ave. (20 Sena Plaza)
☏ 988-9232
Idyllische Oase mit Brunnen, Bänken und
Patio-Restaurant. Probieren Sie zum Einstieg die *blue corn enchilada*! Lunch und
Dinner. $–$$

Cafe Escalera
130 Lincoln St. (Plaza-Nähe)
☏ 989-8188
Helles und luftiges Bistro auf dem 1. Stock
einer Mini-Mall: italienische Lunchspezia-
litäten. $–$$

 La Fonda
100 E. San Francisco St.
 Santa Fe, NM 87501
☏ 982-5511 und 1-800-523-5002
 Fax 988-2952
Rustikale Eleganz mit Tradition (»... am
Ende des Santa Fe Trail«) gegenüber
der Plaza, malerischer Speisesaal, Fiesta
Lounge, Pool. $$$

 Inn on the Alameda
303 E. Alameda St. (am Santa Fe River,
Nähe Canyon Rd.)
Santa Fe, NM 87501

ℂ 984-2121 und 1-800-289-2122
Fax 986-8325
Intimer Inn im Pueblostil. Viele Zimmer mit Kamin, Balkon und Patio. Jacuzzi. Frühstücksbuffet. $$$$

Pueblo Bonito
138 W. Manhattan Ave. & Galisteo (Nähe Guadalupe)
Santa Fe, NM 87501
ℂ 984-8001
Paradiesgärtchen mit gemütlichen, hübsch eingerichteten *casitas* mit Kamin hinter dicken Adobemauern. Mit Frühstück. $$$–$$$$

Viele kleinere und preiswerte Motels auf **Cerrillos Rd.** ($$); außerdem der zuverlässige **Best Western High Mesa Inn** (3347 Cerrillos Rd., Santa Fe, NM 87501, ℂ 473-2800 und 1-800-777-3347, Fax 473-5128, mit Bar, Restaurant und großzügigem Pool; $$$).

Downtown Subscription
376 Garcia St. (Nähe Canyon Rd.)
Kaffee-Bar, internationale Zeitungen, Bücher, Kaffee und Kleinigkeiten im Garten mit hoch- und gelb blühenden *chamisas*.

Palace Avenue Books
209 E. Palace Ave.
ℂ 986-0536
Größtes Sortiment an Literatur und Bildbänden über den Südwesten.

Pranzo
540 Montezuma Ave. (zwischen Santuario und Bahnhof im Sanbusco Center)
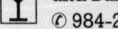
ℂ 984-2645
Italienische Spezialitäten. Kleinigkeiten sogar bis 24 Uhr. $$

Corn Dance Cafe
409 W. Water St.
ℂ 986-1662
»Native American Foods« gibt es hier in einem »Native American Woman Owned & Operated Business«: gemütliches kleines Restaurant mit kleinem schnuckeligen Patio. Indianische Gerichte: *squash soup* etc. $$–$$$

SantaCafe
231 Washington Ave.
ℂ 984-1788
Tägl. Lunch (außer So) und Dinner. Vorzügliche Küche, geschmackvolle Innenräume, angenehmer Innenhof: Santa Fe vom Feinsten. $$$

Geronimo
724 Canyon Rd.
ℂ 982-1500
Erlesenes Südwest-Ambiente in altem Adobebau mit entsprechender Küche. Lunch und Dinner. $$$

La Traviata
95 W. Marcy St.
ℂ 984-1091
Eng, klein, laut, aber das Essen (*cucina siciliana*) entschädigt. $$

La Tertulia
416 Aqua Fria (gegenüber der Kirche Santuario de Guadalupe)
ℂ 988-2769
Traditionelles Lokal für *New Mexican food*; bekannt für die *hottest salsa in town*. Mo geschl. $–$$

Ore House
50 Lincoln Ave. (Santa Fe Plaza)

ℂ 983-8687
Nichts ist schöner, als sich hier einen Drink auf dem Balkon zu genehmigen und auf die Plaza runterzusehen.

El Farol
808 Canyon Rd.

ℂ 983-9912
Gemütliche Bar (immer mit *locals*, oft mit Live-Musik). Im verwinkelten Restaurant gibt es vorzugsweise Tapas. $$

Dragon Room
406 Old Santa Fe Trail
Populäre Bar gegenüber vom Pink Adobe Restaurant.

Trio der Trails

Old Pecos Trail, Santa Fe Trail und Route 66

Von der Plaza in Las Vegas führt die South Pacific Street rasch in den spanischen Teil der Stadt, dessen niedrige Häuser meist aus den 70er und 80er Jahren des vorigen Jahrhunderts stammen. Viele von ihnen (auch einige ältere Lehmziegelbauten) sind im Laufe der Zeit verändert worden – zu einem Stilgemisch, das *Railroad-Deco-Spanish Style* genannt wird.

Die Ausfahrt nach Romeroville knüpft an die gestern hier verlassene Route 66 an, die auf der nördlichen *frontage road* zunächst über einen Arm des Pecos River nach **Tecolote** (spanisch: die Eule) weiterführt.

Die Leute dieses Landstrichs unterscheiden sich ihrer Herkunft und ihrer Kultur nach von denen in Santa Fe oder am Rio Grande, weil ihre Vorfahren eine Mischung aus Spaniern und Comanchen sind und nicht eine aus Spaniern und Pueblo-Indianern. Sie sehen auch anders aus. Es gab mal eine Gemeinde östlich von Tecolote am Rande der Plains, wo sich die Comanchen mit spanischen Händlern trafen, um mit Sklaven, Waffen und anderen Sachen zu handeln. Die Comanchen drangen bis nach Mexiko vor, griffen Dörfer und Ranches an und fingen Sklaven ein, die sie bis hierher brachten. Und hier war auch einer der wichtigsten Treffpunkte zwischen Spaniern und Indianern: Comanchero Camp.

Die Comanchen versetzten auch die Pueblo-Indianer mitunter in Furcht und Schrecken, wenn sie auf ihren herbstlichen Raubzügen nach Süden kamen und unterwegs alles mitnahmen, was sie kriegen konnten. In dieser Jahreszeit hieß der Vollmond »Comanche Moon«. (Übrigens, ein kleiner Ableger des ohnehin schon winzigen Tecolote heißt Tecolotito.)

Wo ist **Sands**? Ein Ort, der aus nichts anderem als einer Bar besteht? Es sieht ganz so aus. Die Route 66 ist voller Phantome, die sich nicht dingfest machen lassen.

Voraus zeichnen sich die kahlen Sangre de Cristo Mountains immer klarer ab, was die Schienenleger der AT & SF dazu bewegt haben mag, die Kurve zu kratzen, d.h. einen scharfen Linksabbieger zu machen und statt der alten Hauptstadt lieber Lamy anzusteuern. Vielleicht ist der Gesellschaft aber auch nur das Geld ausgegangen.

Rowe dagegen lag noch an der Strecke und diente als Wasserstation für die Loks. Doch die Existenzgründung hielt nicht bis heute vor, der Ort wirkt arg gebeutelt. Einige Häuser sind recht seltsam konstruiert, in einer Bauweise, die sich *jacal* (gesprochen: hakal) nennt. Die Wände bestehen aus senkrecht in den Boden gerammten und mit Lehm aufgefüllten Holzpfählen. Grund: Der Boden gibt keinen Lehm ab, der gut genug für Lehmziegeln (Adobe) wäre. Also nimmt man Steine (wie schon in Dilia) oder Holz und füllt damit die Zwischenräume.

In Rowe führt der Highway unter der Interstate hindurch und zum **Pecos Natio-**

nal Historical Park. Ein Trail windet sich durch die Ausgrabungen zur restaurierten Kiva und der Kirchenruine, und eine Ausstellung im Visitor Center informiert über die Entstehung und Bedeutung dieses ehemaligen Pueblo, der seit dem 14. Jahrhundert nicht zuletzt wegen seiner strategisch günstigen Lage zwischen dem fruchtbaren Rio-Grande-Tal und den Büffel-Plains im Osten als ein Zentrum der Landwirtschaft und des Handels entstand. Um 1450 wurde die Siedlung zu einer fünfstöckigen Festung ausgebaut, um verschiedenen Indianerstämmen Schutz vor nomadischen und oft kriegerischen Stämmen der südlichen Plains zu bieten.

Die Spanier, die mal in offen kriegerischer, mal in kolonialisierend-missionarischer Absicht vor den Toren aufkreuzten, bauten mit Hilfe der Indianer zwei Missionskirchen. Die erste überlebte nicht, von der zweiten stehen noch monumentale Mauerreste.

Sie müssen einst zu einem mächtigen Bauwerk gehört haben. Es heißt, 300 000 Lehmziegel sollen zur Ehre Gottes dabei verbaut worden sein. Geholfen hat die Bauwut den Indianern freilich nicht. Ihre religiöse Freiheit wurde eingeschränkt, Tribute wurden fällig, und Epidemien sorgten für Massensterben.

Verständlich, daß sich neben anderen Pueblos am oberen Rio Grande auch Pecos 1680 am Indianeraufstand beteiligte; aber bis zur endgültigen Unterwerfung durch die Reconquista hatte man sich gerade mal zwölf Jahre Ruhe und Unabhängigkeit erstritten. Erst Mitte des 18. Jahrhunderts schweißten die Comanchen-Überfälle Pueblo-Indianer und Hispanier zusammen. Dennoch war der Niedergang der Siedlung auf Dauer nicht zu stoppen. 1838 zogen die letzten Pecos-Indianer nach Jemez westlich des Rio Grande, weil dort dieselbe Sprache gesprochen wurde.

Route 66 am Rio Pecos

Ein Stückchen hinter Pecos gibt die Straße ihr Bestes. Augenweiden weit und breit, bestückt mit goldig glühenden Cottonwood-Bäumen, leuchtenden *chamisas* und violetten Wildblumen mit dem Namen Astor. Dann schlüpft der Highway erst einmal bis Canoncito bei der schnellen Interstate unter. Durch den Tempowechsel pfeift jetzt der trockene Wind besonders heftig durch die Autoritzen, genau so, wie das die Leute hier brauchen, damit das gehackte Holz trocknet. Nichts ist schlimmer, als den Wintereinbruch mit feuchtem Holz zu erleben.

Der Waldreichtum ringsum ist der Fuchtel des National Forest Service zu verdanken, der die Bäume vor den Abholzbedürfnissen der Bewohner bewahrt. Wo immer die schützende Hand des Staates fehlte, sind die Bestände rasch dahingestorben und haben Weideflächen hinterlassen, die bestenfalls für Ziegen ausreichen.

Kirche und Kiva im Pecos National Park

Gerade noch rechtzeitig vor dem heutigen Finale besinnt sich die Route 66 auf ihre Ursprünge. Sie trennt sich von der schnellen Transitstrecke und geht als **Old Las Vegas Highway** mit weiteren alten Trampelpfaden ein Stück gemeinsamen Wegs: mit dem **Old Pecos Trail** und dem **Santa Fe Trail**. Über den ersteren wurden einst Viehherden aus Texas in die Bergbaustädte von Colorado getrieben, wo großer Fleischbedarf herrschte. Letzterer entstand im selben Jahr, als sich Mexiko von Spanien löste, nämlich 1821. Zu Recht gilt er daher als die erste »Hauptstraße« in den Westen der USA. Wie später der Oregon Trail (1846), wurde er bald nach seiner Entstehung zum Synonym für die Expansion der angloamerikanischen Kultur nach Westen.

Sein Pfadfinder hieß William Becknell, ein hochverschuldeter Kaufmann, der in Franklin, Missouri, aufbrach und sich 870 Meilen und 48 Tage durch den »Ozean aus Gras« durch Kansas, Oklahoma und Colorado quälte, um seine Waren in Santa Fe zu verkaufen. Die Dinge liefen gut, und er kehrte als reicher Mann zurück.

New Mexico bildete damals das wirtschaftliche Schlußlicht in Spaniens Neuer Welt. Wenn die Farmer etwas zu verkaufen hatten, fuhren sie über den Camino Real, den Haupthandelsweg entlang dem Rio Grande über El Paso nach Chihuahua – und erzielten schlechte Preise. Was sie zurückbrachten, war auch nicht viel. Kein Wunder, daß die Händler, die nun plötz-

Pressestelle auf der Santa Fe Plaza

lich aus Franklin oder später aus Independence, Missouri, kamen, auf willige Käufer stießen und mit offenen Armen empfangen wurden.

Die Karawanen aus bepackten Conestoga-Wagen, die es trotz schwerer Regenfälle und Präriefeuer geschafft hatten, brachten Glas, Werkzeuge, Eisentöpfe und -pfannen, feine Baumwollprodukte, Toilettenartikel für die Damen, aber auch Bücher, Sherry und Champagner aus dem Osten und fuhren mit Büffelhäuten, Pelzen, Pferden, Eseln, Maultieren und Silber wieder zurück. Manche Händler zogen auch von Santa Fe aus weiter über den Camino Real nach Süden. Mit der Fertigstellung der AT&SF Railroad im Jahre 1879 starb der Ochsentrail.

Eine bessere Reisedramaturgie, als über den alten Trail in die gleichnamige Stadt zu kommen, läßt sich gar nicht denken. Er sorgt wie eh und je für die schönste Einfahrt nach **Santa Fe**, vorbei an beschaulichen Lehmburgen und der alten San-Miguel-Kirche zum Ziel am Ende des Trails und ins Herz der Stadt, der **Plaza**.

Hier trifft und kreuzt sich alles, was Santa Fe seine Vielfalt verleiht, ein idealer Ort zum Sitzen und Schauen, ein Treffpunkt, aber auch ein Platz, der emsig umkurvt wird – von zerbeulten Pick-ups, ordentlichen Touristenmietwagen, eiligen Biertransportern, hispanischen *low riders* oder *high rollers*. Man hört Englisch, Spanisch und indianische Sprachen querbeet. Beim **Palace of the Governors** haben die Indianer der umliegenden Pueblos ihre Decken ausgebreitet und bieten Schmuck an.

Die Stadt des »heiligen Glaubens« wurde 1610 von Don Pedro de Peralta gegründet und ist damit die älteste europäische Siedlung westlich des Mississippi. Schon nach wenigen Minuten wird klar, daß dieses Santa Fe einfach die Hauptstadt des Milden Westen sein *muß*, denn kaum eine andere in der gesamten Region verdichtet deren kulturelle Bausteine so sinnenfällig wie dieses alte Zentrum der spanischen Kolonialmacht, das stets eng mit dem Handel der Pueblo-Indianer verbunden war. Noch heute ist Santa Fe Regierungssitz und zugleich magischer Anziehungspunkt für alle, die im *American Way of Life* nicht mehr das Nonplusultra sehen.

Das fällt schon nach ein paar Schritten auf, die, entsprechend der Tageszeit, in Richtung auf ein stärkendes Lunch gehen könnten, z.B. zur nahegelegenen **Plaza Sena**, einer ehemaligen Hazienda, die sich heute als ein hinreißender Baukomplex mit kleinen Kunstgewerbeläden, schattigen Bänken und blühendem Innenhof darbietet. Lila Flieder, gelber Löwenzahn und roter Klatschmohn nicken im Takt mit den Gitarrenklängen, die vom Gartencafé herüberklingen.

Die traditionelle Adobebauweise beherrscht dank konservatorisch-strenger Überwachung fast die gesamte Innenstadt. Wo die Anwendung der alten Techniken zu mühsam war oder modernem Bautempo und Funktionen widersprach, hat man sich bemüht, zumindest im Adobestil zu bauen – Tankstellen, Hotels, ja, sogar die Bank. Die Bewohner fallen nicht minder aus dem Rahmen des Üblichen. Viele sind überqualifiziert oder haben es beruflich längst geschafft und wollen einfach nur hier leben. Daß ein ehemaliger Atomwissenschaftler (Los Alamos ist nicht weit) jetzt einen Hot-Dog-Stand betreibt und nebenher den Privatgelehrten spielt, ist hier ebensowenig erstaunlich wie die Barfrau mit Doktortitel oder der Galerist aus New York, der an der Hotelrezeption die Honneurs macht und dabei seine Lieblingskatze streichelt.

Selbstbesinnung statt Berufsstreß, Muße statt Karriere: Santa Fe, das Zentrum im

Herzstück der alten Hauptstadt: die Santa Fe Plaza

Land of Enchantment, scheint an solchen Biographien mitzuschreiben.

Anfangs waren es vor allem Künstler oder solche, die mal ausprobieren wollten, ob sie welche waren, die nach Santa Fe zogen. Seither blühen Malerei und Kunstgewerbe, zahlreiche Filmstudios haben einen ganz neuen Industriezweig begründet, und die Produktionen der Santa Fe Opera stehen bei Kennern hoch im Kurs. Eine »Zauberflöte« in der Wüste ist eben nicht zu verachten.

Die Kultur-Gourmets stehen mit ihren Ansprüchen keineswegs allein. Immer mehr Therapeuten, Heiler, Wundermänner, Akupunkteure und Homöopathen kündigen ihre Praxen in Los Angeles oder Chicago und leisten sich eine malerische Lehmburg in Santa Fe oder Umgebung und stimmen ein in die spirituellen Obertöne dieses Fleckchens Erde. »Jeder bringt halt sein Ding mit, anstatt sich einzulassen auf das, was er hier vorfindet«, klagt ein Alteingesessener.

Die Fußgängerfreundlichkeit von Santa Fe bewährt sich auch über mittlere Distanzen: also auf dem anschließenden Weg von Sena Plaza über den bereits bekannten **Old Santa Fe Trail**, am **La Fonda Hotel** vorbei über den **Santa Fe River** zur Adobekirche **San Miguel**, deren dicke Lehmwände seit dem 17. Jahrhundert standhalten. Gegenüber steht das **älteste Haus der USA**, das von indianischen Baumeistern vor mehr als 800 Jahren errichtet wurde.

Die De Vargas Street mündet in die **Canyon Road**, die führende Kunstmeile der Stadt. Ihr dörflich-rustikaler Charme läßt kaum vermuten, wie apart die Preise sind, die hier durchweg verlangt werden. Aber so ist das nun mal in Santa Fe: Geschäfte schließt man in geschmackvollem Ambiente ab, unter plätschernden Brunnen, blühenden Büschen und summenden Bienen. Canyon Road: ein kommerzielles Paradiesgärtlein, in dem man sich nach Herzenslust ergehen kann. ✦

Ballet folklórico: auf der Santa Fe Plaza

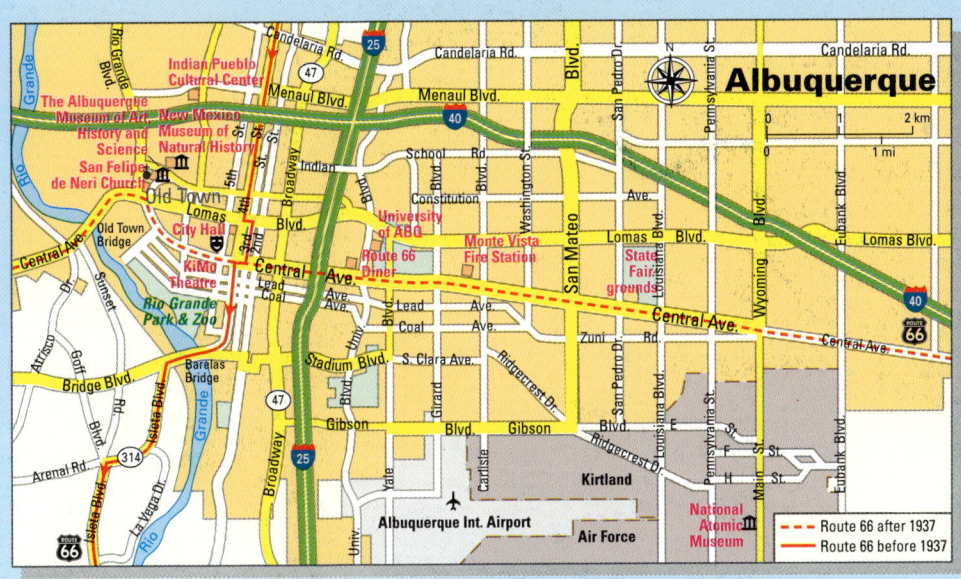

km/mi	Zeit	Route
0	9.00 Uhr	In **Santa Fe** Kreuzung Alameda St./Santa Fe Trail über Alameda am Fluß entlang nach Westen, links an Galisteo, die, wenn man sich rechts hält, zu Cerrillos Rd. wird und automatisch auf die I-25 *south* führt.
59/ 37		*Exit* 248 (Algodones), am Stoppschild rechts nach Algodones, NM 313 (das ist das nächste Stoppschild) links (*south*) durch **Algodones** und **Bernalillo**. Bei der Gabelung von 2nd und 4th St. rechts halten: für 4th St. bis
98/ 61	10.30 Uhr	Downtown **Albuquerque**. An Lomas Blvd. links, an 3rd St. rechts, an Silver rechts, an 4th wieder links und weiter nach Süden. An Bridge Blvd. rechts auf der Barelas Bridge über den **Rio Grande** und NM 314 links, nach Süden und an NM 147 wieder links, über die Eisenbahnschienen. Gleich danach führt ein Schotterweg zum **Isleta Pueblo** (Stopp ca. 1/2 Std.). – Danach wieder über den Rio Grande zurück in Richtung auf die NM 47, Richtung Los Lunas, und an dieser Kreuzung rechts.
131/ 82		**Los Lunas**. Am Ortseingang NM 6 geradeaus (*west*) weiter, dritte Überquerung des Rio Grande, über die I-25 hinweg: Richtung LAGUNA und GRANTS bis zur Auffahrt auf die I-40, bis *exit* 177 (Mesita).

185

10. Tag – Route: Santa Fe – Albuquerque – Isleta Pueblo – Laguna Pueblo – (Acoma) – Grants – Thoreau – – Gallup, NM (363 km/227 mi)

Rechts nach Mesita und auf die nördliche *frontage road*, die an der Unterführung links abgeht.

211/132 13.00 Uhr **Laguna**. NM 114 *west*; links kann man, dem Schild folgend, zum alten Pueblo hochfahren (Stopp ca. $^1/_2$ Std.). – Zurück zur NM 114 und weiter nach Westen durch **Paraje, Budville, Cubero, San Fidel**. Beim *exit* 96 (McCartys) über die I-40 hinweg und auf der südlichen *frontage road* rechts nach Westen (NM 124), dann unter der I-40 durch und auf der nördlichen Seite in Fahrtrichtung weiter. Am *exit* 89 rechts der NM 117 folgen: über die Eisenbahn und unter oder über die Interstate nach

261/163 14.30 Uhr **Grants** (Lunchpause hier oder in Thoreau ca. 1 Std.). Weiter geradeaus: NM 122 *west* (Route 66; *business* 40) zur

323/202 16.00 Uhr **Continental Divide**. Ab hier I-40 *west* bis *exit* 36 (Iyanbito) und NM 118 (= nördliche *frontage road*) nach

363/227 17.00 Uhr Downtown **Gallup**.

Alternativen: Die Indianersiedlungen entlang der Route 66 (Isleta und Laguna) sind zweifellos sehenswert, doch zwei der eindrucksvollsten Pueblos des Südwestens liegen ein wenig abseits: **Santo Domingo** und **Acoma** (s.u.). Vielleicht sollte man besser wie folgt »tauschen«: statt Isleta und Laguna (entspräche 1 Std. Zeitgewinn) nach Sky City im Acoma Pueblo, wofür man gut 2 Std. rechnen sollte. Hin- und Rückfahrt von I-40 bei Casa Blanca auf S 23; dort kann man auch eine Kleinigkeit essen. Dadurch Ankunft in Gallup gegen 18 Uhr.

Wer mehr Zeit in **Albuquerque** verbringt, sollte vor allem zweierlei nicht versäumen: das **New Mexico Museum of Natural History** (1801 Mountain Rd., N.W., © 505/841-8837, Nähe Old Town), nicht vollgestopft und verstaubt, mit toller Dino-Abteilung, und das **Indian Pueblo Cultural Center** (2401 12th St., N.W., © 505/843-7270 mit Kunsthandwerk aus den 19 Pueblos am Oberlauf des Rio Grande). Lunchpause in **Old Town**, vgl. S. 164).

Wer in Grants die Route 66 verläßt, verpaßt nicht allzuviel und kommt statt dessen in den Genuß eines landschaftlich reizvollen Umwegs über die S 53 zum **El Morro National Monument** (Rt. 2, P.O. Box 43, Ramah, NM 87321, © 505/783-4226, tägl. 8–21 Uhr, Eintritt $ 4), d.h. zu einer markanten weißen Sandstein-Mesa, dem »Inscription Rock«, mit alten Petroglyphen. Die erste europäische Inschrift stammt von 1605 von Juan de Oñate, dem einstigen Kolonialherrn und Gouverneur von New Mexico. Auch Don Diego de Vargas hinterließ hier 1692 seine Signatur. Außerdem liegt der **Zuni Pueblo** praktisch am Weg, bevor die S 602 schließlich nach Gallup führt. Der Pueblo zählte einst zu den sagenhaften »Sieben Städten von Cibola«, denen Francisco Vásquez de

Coronado auf der Spur war, weil er glaubte, sie wären aus Gold gebaut. Heute sehenswertes Kunsthandwerk, Missionskirche mit bedeutenden Wandmalereien und die Shalako-Tänze Ende Nov./Anfang Dez.

10. Tag – Informationen   Vorwahl: ☎ 505

 Santo Domingo Pueblo
Exit 259 von I-25
NM 87052
☎ 465-2214
Tägl. 8 Uhr bis 1 Std. vor Sonnenuntergang
Neben hochwertigem Kunsthandwerk sind die Feste dieses konservativen Pueblo am Ostufer des Rio Grande berühmt: der Ritualtanz am Dreikönigstag, der Erntetanz im März und der Maistanz Anfang Aug., der gewaltigste im Südwesten überhaupt mit Hunderten von Tänzern, Trommlern, Clowns und Sängern.

Ganzjähriges Schmuckstück: die Missionskirche von 1886. Von Besuchern erwartet man im Dorf äußerste Zurückhaltung. Fotografieren ist streng verboten.

 Albuquerque Convention & Visitors Bureau
121 N.E. Tijeras Ave.
Albuquerque, NM 87102
☎ 842-9918, 243-3696 oder 1-800-284-2282

 Isleta Pueblo
P.O. Box 317
Isleta, NM 87002
☎ 869-3111
Wenige Kilometer südlich von Albuquerque, seit 1200 besiedelt, einst der größte Pueblo am Rio Grande. In der Reservation liegt auch ein Erholungsgebiet für Camping, Picknick und Forellenfischen.

 Laguna Pueblo
P.O. Box 194
Laguna, NM 87026
☎ 552-6654
An Wochentagen geöffnet
Der Pueblo (seit Ende des 17. Jh.) besteht aus einer Reihe kleiner Gemeinden und einer gut erhaltenen Missionskirche von 1699. Fotografieren verboten.

 Acoma Pueblo
P.O. Box 309
Acomita, NM 87034

Gedicht aus Lehm: Missionskirche im Isleta Pueblo

187

ℂ 470-4966 oder 1-800-747-0181
Sommer 8–19, sonst 8–17 Uhr; Osterwo-
chenende, 10.–13. Juli und 1. oder 2. Okto-
berwochenende wegen religiöser Feiern
geschl.
Auffahrt zum Dorf auf dem monolithischen
Tafelberg (Stein- und Lehmziegelbauten
mit fotogenen Holzleitern, die statt Trep-
pen die Stockwerke verbinden) in kleinen
Bussen und Rundgang nur mit Führer. Seit
1150 besiedelt. Architektonischer Höhepunkt: die mächte **Mission San Esteban
Rey** von 1629. Von deren vorgelagertem
Friedhof hat man einen schönen Blick auf
die **Enchanted Mesa** vis-à-vis. Eintritt $ 6,
Fotogebühr $ 5.

 New Mexico Museum of Mining
100 N. Iron St.
Grants
ℂ 287-4802
Im Sommmer Mo–Sa 9–18, So 12–18 Uhr;
im Winter auf tel. Anfrage
Hommage ans Uran. Selbst der Gang in
eine Uran-Mine ist nachgebildet. Führungen. Eintritt $ 2.

Gallup, New Mexico, 87301

 Gallup Convention & Visitors Bureau
701 Montoya Blvd.
ℂ 863-3841 oder 1-800-242-4282

 Red Rock State Park
Östlich von Gallup: Frontage Rd. nördl.
 von Rehoboth, dann 1½ km über die
S 566 nach Norden und Schildern folgen
Churchrock, NM 87311
ℂ 722-3829
Umgeben von roten Sandstein-Mesas im
Juni/Juli Arena für das berühmte **Rodeo**, am
2. Augustwochenende für das **Inter-Tribal
Indian Ceremonial** mit Tänzen (Hopi,
Zuni, Navajo, Cheyenne, Comanche),
Kunsthandwerk und indianischer Küche.

 El Rancho Hotel & Motel
1000 E. Hwy. 66

 ℂ 863-9311 und 1-800-543-6351
Fax 722-5917
 Die hölzerne Herberge eröffnete 1937 und
diente bald als Treff und Casino diverser
Hollywood-Größen. Ein durstiger Erroll
Flynn soll auf einem Pferd in die Bar gerit-
ten sein. 1987 kaufte der renommierte Trader Armand Ortega aus Gallup den inzwischen abgewirtschafteten Bau und stellte
dessen rustikalen Charme wieder her.
$$–$$$

 Holiday Inn Holidome
2915 W. Hwy. 66
 ℂ 722-2201 oder 1-800-432-2211
Fax 722-9616
Solider Standard. Restaurant, Bar, Pool. $$

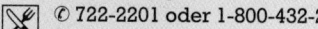 **The Inn – Best Western**
3009 W. Hwy. 66
ℂ 722-2221 und 1-800-528-1234
Fax 722-7442
Ordentliche Unterkunft. Restaurant, Bar,
Pool. $$

 Tobe Turpen's Indian Trading Co.
1710 S. 2nd St.
ℂ 722-3806 oder 1-800-545-7958
Traditioneller Trading Post mit reicher
Auswahl an indianischem Kunsthandwerk
(Navajo, Zuni, Hopi): Kachinas, Körbe,
Keramik, Silberschmuck und Teppiche.

 El Sombrero
1201 W. Hwy. 66
ℂ 863-4554
Mexikanische Standardgerichte. $

 Virgie's Restaurant
2720 W. Hwy. 66
ℂ 863-5152
Einfache mexikanische Küche. $

The Ranch Kitchen
3001 W. Hwy. 66 (ein Stück westlich von
Downtown)
ℂ 722-2537
Im Westernstil mit Shop, bis 21 Uhr geöff-
net. Frühstück, Lunch und Dinner. $$

Land der Verzauberung

New Mexico

Die Ausfahrt über Cerrillos Road erleichtert den Abschied von Santa Fe, denn spätestens hier macht die Adobe-Romantik dem gewohnten Zeichensalat amerikanischer Ein- und Ausfallstraßen Platz.

Südlich der Stadt durchzieht die Interstate die rund 40 Meilen breite Talsohle des Rio Grande, begrenzt von den Sangre de Cristo Mountains im Osten und den Jemez Mountains im Westen. In dieser Region existieren noch zahlreiche Indianerdörfer. Isleta und Laguna Pueblo liegen am Weg, Santo Domingo und Acoma nicht weit davon entfernt. In den meisten Siedlungen überleben, wie sonst kaum noch in den USA, indianische Überlieferung und Eigenart.

Schon früher gelang es den Pueblo-Indianern vergleichsweise gut, ihre Kultur vor den Spaniern und Anglos zu schützen. Das heißt nicht, daß die jahrhundertelange Bekämpfung der *native Americans* nicht auch durch die Segnungen des Fortschritts und die sozialen Veränderungen weiter vorangetrieben worden wäre. Wasser-, Strom- und Abwasseranschlüsse

Aussicht mit Hut: vom Sandia Peak bei Albuquerque, New Mexico

kosten ebenso wie die Bewirtschaftung der Landflächen, so daß das Geld außerhalb des Pueblo verdient werden muß, was die Generationen und Familien auseinandertreibt. Viele junge Indianer wandern in die Städte ab; meist kehren sie nur am Abend oder an den Wochenenden und zu religiösen Festen in ihre Siedlungen zurück. Auch die Verkehrs- und Transportgewohnheiten unterliegen dem Wandel, seit die Pick-ups die Rolle der Pferde übernommen haben.

Tiefgreifender wirkt sich das Fernsehen aus. Es ruiniert nicht nur die Kunst des Erzählens, sondern überhaupt die ausschließlich mündliche Tradierung von Mythologie, handwerklicher Kunst und Erfahrung. Viele Pueblos wehren sich deshalb nach wie vor gegen die Übernahme von TV-Anschlüssen, manchmal gegen die Stimmen im eigenen Lager. Einige Dörfer haben bereits Fernsehen, die meisten noch nicht.

Überlebt haben dagegen das Kunsthandwerk, die einzige Erwerbsquelle der im Pueblo Verbliebenen, die mal mehr konservative, mal liberalere Dorfgemeinschaft, die eigene Sprache, die Tänze und die seit dem Besuch der Spanier bestehende Koexistenz von christlicher Missionskirche und *Kiva*, dem traditionellen Ort des rituellen Lernens und der zeremoniellen Veranstaltungen der Männer, stets strikt *off limits* für weiße Besucher.

Die Balance zwischen Tourismus und Tradition stellt sich auch sonst nicht von selbst ein. Zwar bringen die Besucher den Indianern wichtige Einnahmen, aber sie bestärken zugleich die gängigen Klischees. Manche (nicht alle) Zeremonialtänze werden ausschließlich für Touristen inszeniert und hinterlassen meist den schalen Geschmack der Vermarktung.

Exit 264 markiert den ersten Abzweiger zu einem der 19 Pueblos am oberen Rio Grande, nach **Cochiti**, dessen Bewohner

Truck Stop bei Albuquerque

Windschief: hispanische Gräber bei Cubero

als Meister im Bau von Trommeln bekannt sind. Im Reservat liegt auch der Cochiti-Stausee, der die erfrischende Chance bietet, in dieser Halbwüste auch segeln, windsurfen und baden zu gehen.

Wie Cochiti haben auch einige andere Indianerstämme der Südwestregion (z.B. Isleta oder die Mescalero-Apachen) im Bereich von Sport und Freizeit Zusatzgeschäfte entdeckt. Neuester Trend: Spielcasinos, die auf Reservatsboden erlaubt sind, weil sie zwar gegen Staats-, nicht aber gegen Bundesgesetz verstoßen, an das die *American Indians* allein gebunden sind.

Kurze Zeit später (*exit* 259) kann man zum Santo Domingo Pueblo abzweigen, dessen Bewohner ihre Traditionen besonders hoch halten. In den Schulen ist zweisprachiger Unterricht untersagt; die Kinder lernen ihre Sprache *Keresan*. Alle Bewohner haben abends rechtzeitig in den Pueblo zurückzukehren, und niemand

darf Indianer anderer Pueblos heiraten. Wer es dennoch tut, muß außerhalb des Dorfes wohnen. Die rund 3 500 Santo-Domingo-Indianer leben von der Landwirtschaft und vom Kunsthandwerk. Keramik und Silberschmuck – erkennbar an den strengen geometrischen Formen ihres Designs, spielen von jeher die größte Rolle.

Wenig später rückt die 66-Spur dem Rio Grande näher, vorbei an der Baumschule TANNENBAUM LANDSCAPE TREES und den Adobehütten und Kirchen von **Algodones**, einem hübschen Beispiel für das *rural* New Mexico. Der Ortsname kommt vom spanischen Wort für »Baumwolle«, die hier auch um die Mitte des vorigen Jahrhunderts gewachsen sein soll. Vielleicht haben aber auch die vielen Cottonwood-Bäume ringsum bei der Namensfindung Pate gestanden.

Wie schon auf dem Weg nach Santa Fe, schmiegt sich die Route 66 auch hier eng an einen noch älteren Trail an, den bereits erwähnten **Camino Real**, der einst am Fluß entlang von Chihuahua nach Santa Fe führte.

Stolz nennt sich **Bernalillo** nach seinem spanischen Entdecker THE CITY OF CORONADO. In den Saloons und Bars trifft man sich alljährlich beim Wine Festival, das ausgerechnet von Coca-Cola gesponsert wird. New Mexico zählt, ähnlich wie viele andere südliche Bundesstaaten, zu den Newcomern in der Weinproduktion. UNCORK THE ENCHANTMENT ermuntert ein *billboard*.

In Flußnähe dominieren die Landwirtschaft, schöne Laubbäume, die besonders im Herbst viel hermachen, Bewässerungsgräben, durch die man dem Rio Grande Wasser abzapft – alles Dinge, von denen man nichts ahnt beim Anblick der kargen Szenerie, auf die das Land aus der Fernsicht der Interstate zusammenschrumpft.

Kurz vor Albuquerque türmen sich die Abhänge der Sandia Mountains, die sich wegen ihrer Skigebiete und früherer archäologischer Funde einen Namen gemacht haben. Peu à peu nimmt die Landstraße in **Albuquerque** (vom lateinischen *albus quercus* = weiße Eiche) städtische Züge an: erst ländliches Durcheinander aus *car washes*, Ziegen und einem »Cavalier Motel«, von dem nur noch das Schild steht, dann der obligatorische Shopping Strip und schließlich Downtown mit bräunlichen, halbherzigen Hochhäusern, die klotzig und leblos wirken. Lebendiger wird's erst weiter südlich, im hispanischen Teil, mit Art-déco-Resten, alten Heiligenbildchen und neuen Wandmalereien.

In Albuquerque, der Stadt mit dem unaussprechlichen Namen (ÄL-bu-kö-ki), lebt fast ein Viertel der neumexikanischen Bevölkerung, was nicht heißt, daß daraus gleich eine Metropolis wird. Denn mit knapp 400 000 Einwohnern hält sich Albuquerque zwar nicht in engen räumli-

chen, aber in Grenzen im übertragenen Sinn, d.h. sie ist das moderne und ziemlich reizlose Pendant zu Santa Fe, ein Raumfahrt-, Nukleartechnologie- und Computerzentrum (neuerdings deswegen sogar »Silicon Desert« genannt), verkehrsgünstig gelegen, aber halt kein Traumziel, von der historischen Enklave der Plaza in Old Town und dem fulminanten Heißluftballon-Festival im Oktober einmal abgesehen. Für Route-66-Reisende wären noch die Oldtimer entlang der Central Avenue zu ergänzen (vgl. S. 164).

Die erste Begegnung mit dem **Rio Grande** zeigt, daß er alles andere als *grande* ist. Je nach Wasserstand umspült er oft nur müde ein paar Sandbänke und zeigt sich selten spektakulär, denn seine ganze Wasserkraft verbraucht er sozusagen am Rande, wo er alles Leben zum Grünen und Blühen bringt. Auch am anderen Ufer bleibt die Szene bunt und fest in hispanischer Hand, dann kehren die alten Bäume, die Felder und die Pferde wieder.

Bei **Los Padillas** unterfährt man die Interstate und gelangt ins Reservat der Isleta-Indianer. Eine Schotterstraße führt zum **Isleta Pueblo**, den man schon wegen der prächtigen St. Augustine Mission aus dem 17. Jahrhundert nicht auslassen sollte. Der Ortsname (*isleta* = spanisch für »kleine Insel«) erinnert an die Eskapaden des Rio Grande. Tatsächlich nämlich lag der Pueblo, als die Spanier kamen, auf einer Insel im Fluß. Im Vergleich zu den anderen Indianer-Pueblos am Rio Grande ist es den Isletanern eigentlich immer gut gegangen. Neben dem Ackerbau brachte die Viehhaltung zusätzliche Einnahmen so wie neuerdings auch das Bingo-Spielcasino.

Es geht wieder über den Rio Grande zurück nach **Bosque Farms** mit reichlich Alfalfa im Umfeld. Bei **Los Lunas**, dessen Ortseingang eine schöne Kirche ziert, wird zum dritten Mal der Rio überquert – mehr kann man von einer *scenic route* wirklich nicht erwarten.

In der Nähe von Prewitt hat sich dieser Mann aufs Tauschen von Nummernschildern verlegt

Aber dann schwingt sich die Straße nach Westen in die Einöde der neumexikanischen Halbwüste. Im Nu erweitert sich das Panorama zu einem Breitwandbild im 360-Grad-Winkel: endlose Ebenen voller Wildblumen, betupft mit Juniper- und Piñon-Büschen, durchfurcht von kleinen *washes*, diesige Bergsilhouetten und Mesas am Horizont, während der Smog am Fuße der Sandia Mountain Range von Albuquerque nur noch den Rückspiegel trübt.

Spätestens an der Laguna Indian Reservation zeichnet sich das silbrige Dachgeschoß des **Mount Taylor** in der Ferne ab, weil dort oben, in knapp 4 000 Meter Höhe, die Bäume fehlen. Den Navajo-Indianern, die ihn »Turquoise Mountain« nennen, gilt er als heiliger Berg.

Als Dritter im Bunde von Interstate und Eisenbahn sammelt die alte Route 66 als *frontage road* auch weiterhin landschaftliche Pluspunkte, meist durch größere

Nähe: zu den Loks der Santa-Fe-Eisenbahn, den gelben *Chamisa*-Büscheln und den violetten Astorblüten. Die Fahrspur windet sich um die steilen roten Felszinnen herum, während die Interstate gnadenlos hindurchprescht.

Westlich von **Mesita** hebt sich das schwarze Lavagestein von Malpais aus dem Boden und gibt dem Farbenspiel eine weitere Nuance. In Laguna leuchtet die weißgetünchte Adobekirche San José im **Old Laguna Pueblo** herüber, die wegen ihrer bemerkenswerten Innendekoration ebenso wie die von Isleta einen Besuch lohnt. Laguna spielt innerhalb der Pueblos insofern eine ungewöhnliche Rolle, weil hier Mitglieder verschiedener Stämme und Dissidenten anderer Pueblos vielsprachig zusammenleben.

Im Dörfchen **Paraje** geht die rote Sandsteinkirche mit der Zeit. BAPTIST CHURCH. TRUCKERS WELCOME, heißt die Devise. Mittlerweile ist der Mount Taylor auf gleicher Höhe: rundum waldig-schwarz – mit Glatze.

Verlassene Geschäfte und zerbröselnde Adobehäuser pflastern weiterhin den Weg nach Westen: **Budville**, benannt nach »Bud« Rice, der hier 1928 eine Autowerkstatt und ein Tourismusgeschäft unterhielt, wo sich noch eine »Route 66 Trading Company« erhalten hat; **Villa de Cubero**, wo Hemingway sich einst verkroch, um seinen »Alten Mann und das Meer« zu schreiben (die »Cubero Trading Post« macht Eindruck); **San Fidel**, trotz »Ray's Bar«, einem »Liquor Drive-up«, und einem ordentlichen Post Office mit der unvermeidlichen Flagge schwer heruntergekommen (auch das »Whiting Brother Motel« hat seinen Geist aufgegeben).

Der anschließende Hopser über die Interstate bringt eine Pause in die Vergangenheitsbewältigung, doch auf der südlichen Seite des Superhighway greift die *frontage road* sie wieder auf. (Wer möchte, kann hier die Indian 38 zum Abstecher nach Acoma nutzen.)

Oberhalb der Pferdeweiden in **McCartys** klebt die Kirche Santa Maria de Acoma am Hang, vom Sandgestein kaum zu unterscheiden – eine Nachbildung der Mission San Esteban Rey in Sky City des Pueblo von Acoma. Dicke Lavabrocken schwärzen die Erde der Badlands (oder spanisch: *malpais*). Eine Legende der Navajo sieht in diesem Vulkangestein das getrocknete Blut eines bösen Monsters, das bei der Durchreise von den Göttern getötet wurde.

Gallup: am Rande des Indianerfestivals

Auch weiterhin lassen sich die Fragmente der Route 66 nur durch ständiges Rochieren unter den Rädern halten: unter der Interstate hindurch, über die Eisenbahn hinweg und umgekehrt.

Autofriedhöfe und Schrotthaufen bilden das Entree zu **Grants**, das sich wegen seiner Uranvorkommen in den 50er Jahren bis heute über Wasser halten konnte: Ein Navajo-Indianer entdeckte gelbliche Felsbrocken, die sich als uranhaltig herausstellten. Ein Zementwerk, ein ramponiertes Kino – das scheint beinah alles zu sein, was geblieben ist.

Langsam erröten die Steinmauern der Mesas und werden steiler: Red Rock Country. **Prewitt** folgt, ein Kraftwerk (GENERATING STATION), das weißen Rauch aus den Kaminen abläßt, und **Thoreau** (gesprochen: sru). Ende des vorigen Jahrhunderts (1896) bezog hier die sogenannte Hyde Exploring Expedition Quartier, um in der Nähe die prähistorischen Ruinen von Chaco Canyon freizulegen, die heute zu den faszinierendsten Funden der Anasazi-Kultur zählen.

Im »Wagon Wheel«, einem deftigen Eß-Schuppen mit robuster Kundschaft, sind Hamburger gefragt. Wer einen Eistee will, bekommt ihn gleich eimerweise. Nicht so gut bestellt scheint es mit »Herman's Garage« zu sein, einem alten Route-66-Klassiker. Besser als eine Freilicht-Rumpelkammer sieht er nicht aus.

Bald hockt der Highway auf seinem höchsten Punkt (ca. 2 425 Meter), denn er ist auf der Spitze der **Continental Divide** gelandet, jener oft als »Dach der Nation« bezeichneten Höhenlinie, die alle Flüsse, die nach Osten von denen trennt, die nach Westen fließen. Die einen streben durch den Golf von Mexiko in den Atlantik, die anderen in den Pazifik.

In scharfem Kontrast zu meist verblichenen Etablissements vergangener Zeiten verwöhnt hier oben eine Tankstelle die Motoristen mit den angeblich saubersten Toiletten der Nation. Das durch pe-

Navajo-Junge in Festtagskleidung

netrante *billboards* bereits angekündigte »Indian Village« will da nicht nachstehen und präsentiert sich als Supermarkt für Gummi-Tomahawks und anderen *Indian*-Kitsch.

Auf der I-40 bleiben die roten Felsbalkone über dem graugrünen Gräserteppich so lange erhalten, bis die Neuzeit unverhofft harte Akzente ins Landschaftsbild hackt: eine Raffinerie und der monströse GIANT TRUCK STOP.

Schließlich **Gallup**, wo die Old Road selbstbewußt die Rolle der Hauptstraße spielt, die sich meilenweit an den Schienen hinzieht. Nichts ist schöner, als hier im Zwielicht anzukommen: bei Sonnenuntergang, wenn der rote Abendhimmel mit der Neonszene am Strip das Finale eines langen Reisetages in die Nacht beleuchtet.

Die Eisenbahn bildet die Nabelschnur, an der Gallup von Anfang an gehangen hat, und zwar seit 1881, seit hier ein Kohle- und Holzterminal eingerichtet wurde, um die Lokomotiven zu versorgen. Konsequenterweise stammt auch der Ortsname aus der Branche: Ein gewisser David Gallup war Zahlmeister der Atchison, Topeka & Santa Fe Railroad.

Schon 1920 sonnte sich die Stadt als »The Heart of Indian Country«. Gemeint war der damals aufblühende Handel mit den Kunsterzeugnissen der Indianer der nahegelegenden Navajo-, Hopi- und Zuni-Reservate. Als Gallup dann auch Schauplatz der jährlichen indianischen Festivals wurde, gab es für das lokale Marketing kein Halten mehr: die »Welthauptstadt der Indianer« war gekürt.

In Dutzenden von Kunstgewerbeläden findet der Besucher eine große Auswahl an Teppichen, Keramik, Silber- und Türkisschmuck, in der Regel auch von guter Qualität und zu vernünftigen Preisen. In den Tresoren der Trader, den sogenannten *vaults*, lagern kostbare Schmuckstücke, die die Indianer aus Geldmangel verpfändet haben. Ab und an geraten solche Einzelstücke in den Verkauf.

So glänzend die Angebote, so augenfällig auch die Kehrseiten der »Welthauptstadt«. Nirgendwo zeigen sich die Auswirkungen des Alkoholismus der Indianer deutlicher als in Gallup, wo es von Schnapsläden und Bars nur so wimmelt und Löhne und Sozialhilfen verflüssigt werden. In den Reservaten selbst ist der Verkauf von Alkohol zwar streng verboten, aber entlang der Straßen nach und von Gallup kann man den blinkenden Bierdosen und Flaschen ansehen, daß solche Verbote nicht viel nutzen. In der Woche zählt Gallup rund 20 000 Einwohner, am Wochenende das Doppelte. ✦

Indianerparade in Gallup, New Mexico

196

11. Tag – Route: Gallup – Painted Desert/Petrified Forest National Park – Holbrook – Winslow – Meteor Crater – Flagstaff, AZ (373 km/233 mi)

km/mi	Zeit	Route
0	9.00 Uhr	In **Gallup** die NM 118 *west* (Old Route 66); nach etwa 3 Meilen westlich der I-40-Überführung links und unter der Interstate hindurch auf die Südseite der *frontage road* für noch einmal 3 Meilen bis *exit* 8 (Manuelito), unter der I-40 hindurch und auf NM 118 bleiben, über die Schienen durch Manuelito und an den Devil's Cliffs vorbei zur Staatsgrenze östlich von
40/ 25		**Lupton, Arizona.** Weiter bis zum *exit* 354 (Hawthorne Rd.) und dort auf die I-40 *west* bis zum *exit* 311, d.h. zum Eingang von
115/ 72		**Painted Desert** und **Petrified Forest National Park** (Visitor Center, Rundfahrt, Wanderung: ca. 2 1/2 Std.).
173/108	12.30 Uhr	Am südlichen Parkausgang auf die US 180 Richtung
202/126		**Holbrook**, US 180 heißt hier Navajo Blvd. An der ersten großen Kreuzung links auf den Hopi Dr. (Route 66`) und nach Westen. (Wer das Museum besuchen will, fährt Navajo Blvd. über Hopi hinaus weiter geradeaus: Museum kurz darauf rechter Hand.) Lunchpause in einem der Lokale auf Hopi Dr. (ca. 1 Std.). – Hopi Dr. nach Westen durch die Stadt bis zur Auffahrt 285 der I-40 und diese bis zum *exit* 277. Dort die nördliche *frontage road* durch Joseph City, an der nächsten Zufahrt zur I-40 links, über die Interstate hinweg und auf der südlichen Parallelstraße weiter nach Westen, vorbei am Jack Rabbit Trading Post (»HERE IT IS«). Dann wieder auf die I-40 bis zum *exit* 257. Dort auf die Südseite der I-40 und dort auf die *business* 40 nach
253/158	14.30 Uhr	**Winslow**, Route 66 ist hier 3rd St. (in West-Ost-Richtung 2nd St.). **Besuch des Old Trails Museum** (ca. 1/2 Std.). – Westlich der Stadt: I-40 *west* bis *exit* 233 Richtung METEOR CRATER und den Schildern folgen zum
299/187	15.30 Uhr	**Meteor Crater** (1/2–1 Std.). – Zurück zur Interstate, diese nach Westen bis *exit* 211 (Winona). An der Ausfahrt rechts über die Camp Townsend–Winona Rd. bis zur Kreuzung mit der US 89, diese links nach
373/233	17.30 Uhr	**Flagstaff**, wo die US 89 den Namen Santa Fe Ave. annimmt, auf dieser bleiben bis Höhe San Francisco St. (Downtown).

Ausflüge und Extras: Flagstaff hat im **Museum of Northern Arizona** ausgezeichnete Ausstellungen zur Naturgeschichte Arizonas und den Indianerkulturen zu bieten (US 180 ca. 5 km nordöstl. der Stadt, ℰ 774-5213, tägl. 9–17 Uhr). Außerdem ist der Ort ein guter Ausgangspunkt für zahlreiche Ausflüge in die nähere Umgebung: Z.B. führt die US 180 *north* zum **Grand Canyon** (128 km), die US 89 A *south* in den **Oak Creek Canyon** und nach **Sedona** (48 km). Ebenfalls sehenswert: **Sunset Crater** und **Wupatki National Monument** (US 89 ca. 20 km nach Norden, dann Abzweiger rechts): durch Lavafelder (schwarze Erde, grüne Bäume, blauer Himmel) geht die Fahrt zunächst zum Krater, dann zu den Wupatki-Ruinen und ihrer braunroten Farbeinheit von Boden, Gestein und Bauresten. Auch sonst fallen seltsame Parallelen auf: Die verwitterten Gesteinshöhlen sehen wie Mini-Klippensiedlungen aus und die Überbleibsel der gemauerten Siedlung wie eine natürliche Fortsetzung des Gesteins.

11. Tag – Informationen

Vorwahl: ℰ 520

 Plaza Cafe
1501 W. Hwy. 66
Gallup
ℰ (505) 722-6240
Frühstück. Ambiente passend zum 66-Thema.

 Petrified Forest National Park
P.O. Box 2217
Petrified Forest National Park, AZ 86028
ℰ 524-6228
Tägl. 8–17, im Sommer 7.30–17.30 Uhr
Am Nordeingang (*exit* 311) informiert das **Painted Desert Visitor Center**, am Südeingang das **Rainbow Forest Museum** über Geologie und Geschichte.

Eine 43 km lange Autoroute verbindet die fossilen Welten des ehemaligen Wald- und Sumpfgebiets: szenische Ausblicke (u.a. **Painted Desert, The Teepees** und **Blue Mesa**), Anasazi-Ruinen (**Puerco Indian Ruins** aus der Zeit vor 1400), Petroglyphen (**Newspaper Rock**), bizarre Brücken (**Agate Bridge**), kleine Wanderwege (z.B. an der Blue Mesa; im **Crystal Forest**; von den **Long Logs**, den buntesten Stücken des Parks, zum **Agate House**; am Rainbow Forest Museum) und Picknickplätze (**Chinde Point, Rainbow Forest Museum**). Eintritt $ 5.

Holbrook, Arizona 86025

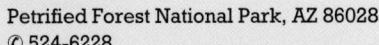 **Navajo County Historical Museum**
100 E. Arizona St.
 ℰ 524-6558 und 1-800-524-2459
Im Gerichtsgebäude von 1898 sind Zeugnisse der prähistorischen Indianerkultur und der Pioniere untergebracht. An Wochenenden geschlossen. Im gleichen Gebäude: **Holbrook Chamber of Commerce**, ℰ 524-6558 oder 1-800-524-2459.

 Joe & Aggie's Cafe
120 W. Hopi Dr.
ℰ 524-6540
Mexican & American Food. Barber Shop. So geschl. $. – Gegenüber:

Stein im Brett: versteinerte Baumstämme im Petrified Forest, Arizona

 Romo's Cafe
121 W. Hopi Dr.
 ☏ 524-2153
Gemütlich. Hausmannskost. $

 Wigwam Motel & Curios
811 W. Hopi Dr.
☏ 524-2847
Route-66-Denkmal: Zementzelte, 1950 eröffnet, 1988 renoviert und seither wieder
in Betrieb. Alternative zum rechten Winkel: runde, klimatisierte und TV-bestückte
Zimmer. $

 Jack Rabbit Trading Post
US 66 zwischen Holbrook und Winslow
Joseph City, AZ
☏ 288-3230
Seit 1949 spezialisiert auf indianische Sou-
venirs.

Winslow, Arizona 86047

i **Winslow Chamber of Commerce**
300 North Rd.
☏ 289-2434/35, Fax 289-5660

 Falcon Restaurant
1113 E. 3rd St. (Ostende)
☏ 289-2342
Familienrestaurant. $–$$

 La Posada
303 E. 2nd St. (Route 66)
☏ 289-4366, Fax 289-3873
E-mail: laposada@igc.apc.org
Dieses 1930 im Hazienda-Stil von Mary
Colter entworfene Haus ist das jüngste in
der Kette der Bahnhofshotels der Santa Fe
Railway, die alle von Fred Harvey geführt
wurden. In vorbildlichem Zustand. $$

 Old Trails Museum
212 N. Kinsley Ave.
ℂ 289-5861
Di–Sa 13–17 Uhr
Instruktives kleines Museum. Stadtgeschichte, Eisenbahn, Route 66.

 Meteor Crater
Nähe I-40, *exit* 233
ℂ 289-2362
Im Sommer tägl. 6–18, sonst 8–17 Uhr
Ein Millionen Tonnen schwerer Meteorit plumpste hier vor ca. 50 000 Jahren auf die Erde und riß einen Krater von rd. 1 Meile Durchmesser. Einblick vom Kraterrand in das Astronauten-Trainingsgelände, Museum of Astrogeologie und Astronaut Hall of Fame. Eintritt $ 8.

 Twin Arrows
I-10, *exit* 219
Beliebter Foto- und Truck Stop an der 66.

Flagstaff, Arizona

 Flagstaff Chamber of Commerce
1 E. Route 66
Flagstaff, AZ 86001
ℂ 774-9541 und 1-800-842-7293
Mo–Sa 8–21, So/Feiertage 8–17 Uhr

  Hotel Monte Vista
100 N. San Francisco St.
Flagstaff, AZ 86001
ℂ 779-6971 und 1-800-545-3068
Fax 779-2904
Seit 1927, zentral, mit Restaurant und Bar. $$

   Little America Hotel
2515 E. Butler Ave. (*exit* 198 von I-40)
Flagstaff, AZ 86003
ℂ 779-2741 und 1-800-865-1403
Fax 779-7983
Resorthotel im Wald, umgeben von Wander- und Joggingpfaden. Mit Pool, Fitneßräumen, Restaurant, Tiffany Tree Lounge. $$$

  Charly's Pub & Grill
23 N. Leroux & Aspen
ℂ 779-1919
Im historischen Weatherford Hotel (1897; heute eine Jugendherberge). Sandwiches, Suppen, Salate und Südwestspezialitäten. Manchmal mit Musik. Mo abend geschl. $–$$

  Cafe Espress
16 N. San Francisco St.
ℂ 774-0541
Populär und gemütlich: vegetarisches Café-Restaurant. $–$$

  Brix Grill & Wine Bar
801 S. Milton Rd.
ℂ 779-5117
Leckere Südwestküche, Fisch. Lunch und Dinner. Am besten vorher reservieren. (Angeschlossen: Kaffeehaus und Delikatessenladen.) $$$

  Museum Club
3404 E. Route 66
ℂ 526-9434
Klotziges Blockhaus von 1931: ursprünglich war es ein Museum für ausgestopfte Tiere und ein Trading Post, heute dient es als sogenanntes *roadhouse* mit Country & Western-Tanzdiele, Bar. Volksmund: »The Zoo«.

Grüße aus der Steinzeit

Painted Desert, Petrified Forest und Meteor Crater, Arizona

*»Standin' on a corner
in Winslow, Arizona,
is such a fine sight to see«*

(The Eagles, »Take It Easy«)

Mit der Route 66 unter den Rädern und der weiten Hochebene vor Augen geht es von Gallup im Galopp nach Westen. Der DAIRY QUEEN sind die HOT DOGS auf der Spur, und rechtzeitig nach STUCKEY'S folgen die CLEANEST RESTROOMS IN THE COUNTRY. Andere Texte hat der Highway nicht zu bieten.

Dafür aber derbe Augenfallen. In **Lupton** zum Beispiel, wo der grellgelbe Trading Post »Chief Yellow Horse« aufgebaut ist, angeblich der größte der Welt, so groß, daß unter anderem ein Restaurant mit 75 Plätzen darin untergekrochen ist.

In der Nähe des Petrified Forest legt sich das kommerzielle Geschrei. Statt

Straße für jede Jahreszeit: die Route 66 im Schnee westlich von Gallup

Monster am Highway: Verkaufsbuden in Arizona

dessen tun sich rot, grau, orangen, weiß und pink gefärbte Mondlandschaften auf, die den Reiz der **Painted Desert** ausmachen.

Daß man vor lauter Bäumen manchmal den Wald nicht mehr sieht, überrascht nicht. Daß man ihn aber vor lauter Steinen nicht mehr erkennt, das passiert nur in den Badlands des **Petrified Forest National Park**. Hier glitzern und schimmern versteinerte Bäume je nach Lichteinfall um die Wette.

Die bunten Nachfahren und Bruchstücke eines prähistorischen Waldes haben sich so gut erhalten, weil sie nach ihrem Absterben unter Sand und Vulkanasche luftdicht verschlossen blieben. Als sie, verursacht durch neue Erdbewegungen, nach mehr als 200 Millionen Jahren wieder an die frische Luft kamen, war das Holz längst durch Mineralien ersetzt – Alchemie in der Wüste.

Mitte des vorigen Jahrhunderts, als man den steinernen Wald entdeckte, weckte er weniger Bewunderung als Begehrlichkeit. Einzelne Brocken und ganze Stämme wurden abtransportiert, gesprengt oder zerschlagen, um an die eingeschlossenen Amethyste zu kommen. Erst 1906 legte man den Schatzjägern das Handwerk und stellte die Region unter Schutz; 1962 avancierte sie sogar zum Nationalpark.

Vom Scenic Drive aus, aber auch zu Fuß auf bequemen Wanderwegen oder in den kühlen Ausstellungsräumen der Visitor Centers lesen sich die 225 Millionen Jahre Erdgeschichte wie ein offenes, farbig illustriertes Buch. Besonders der südliche Parkteil bietet optische Leckerbissen, allen voran die **Blue Mesa**.

Indianer-Romantik in Beton: »Wigwam Motel« in Holbrook

Am Ausgang versucht die »Vehicle Inspection Station« sicherzustellen, daß kein Stein als Souvenir den Park verläßt. Auch wenn jeder nur ein winziges Stück in die Tasche steckte, würde sich der Verlust auf mehrere Tonnen pro Jahr summieren. Das haben jedenfalls die gründlichen Ranger errechnet.

In **Holbrook** tarnt sich die Route 66 als Hopi Boulevard voll tapferer Veteranen aus jener Zeit, als der Bypass der Interstate noch unbekannt war. Daß sie dem allgemeinen Massensterben widerstanden haben, liegt vielleicht daran, daß die 1881 gegründete Stadt immer schon ein beliebter Stopp für Siedler, Händler und

Coffee Shop in Winslow, Arizona

Cowboys war. Jedenfalls konnte sich eine ansehnliche Zahl von Familienunternehmen gegen die Franchisebetriebe an der Autobahn behaupten.

Joseph City verdankt seine Existenz stolzen Mormonen, die hier in den 70er Jahren des 19. Jahrhunderts zuerst siedelten. In **Winslow** steht natürlich die von den »Eagles« besungene »Corner« auf dem Programm. Also, nichts wie hin – zur Ecke 2nd und Kinsley. Ansonsten beherbergt die Stadt (wie Holbrook eine alte Railroad Town aus den 80er Jahren des vorigen Jahrhunderts) ein liebevoll ausgestattetes Museum, wo es eine Menge zu sehen gibt: Knochenreste von Monstern der Vorzeit, die im Little Colorado River gefunden wurden, indianische Dokumente aus dem nahen Pueblo und vieles Regionale mehr. Der erste Sheriff in Winslow, so erzählt die diensttuende alte Dame, hatte lange blonde Haare, die er besonders gern bei der Verfolgung von indianischen Pferdedieben flattern ließ, was die Indianer enorm beeindruckte, weil sie ihn für etwas Übernatürliches hielten.

Das hübsche alte **La Posada** am Bahnhof erinnert an die Ära der Harvey-Hotels, die einst in Zusammenarbeit mit

Reisen mit Durchblick: Vista Point am Meteor Crater

der Santa–Fe-Eisenbahngesellschaft entstanden. Ein Deal sicherte Frederick Henry Harvey die Lizenz zum Bau bahnhofsnaher Gaststätten und Hotels entlang den Schienen nach Westen. Bettwäsche, Besteck, Porzellan und Kristallgläser hoben schlagartig die Standards des Eisenbahnverkehrs.

Die Verpflegung der Bahnreisenden war bis dahin miserabel. So etwas wie einen Speisewagen gab es nicht. Kaum war das bescheidene Essen in den Bahnhöfen auf dem Tisch, wurde zur Weiterfahrt gepfiffen. Was auf den Tellern liegenblieb, wurde wie bei Witwe Bolte wieder aufgewärmt und den nächsten Opfern vor-

»Twin Arrows«: das Zwillingspärchen aus dem All

gesetzt. Klar, daß das Zugpersonal mit den Bahnhofslokalen unter einer Decke steckte – sie bekamen Prozente für den frühen Abpfiff.

Fred Harvey schaffte ihn ab. 1876 war Premiere in Topeka, Kansas. In den neuen Restaurants konnte man nicht nur in Ruhe und gut essen (Bestellungen wurden voraustelegrafiert), sondern man wurde obendrein noch von den weiß geschürzten »Harvey Girls« umsorgt.

Diese jungen Frauen erarbeiteten sich schnell einen guten Ruf, denn sie waren gehalten, den Service nach strengen sittlichen Maßstäben auszuführen, denen strikte Kleiderordnung und Benimmregeln zugrundelagen. Unter Aufsicht einer Hausmutter lebten sie in Heimen und bekamen freie Kost und Logis. Da viele von ihnen geheiratet wurden, verfestigte sich die Meinung, daß sie es eigentlich waren, die den Wilden Westen gezähmt hätten.

Kurzer Abstecher und damit Szenenwechsel zum **Meteor Crater**. Bevor die Forschung herausfand, daß es sich hier um den Abdruck eines eisernen Meteoriten handelt, der sich durch die Wucht des Aufpralls selbst auflöste, glaubte man an den vulkanischen Ursprung des großen Lochs. Fotografen haben es schwer, hier eine gute Position auszumachen, denn der Bewegungsspielraum am Kraterrand ist gering und ein Hubschrauber für die Vogelperspektive weit weg. Immerhin hat man für ein Trostpflaster gesorgt: In eine Ziegelmauer im Eingangsbereich wurde ein »Fenster« geschnitten, das wie im Studio den Blick oder das Foto auf den Humphreys Peak rahmt, den höchsten Berg in Arizona (3 860 Meter).

Und noch ein beliebtes Route-66-Fotomotiv folgt auf den Fuß: die Pfeile der **Twin Arrows**, die uns (ähnlich wie der Krater) aus dem Außerirdischen zugestoßen zu sein scheinen und vermutlich auch noch im selben Winkel eingeschlagen haben wie die Cadillacs von Amarillo.

Weiter westlich verändert sich die Landschaft wieder einmal drastisch: Juniper und Kiefern drängen sich beim Aufstieg nach Flagstaff auf gut 2 300 Meter ins Bild und bleiben auch während der Ausfahrt nach **Winona**, wenn die stille Waldstraße einen Hauch von Oberstdorf verbreitet: die wohl schönste Annäherung an die Stadt und die San Francisco Mountains.

In **Flagstaff** heißt die Route 66 Santa Fe Avenue, die bei San Francisco Street voll auf der Höhe der lebendigen Innenstadt ist. Als 1876 jemand die US-Flagge an einem geschälten Kiefernstamm befestigte, hatte der Ort seinen Namen weg. *Flag staff* hängte fortan sein Fähnchen stets nach dem Wind: in Richtung Holz, Viehwirtschaft, Eisenbahn, Universität und – Tourismus.

Wer die gute Höhenluft genießt und durch die Straßen der lebendigen Innenstadt wandert, trifft meist auf Leute, die sich von der Deftigkeit (und Lautstärke) der bisherigen Route-66-Bevölkerung unterscheiden, Santa Fe einmal ausgenommen.

Das Umfeld ist entsprechend sortiert, eher europäisch und weit entfernt vom Mittleren Westen: mit Birkenstock und New-Age-Literatur, therapeutischen Massagen und Schwangerschaftshilfen, Bioläden und vegetarischen Restaurants. Auch die Universität strickt am Flair von Flagstaff mit.

Beim Straßenfest am Samstagabend rockt die Band mit aller Kraft gegen das Geheul der Santa-Fe-Eisenbahn an. Aber die rächt sich. Wie mit den Trompeten von Jericho fährt sie zwischen die Rockmusik, so als könne sie sie partout nicht leiden. ◆

Flagstaff und die San Francisco Mountains

12. Tag – Route: Flagstaff – Williams – Seligman – Grand Canyon Caverns – Peach Springs – Hackberry – Kingman, AZ (262 km / 164 mi)

km/mi	Zeit	Route
0	9.00 Uhr	In **Downtown Flagstaff** (etwa Ecke San Francisco St. und Santa Fe Ave.): Route 66/*business* 40 in Fahrtrichtung (Westen) und am Flamingo Motor Hotel rechts: Auffahrt auf I-40 *west* bis
26/ 16		Ausfahrt 178 (PARKS) und die nördliche, leicht rappelige *frontage road* nach links (Westen) bis zum *exit* 171 und dort auf die
37/ 23		I-40. Man verläßt diese wieder bei der Ausfahrt 165 (WILLIAMS/ GRAND CANYON). Rechts geht es zum Grand Canyon, links nach Williams.
53/ 33		**Williams** (ca. 1 Std. Pause). – Weiterfahrt: Railroad Ave. nach Westen bis zur Auffahrt (161) auf die I-40 bis *exit* 146 (*business loop* 40 und rechts nach ASH FORK. Durch **Ash Fork** und wieder auf die I-40 bis zum *exit* 139 und rechts in die Crockton Rd. nach
122/ 76	12.00 Uhr	**Seligman** (Route 66 wird hier Chino St.; ca. 1 Std. Lunchpause). – Weiter über die Route 66 Richtung PEACH SPRINGS, zunächst zu den **Grand Canyon Caverns**, dann **Peach Springs**, **Truxton**, **Valentine** und
219/137		**Hackberry** (Stopp ca. 1/2 Std.).
262/164	15.30 Uhr	**Kingman** (Route 66 wird hier Andy Devine Ave.).

12. Tag – Informationen

Vorwahl: ✆ 520

Williams, AZ 86046

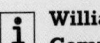 **Williams-Grand Canyon Chamber of Commerce**
200 W. Railroad Ave.
✆ 635-4061, Fax 635-1417
Besucherzentrum auch für die **Grand Canyon Railroad** (233 N. Grand Canyon Blvd., ✆ 1-800-THE TRAIN). Tägl. Zugverbindungen zwischen Williams und dem Südrand des Grand Canyon: morgens 2 Std. hin, 3–4 Std. Aufenthalt, nachmittags zurück; ca. $ 50.

 Bill Williams Mountain Trail
Ranger-Information: ✆ 635-2633
Schöner Tagesausflug: 5–6stündige Waldwanderung mit schönen Aussichten. Rund 700 m Steigung: von ca. 2 300 auf 3 000 m. Beste Zeit: spätes Frühjahr bis früher Herbst.

 The Red Garter Bed & Bakery
137 W. Railroad Ave.
 ✆ 635-1484 und 1-800-328-1484
Die ehemals verruchte Combo aus Saloon und Bordell ist jetzt ein gastliches kleines Hotel (vier Zimmer) und Café mit stets fri-

Spaß auf Rädern: Werbemobil für den »Snow Cap Drive In«, Seligman

schen Backwaren geworden. Mit Frühstück. $–$$

Williams Motel
321 E. Bill Williams Ave.
✆ 635-4512
Standard. $–$$. – Daneben:

Rod's Steak House
301 E. Bill Williams Ave.
✆ 635-2671
Seit 1946 eine bewährte Adresse für gute Steaks. Lounge. $–$$

Snow Cap Drive In
Seligman (am Ortseingang linker Hand)

Gut für ein Eis; ansonsten *standard highway food …*

Copper Cart Restaurant
103 W. Chino Ave.
Seligman
✆ (520) 422-3241
Passend zur alten Straße. Verläßliche Lunch-Adresse. $

Grand Canyon Caverns
P.O. Box 180

Peach Springs, AZ 88434
✆ (520) 422-3233

21 Etagen unter der Erde kann man 3 Millionen Jahre alte Meeresfossilien bewundern. 45minütige Touren. Eine Dino-Skulptur spielt den Wachhund am Eingang. Im Inn kann man übernachten.

Kingman, AZ 86401

Kingman Area Chamber of Commerce
120 W. Andy Devine Ave.
✆ 753-6106
Zugleich Sitz der Historic Route 66 Association of Arizona (✆ 753-5001).

Mojave Museum of History and Arts
400 W. Beale St.
✆ 753-3195
Mo–Fr 10–17, Sa/So 13–17 Uhr
Regionale Geschichte (Prähistorie, Moja-

![Route-66-Memo-Shop in Kingman, Arizona]

Route-66-Memo-Shop in Kingman, Arizona

ve-Indianerkultur, Bergbau, Eisenbahn) und eine Sammlung, die dem Cowboy-Darsteller und TV-Witzbold Andy Devine gewidmet ist (am bekanntesten die TV-Serie »Wild Bill Hickok«). Eintritt $ 2.

 Best Western A Wayfarer's Inn
2815 E. Andy Devine Ave.
✆ 753-6271 und 1-800-548-5695
Fax 753-9608
Gut geführtes Motel; Zimmer mit Microwellenherd und Kühlschrank, Pool, *hot tub* und weit genug vom Geheul der Santa-Fe-Eisenbahn entfernt. $

 TraveLodge
3275 E. Andy Devine Ave.
✆ 757-1188 oder 1-800-367-2250
Fax 757-1010
Motel, Pool, Münzwäscherei. $

 House of Chan
960 W. Beale St.

✆ 753-3232
Chinesische Küche, Cocktails. So geschl. $$

 Portofino Ristorante
318 E. Oak St. (Downtown)
✆ 753-7507
Kleines italienisches und gemütliches Plätzchen.$– $$

 Mr. D'z Route 66 Diner
105 E. Andy Devine Ave.
 ✆ 718-0066
Hot Dogs, Burgers, Boutique.

 Time Out Tavern
2601 Stockton Hill Rd. (ca. 2 1/2 km von Andy Devine Ave., auf der linken Seite)
 ✆ 753-2334
Beliebt bei *locals*: Pool-Tische, Games, Bar etc.

Nischen der Nostalgie

Seligman, Arizona

Die röhrenden Hirsche der Santa-Fe-Eisenbahn nehmen nachts selten Rücksicht auf das Schlafbedürfnis. Dafür trägt ihr Weckdienst dazu bei, daß man frühe Sonne und die klare Bergluft nicht verpaßt. Und beide sind gerade in Flagstaff vom Feinsten. Schnell verdrückt sich die Route 66 aus der Stadt und taucht ein in die sie umgebenden Bergwälder, in den Kaibab National Forest. Erst die anschließende Interstate schafft deshalb den Überblick von der fast 2500 Meter hoch

liegenden »Arizona Divide« über bewaldete Täler, Hänge und Bergkuppen.

Wie immer bleibt die Route danach für die Nahperspektive zuständig, für **Parks** zum Beispiel, ein verstreutes Ensemble aus Brettern und Steinen, einem Hogan und langweiligen Fertighäusern. Traditionelles und zeitgenössische Massenware siedeln einträchtig auf einem weitem Feld, dessen goldene Gräser sich vorteilhaft vor den schwarzgrün bewaldeten Berghänge abheben.

Route 66 als Winter-Tour: auf dem hochgelegenen Colorado Plateau kann das passieren

Seligman, Arizona

Rund um den kompakten Downtown-Block wirkt **Williams** sehr aufgeräumt und freundlich. Zwei Straßen teilen sich das Erbe der Route 66, je nachdem, aus welcher Himmelsrichtung man kommt: Railroad Avenue sorgt für den Verkehr von Osten nach Westen, Bill Williams Avenue, benannt nach einem Pelztrapper, für den in umgekehrter Richtung.

Vielleicht gründet die Vitalität des seit 1881 bestehenden Örtchens darauf, daß es erst ziemlich spät, 1984, von der Interstate umkurvt und links liegengelassen wurde – die letzte Stadt an der Route 66 übrigens, der dies widerfuhr. Zunächst glaubte man, das sei's gewesen. Aber es kam anders. Unzählige Arbeitsstunden freiwilliger Helfer flossen in die Stadterneuerung, und viele historische Gebäude schlüpften unter den Deckmantel des Denkmalschutzes.

Man sollte im Zentrum mal einen Kreis fahren, um sich beide Straßen anzusehen. Häufiger noch als anderswo steht an den Motels AMERICAN OWNED. Vertrauensbildende Maßnahmen? Ja, denn Hinweise dieser Art (mit oder ohne US-Flagge) sieht man häufig entlang der Route zwischen Oklahoma und Arizona, weil hier viele Motels inzwischen von Pakistanis und Indern geführt werden.

Gleich beim Visitor Center und dem im Wiederaufbau begriffenen »Fray Marcos Hotel« (ein weiteres Fred-Harvey-Denkmal) liegt der Bahnhof, von dem aus schon seit Beginn des Jahrhunderts Züge zum Grand Canyon dampfen.

Westlich von Seligman geht die Route 66 ihre eigenen Wege

Nicht umsonst nennt sich Williams »Gateway to the Grand Canyon«. Auch heute noch bietet die Nostalgie-Tour (mit Entertainment an Bord) eine willkommene Gelegenheit, einen autofreien Tag einzulegen.

Kurz vor der Auffahrt zur Interstate weist ein Schild zur Ranger Station und dem *trail head*, dem Startpunkt für die Wanderung durch den Hochwald der Pondorosakiefern. Die Wechsel von Berghängen und Talsohlen verschönen auch weiterhin den

213

Westwärts durch Wacholder: zwischen Seligman und den Grand Canyon Caverns

Highway, doch dann geht es plötzlich abwärts. Mit einem Schlag verschwinden die Bäume und überlassen wieder Piñon und Juniper das Feld.

Das Schild von **Ash Fork** bescheinigt den Höhenabfall: Die ehemalige Verladestation für die Erze aus Jerome liegt nur noch 1 700 Meter hoch. Das ansehnliche Nest besteht aus ein paar alten Motels, einer kleinen weißen hölzernen Baptisten-Kapelle und vielen Kindern auf der Straße, denn es ist Sonntag. Am Ortsausgang scheint der »Crow Bar Grill« mit zwei gemalten schwarzen Raben am Eingang noch ebenso gut besucht wie die Kirche. Anderes ist verwaist, verbrettert und hat, wie auch das »White House Hotel« am Ortsausgang, bessere Tage gesehen.

Bald danach verzieht sich die Crockton Road in die Berge, ein ziemlich einsames, aber zunehmend attraktives Stück »66«, das durch goldgelbes, von Wildblumen gesprenkeltes Ranchland führt, begleitet von Gräser, die aus dem Asphalt wachsen. Ab und zu läßt der Wind einen Tumbleweed-Busch tanzen, oder ein Moppel flitzt über die Straße. Hier und da erkennt man nebenan den noch älteren und verwachsenen Highway.

Chino Street in **Seligman** entspricht so richtig dem Geschmack der Fans: »66 Motel«, »Historic 66 General Store«, der legendäre »Snow Cap Drive-In«, Antiquitätenläden – ein komplettes, geschickt geliftetes Schaufenster der Nostalgie.

Daß die 1886 gegründete Eisenbahnsiedlung ihr automobiles Erbe so lupenrein bewahrt hat, geht vor allem auf das Konto des hier ansässigen, allerdings eher schweigsamen Friseurs Angel Delgadillo, seiner Familie und Freunde. So wie er sahen viele 66-Veteranen den Highway nicht bloß als Straße, sondern als Lebensader einer großen Gemeinde, die unter keinen Umständen sterben durfte.

Nach ein paar Meilen wird die Ebene ratzekahl. Nur an den Hängen halten sich noch ein paar dunkelgrüne Tupfer, goldene Gräser und vereinzelte Sukkulenten. Wen ein Blick in die Tiefe reizt, dem sei zur Abwechslung eine Fahrt mit dem Fahrstuhl in den kühlen Untergrund der **Grand Canyon Caverns** empfohlen.

Imposante Western-Panoramen begleiten die Abfahrt nach **Peach Springs**, ins Reservat der Hualapai-Indianer. 700 Stammesmitglieder setzen hier ihre jahrhundertelange Armut fort – die der nomadischen Sammler und Jäger. Rund 65 Prozent sind heute arbeitslos und erhalten Lebensmittelkarten.

Das CAFE-Schild ist kaputt, die Tankstelle dicht: Viel Erfreuliches tut sich nicht, auch wenn ein paar Indianerkinder mit dem Mountainbike herumdüsen. Die Ortsnamenforschung führt zu den Pfirsichen, die tatsächlich hier in der Gegend

wuchsen und wahrscheinlich von den Mormonen gepflanzt wurden.

Nach einigen Weitblicken auf die *open range* verengen sich die dunklen Bergrücken auf der Fahrt nach **Truxton**, in dessen geisterhaften Ruinen allenfalls noch das »Frontier Cafe and Motel« intakt scheint. Wie schon in Peach Springs lockte auch hier das Wasser die Eisenbahn an.

Das winzige **Valentine** hält Distanz zur Straße. Erst **Hackberry** bringt etwas Schwung in den Wüstentrip, denn das »66 Zentrum« entpuppt sich als der unterhaltsame Kramladen eines ökologischen Wanderpredigers, als eine Art Reliquienschrein oder Wunderkammer, die zu erkunden jedem freisteht, der eintritt und dem der ebenso schrullige wie redselige Hausherr Bob Waldmire kostenlos Kaffee serviert. In Abständen verläßt er sein Domizil und fährt mit dem Bus die Route 66

Reliquienschrein und Wunderkammer: das Info-Center in Hackberry

ab, um für mehr Umweltbewußtsein zu werben.

Zum Abschied darf man an seinem selbstgemachten »66 Chili Mix« riechen, den er in Einweckgläsern aufbewahrt. Und einen guten Rat gibt's auch noch mit auf den Weg: möglichst langsam fahren und auf die Tiere achten! Wer auf der Route 66 bis hierher gekommen ist, weiß, daß der Mann recht hat.

Vor dem Haus erinnern ein paar Schilder an die kuriosen Anzeigentäfelchen der Kosmetikfirma »Burma-Shave«, die von 1927 bis 1963 an den Rändern vieler Highways für Unterhaltung sorgten. Die sogenannten »Burma-Shave Jingles« waren Vorläufer der heute üblichen Reklametafeln, der billboards. Es handelte sich dabei um jeweils sechs hintereinander postierte Texttafeln, die sich, der Reihe nach gelesen, reimten, also den »jingle« ergaben – vorausgesetzt, man las sie beim vorgeschriebenen Tempo.

Wer zu schnell fuhr oder bummelte, verpaßte den Rhythmus der Zeilen ebenso wie die Pointe. Rasiercreme, Poesie und Verkehrsdisziplin waren in diesen Sequenzen raffiniert vereint.

> TO GET
> AWAY FROM
> HAIRY APES
> LADIES JUMP
> FROM FIRE ESCAPES
> *BURMA-SHAVE*

Die Schilder von Hackberry trauern dem Tod dieser Autolyrik nach:

> FAREWELL, O VERSE
> ALONG THE ROAD
> HOW SAD TO
> KNOW YOU'RE
> OUT OF MODE
> *BURMA-SHAVE*

Autolyrik: Rekonstruktion einer Werbesequenz der Rasierwasserfirma »Burma Shave«

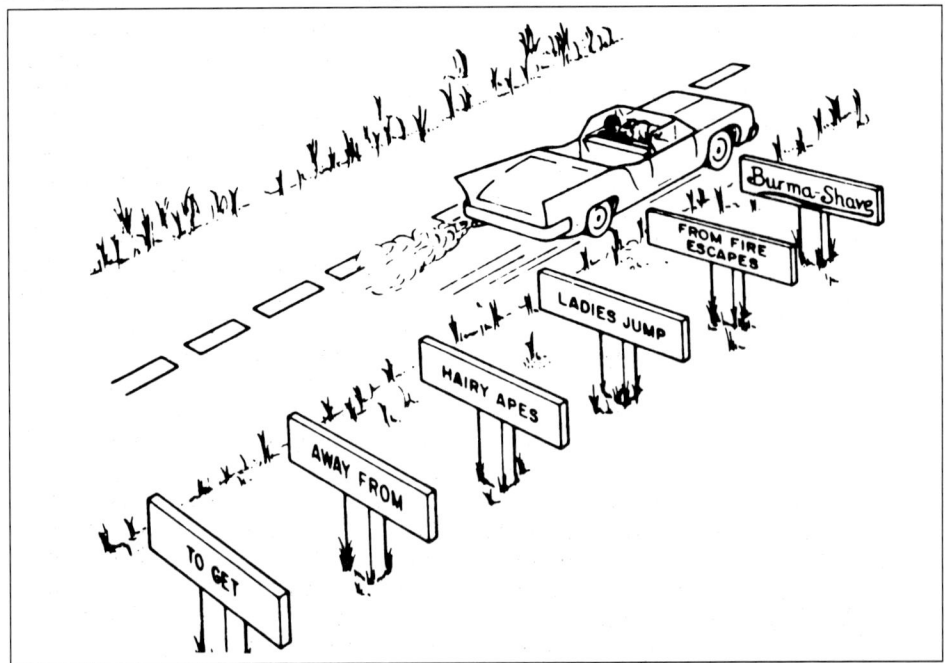

Kingman, Arizona

Die Wüste zeigt sich von poetischer Begleitmusik gänzlich unberührt. Im Gegenteil, sie wird immer struppiger. Die Juniper-Piñon-Pärchen haben sich verabschiedet, und statt dessen besetzen *shrubs* und *chaparral* sowie kleine Agaven die kahlen Bergmassive. Zwei schwarzgelbe Heuler der Santa Fe Railroad zerren Güterwaggons hinter sich her. Wildnis? Nein, Zivilisation und Komfort triumphieren: Das Valle Vista ist stolz auf seinen 19-Loch-Golfplatz!

An der Stadtgrenze von **Kingman** übernimmt die Route 66 den klangvollen Namen Andy Devine Avenue, zum Andenken an den hier geborenen populären Komiker und Schauspieler der 40er und 50er Jahre, von dem immer noch ganz Kingman redet. Daß die 1882 gegründete Stadt mit heute 15 000 Einwohnern allein durch die Eisenbahn auf die Landkarte kam, kann man noch immer sehen und hören, weil die Geleise mitten durch den

Ort laufen, meist begleitet vom ratternden Sound schier endloser Güterwaggons.

Nach dem Attentat von Oklahoma City 1995 überfiel die ansonsten unbeirrbar selbstgerechte und familienorientierte Wüstenstadt, die niemals unangenehm aufgefallen war, plötzlich schlechte Laune. Auf einmal trieben sich Beamte des FBI lange und gründlich herum, weil sie glaubten, Spuren der Attentäter zu finden, die sich hier Monate vor dem Bombenanschlag aufgehalten haben sollen.

Kingman machte negative Schlagzeilen in der nationalen Presse, und die braven Bürger fürchteten um den Ruf ihrer Stadt. Sie hielten sie für alles andere als für das, was die Medien propagierten: ein staubiges, am Ende der Welt gelegenes, kulturloses Truck-Stop-Nest, von Lagerhallen, Fastfood- und Motelketten dominiert, aber letztlich eben ein Paradies für Schießwütige – *a comfortable place for gun lovers*, wie es hieß. ✧

13. Tag – Route: Kingman – Needles – Amboy – Barstow – Victorville – San Bernardino – Rancho Cucamonga – Pasadena, CA (526 km/329 mi)

km/mi	Zeit	Route
0	8.00 Uhr	Frühstück in **Kingman**, Andy Devine Ave. nach Westen und halblinks dem Schild ROUTE 66 und OATMAN folgen durch **Ed's Camp**, über den **Sitgreaves Pass** nach
45/ 28	9.00 Uhr	**Oatman** (Kurzer Rundgang, ca. 1/2 Std.). – 2 Meilen westl. des Orts links dem Schild ROUTE 66 folgen: nach **Golden Shores** und **Topock** (Grenze zu Kalifornien), wo man automatisch auf die Interstate (*exit* 1) gelockt wird mit dem Hinweis I-40 LOS ANGELES WEST. Über die Ausfahrt BROADWAY (= *business* 40) geht es nach und durch **Needles** (Lunchpause ca. 1 Std.). – Weiter auf der *business* 40 über die I-40 hinweg und nach ein paar hundert Metern halblinks, dem Schild zum KOA folgend, auf den OLD TRAILS HIGHWAY (so heißt die Route 66 für eine Weile). – Am Stopp links wieder auf die Interstate, bis Ausfahrt 95, um die US 95 nach Norden zu fahren (Richtung LAS VEGAS); nach etwa 6 Meilen links abbiegen nach
152/ 95	12.00 Uhr	**Goffs**, **Essex**, **Amboy** und **Ludlow**. Dort am Stoppschild rechts auf die Crucero Rd. und am National Trails Hwy. links. Dieser führt wieder auf die Südseite der Interstate nach Westen. In **Newberry Springs** geht es unter der Interstate durch und auf der Nordseite weiter, erst mal nach
317/198		**Daggett**. Dort am Stoppschild links und auf die I-40 und bei der ersten Ausfahrt nach BARSTOW (MARINE CORPS LOGISTICS BASE) wieder runter. Unten an der Ampel links die Autobahn unterqueren und rechts an Main St., rechts an Montara, erneut unter der I-40 hindurch und links weiter über Main St. in **Barstow** und aus der Stadt heraus, durch Lenwood und Oro Grande, über den Mojave River nach
384/240	15.00 Uhr	**Victorville**. Unter der I-15 hindurch und an der 7th St. rechts bis Palmdale, dort auf die I-15 *south* und über den Cajon Pass, dann I-215 nach SAN BERNARDINO/RIVERSIDE und Ausfahrt an DEVORE und dem Zeichen ROUTE 66 folgen: über Cajon Blvd., diesen zuletzt scharf rechts auf Mt. Vernon bis zur
450/281	16.00 Uhr	Kreuzung 5th St. in **San Bernardino**, dort rechts. Aus der 5th St. wird Foothill Blvd., der durch **Rialto**, **Fontana**, **Rancho Cucamonga**, **Upland**, **La Verne** (hier muß man aufpassen, daß man nicht auf den Freeway gezogen wird: etwas links halten, unter der Unterführung durch und weiter über Foothill Blvd.), **San Dimas**, **Glendora** (Foothill heißt hier Alosta Ave.), **Azusa** (Alosta heißt wieder Foothill),

218

13. Tag – Route: Kingman – Needles – Amboy – Barstow – Victorville – San Bernardino – Rancho Cucamonga – Pasadena, CA (526 km/329 mi)

Duarte (Straße heißt jetzt Huntington Dr.), **Monrovia**, **Arcadia**. Danach kommt die Gabelung: halblinks geht der Huntington Dr. weiter, halbrechts Colorado St., die zum Colorado Blvd. mutiert, die Hauptstraße von

526/329 18.00 Uhr **Pasadena**, die man bis zum Arroyo Pkwy. fährt, um sich von dort aus eine Unterkunft zu beschaffen.

Einen Stadtplan von Pasadena finden Sie S. 232.

Extras: Von Kingman via US 93 ins Spielerparadies **Las Vegas** oder via I-40, S 95 nach **Lake Havesu** zum Baden und/oder Motorbootfahren auf dem Colorado River.
Alternative: Wer den Fahrtag früher beenden möchte, um z.B. mehr Zeit für Pasadena zu haben, der bleibt in San Bernardino auf der Interstate, biegt auf die I-10 *west* nach L.A. ab, dann auf die I-210 bis *exit* Allen Ave. An der Ausfahrt links bis Colorado Blvd. und diesen ein paar Blocks nach Westen, ins Zentrum von Old Town Pasadena.

Zusatztag in Pasadena: Morgens **Norton Simon Museum of Art** und oder **Pacific Asia Museum**, architektonische Highlights sind **Gamble House, Castle Green Apartments, Ritz-Carlton Hotel** (Oak Knoll Ave./Huntington Garden Dr.); nachmittags **Huntington Library** und am späten Nachmittag **Old Town Pasadena** (Colorado Blvd. zwischen Arroyo Pkwy., Fair Oaks Ave. und noch zwei Blocks nach Westen). Vgl. 14. Tag, S. 232 ff.

---

13. Tag – Informationen

Oatman Chamber of Commerce
P.O. Box 423
Oatman, AZ 86433
✆ (520) 768-6222

Oatman Hotel
Oatman, AZ 86433
✆ (520) 768-4408
Hotel von 1921 und jüngst restauriert. 8 Zimmer, die Honeymoon-Suiten von Clark Gable und Carol Lombard eingeschlossen. $$

Needles Area Chamber of Commerce
Front und G St.

Needles, CA 92363
✆ (760) 326-2050
Auskünfte ganzjährig tägl. 10–15 Uhr

Roy's Cafe, Garage & Motel
National Trails Hwy. (= Route 66)
Amboy, CA 92304
✆ (760) 733-4255

California Desert Information Center
831 Barstow Rd.
Barstow, CA 92311
✆ (760) 256-8313
Gute Einführung in die Flora und Fauna der südkalifornischen Wüste. Hier befin-

Versorgungszentrum im wüsten Nichts: Amboy, Kalifornien

det sich auch die **Barstow Area Chamber of Commerce**, 222 E. Main St., Barstow, CA 92311, ✆ 256-8617).

 Roy Rogers – Dale Evans Museum
15650 Seneca Rd.
Victorville, CA
✆ (760) 243-4547
Tägl. 9–17 Uhr
Die Sammlung in einem nachgebauten Fort widmet sich dem durch zahllose Hollywoodfilme der 30er und 40er Jahre bekannten Traumpaar.
Ausgestopft und deshalb mit dabei: »Trigger«, das Lieblingspferd von Rogers. Für Western-Fans unverzichtbar. Im Gift Shop gibt es viele der Filme auf Video. Eintritt $ 4.

 Wigwam Motel
2728 W. Foothill Blvd.
Rialto, CA
✆ (909) 875-0241

Gehört wie das Pendant in Holbrook zum Inventar der Route, aber die Beton-Wigwams wirken ziemlich ramponiert. Zweifel sind angebracht, ob das Schild DO IT IN A TEEPEE dies wettmachen kann.

Rancho Cucamonga, California 91730

 Route 66 Cafe
9134 Foothill Blvd.
✆ (909) 980-8444

 Route 66 Museum & Visitor Center
7965 Vineyard Ave., Suite F5 (Thomas Winery Plaza)
✆ (909) 948-9166 und 1-800-JOG-RT66
Mo–Fr 12–16, Sa/So 12–17 Uhr
Sein Gründer, Dr. J. Robert (»Bob«) Lundy, »Dr. Route 66«, leitet Büro und Museum (nostalgische Schaustücke, Video, Literatur, Souvenirs) als Veteran und Kenner der Materie. – Schräg gegenüber:

13. Tag – Informationen

 Coffee Klatch
8916 Foothill Blvd. (Thomas Winery Plaza)
© (909) 944-5282
Falsch geschrieben, aber gut sortiert mit
Kaffeesorten und Gebäck. – Nebenan:

 Knowlwood Roadhouse Cafe
8916 Foothill Blvd.
 © (909) 941-8793
Diner mit klassischem Route-66-Speise-
zettel – vom »Cadillac Burger« bis zu *Malts
& Shakes*. $

 Aztec Hotel
311 W. Foothill Blvd. & Magnolia Ave.
Monrovia, CA 91016
© (626) 358-3231
Fassade und Lobby spiegeln den dekor-
freudigen präkolumbischen Revival-Stil
des 1925 von Robert Stacy-Judd errichteten Baus. $

Pasadena, CA **Vorwahl:** © 626

 Cuernavaca
Colorado Blvd. & Los Robles
Solides mexikanisches Restaurant. $

 Pasadena Hotel
76 N. Fair Oaks Ave. (mitten in Old Town)
Pasadena, CA 91103
© 739-9313 und 1-800-OLD-8886
Fax 793-6409
Hübscher Bed & Breakfast (12 Räume), mit
Frühstück im stillen Innenhof (Micah's
Coffee House). $$

 Best Western Pasadena Inn
3600 E. Colorado Blvd.
Pasadena, CA 91107
© 796-9100 oder 1-800-528-1234
Fax 405-9948
Mit gleicher Anschrift und 800er-Nummer
nebenan:

 Best Western Pasadena Royale
© 793-0950, Fax 568-2827
Beides solide Häuser, mit Pool, Münzwä-

scherei und kleinem Frühstück. An der
Osteinfahrt der Stadt, Nähe Huntington
Library. Beide: $$

 Russell's
30 N. Fair Oaks Ave.
© 578-1404
Zünfiges Nachbarschaftslokal: Frühstück,
Lunch und Dinner – seit 1930. $

 Route 66 Restaurant & Bar
425 S. Fair Oaks Ave.
© 793-8462
Kalifornische Küche in automobilem Ambiente: Kunstgalerie und Oldtimer. Mo geschl. $–$$

 Mi Piace
25 E. Colorado Blvd.
© 795-3131
Angenehmes italienisches Restaurant und
Bäckerei. $–$$

 Wok 'N' Roll
55 E. Colorado Blvd.
© 304-1000
Sushi-Bar. $$

 Bistro L'Ecluse Bar & Vin
36 E. Holly St.
© 793-0480
 Bistro-Typ und Weinlokal mit französi-
schem Touch.

 Q's Billiard Club
99 E. Colorado Blvd.
© 405-9777
 Beliebter Mehrzweckschuppen: Billard-
räume, DJ-Tanzen, manchmal Live-Bands,
Bar und Restaurant. $

 Pasadena Doo Dah Parade
Info: © 796-2591
Die parodistische »Gegenparade« zur
Rose Parade im November mit verrück-
ten Einfällen, Gags und Gimmicks.

Rose Parade mit **Rose Bowl Game**
Info: © 449-4100
Parade in Pasadena zu Neujahr.

Wüste Doppelpässe

Nach Kalifornien

> »Die Mojave ist eine große und erschreckende Wüste.
> Man könnte meinen, die Natur erprobe die Ausdauer und
> Beharrlichkeit eines Menschen, ehe sie ihn für gut befindet,
> ihn nach Kalifornien zu lassen.«
>
> John Steinbeck

Wasserturm und »DZ Diner«, letzterer mit traditionellen Route-66-Menüs, huschen vorbei, bevor sich der Highway von Kingman verabschiedet. Kameradschaftlich Seite an Seite mit den Schienen windet er sich durch den engen Canyon, um sich anschließend auf einer Wüstenpiste im Geröll zu verlieren, dessen Kargheit nur noch von der düsteren Bergfront am Horizont übertroffen wird. Während vereinzelt Yuccas, Ocotillo-Sträucher und *washes*

Akzente ins Einerlei setzen, schraubt sich die Straße Meile für Meile in die bis dahin undurchdringlich wirkende Felswand der **Black Mountains** hinein. Steigung und Kurven sind sicher nicht jedermanns Sache. Die armen Kerle, die sich einst von Chicago bis hierher durchgeschlagen hatten, werden ihres Lebens kaum sonderlich froh geworden sein.

Ed's Camp besteht aus einem schrulligen Schrottlager aus Wellblechen und

Touristen und Esel bevölkern gewöhnlich die Main Street von Oatman, einem Westernstädtchen in den Black Mountains von Arizona

Jumping-cholla-Kakteen sorgen für grünliche Tupfer im kargen westlichen Zipfel von Arizona

anderen Secondhand-Materialien. Halb Mülldeponie, halb Eigenheim, in jedem Fall aber einladende Servicestation. Die Aufschrift »Cactus Cafe« klingt jedenfalls danach. Ein Schild mit einem Esel (NEXT 8 MILES) warnt schon mal vorsichtshalber vor den wilden Gesellen von Oatman.

Erst einmal aber nahen der **Sitgreaves Pass** (1 113 Meter) und die verlassenen Campruinen des ehemaligen **Goldroad**, in deren Umkreis eine neue »Goldstraße« zu entstehen scheint. Jedenfalls verschanzt sich hier eine Goldgräberfirma hinter Stacheldraht und NO TRESPASSING-Schildern. Gerüchte im benachbarten **Oatman** passen dazu: Unter Einsatz beträchtlichen Kapitals würde hier nach Gold gegraben. Ein Vorhaben, das der Ort selbst längst hinter sich hat, denn statt nach Goldadern zu buddeln, hält man sich lieber an neue Schätze, die sich im wesentlichen auf der Durchreise befinden: an Touristen, Künstler und Esel.

Im Gegenlicht gesehen, beleuchten die Spitzen der *Jumping cholla*-Kakteen den Weg nach Oatman, das, eingekesselt von den massiven dunklen Spitzen der Black Mountains (und selbst schon 1 000 Meter hoch), genauso aussieht, wie man sich eine Westernstadt vorstellt: aus Holz, mit falschen Fassaden und Gehsteigen aus Planken gegen den Schlamm. Gewöhnlich trotten ein paar Esel *(pinto burros)* über die Straße und bauen sich störrisch vor den Schwingtüren der Restaurants auf: Lunch-Time.

Bei näherem Hinsehen erweist sich jedoch die Westernkulisse (für diverse Hollywood-Streifen) als ein reichlich kommerzieller Markt für T-Shirts und Andenkenkitsch. Selbst Ruppiges gehört zum Dekor, z.B. der Galgenstrick, der kopflos über der Boutique baumelt.

An Wochenenden kommt Leben in die Bude, wenn Straßenbands den Ausflüglern einheizen und die Oatman *gunfight-*

Schiene ...

ers herumballern und mit rauhbeinigen Stunts durchs Gelände turnen. Im April lassen sie gar den touristischen Teufel los: Dann vertreiben sich die Fans des »Historic Route 66 of Arizona Association Fun Run« mit allerlei Auto-Show-Gaudis die Zeit.

Es dauert nicht lange, bis man die grünen Spuren bemerkt, die das Wasser des

... und Straße ...

Colorado River im Tal hinterläßt, das sich nun in einer Folge von schönen Perspektiven entfaltet. Außer zartem Grün im Flußbereich überwiegen dunkle Brauntöne, während im Vordergrund wieder die kecken *jumping chollas* für Abwechslung sorgen. Vielleicht meinten ja die Pioniere angesichts der grünen Oase entlang dem Fluß, das ersehnte Ziel endlich erreicht zu

haben. Doch die dahinter aufragende neue Bergkette mußte Zweifel aufkommen lassen.

Durch den näherrückenden Colorado, d.h. genauer gesagt die **Topock Marsh**, bereichern plötzlich auch Palo-Verde-Sträucher die Wüstenflora. Dieses Marschland, die nördliche Verlängerung des gestauten Lake Havasu, steht als **Havasu**

224

... ziehen gemeinsam durch die flimmernden Wüsten im Grenzland von Arizona und Kalifornien

Wildlife National Refuge unter Naturschutz. Es wurde Anfang der 40er Jahre, nach Fertigstellung des weiter südlich gelegenen Parker Dam, als Lebensraum für Wachteln, Tauben und Biber eingerichtet.

Am Ortschild von **Golden Shores** kann man endlich den **Colorado River** sehen. Golden Shores? Na ja, vereinzelte Wohncontainer und ein paar dürftige Route-66-Relikte bieten wenig Anlaß, anzuhalten. Auch die Palmen nicht, die ersten übrigens auf der Reise. Als Entschädigung versucht die Straße mit hellgrünen Flußauen, Palo-Verde-Sträuchern, zarten *smoke trees* und anderen flauschigen Gewächsen ein gefälliges Intermezzo zwischen viel lebloses Gestein zu zaubern, während sich voraus die zackigen Need-

225

les Mountains abzeichnen, die der Stadt ihren Namen gegeben haben. Früher dienten diese »Nadeln« den Pionieren als Signal für Wasservorräte in der Nähe.

Parallel zur Eisenbahnbrücke verläuft in der Höhe von **Topock** noch die alte Stahlbrücke (Old Trails Bridge), die früher die Route 66 trug und die heute eine Pipeline über den von flitzenden Motorbötchen zerfurchten Fluß führt. WELCOME TO CALIFORNIA bedeutet erst einmal »Stopp«, denn die landwirtschaftlichen Inspektoren des »Golden State« wollen genau wissen, was die Autos so einschleppen. Alle müssen deshalb an der VEHICLE INSPECTION STATION halten und die Frage über sich ergehen lassen, wo sie herkommen und ob sie frisches Obst oder Gemüse dabeihaben – Fragen übrigens, die schon der Familie Joad aus den »Früchten des Zorns« gestellt wurden, als sie unterwegs nach Kalifornien waren.

Die Fahrt durch **Needles** spielt einmal mehr das inzwischen bekannte Route-66-Repertoire durch: Reste und Ruinen aus besseren Tagen säumen den Broadway. Ein kleiner Schlenk um den **Santa Fe Park** beschert dekorative Palmen, hellgrüne *smoke trees*, olivgrüne *pepper trees* und Oldtimer wie **El Garces** – ein leerstehender und deshalb ergrauter Bahnhof – und, wie könnte es anders sein, ein Harvey-Hotel. In der Platzmitte thront eine Kanone, aber ihr Pulver scheint verschossen. Früher, als Needles, eine der ältesten Siedlungen in der Mojave-Wüste, Dreh- und Angelpunkt für Minenarbeiter und Eisenbahner, Jäger und Rancher war, ging es hier weit munterer zu.

Außerhalb von Needles, nachweislich eine der heißesten Städte in den USA, lauern die langen knochenharten Pisten der gefürchteten Mojave-Wüste, auf denen allenfalls die Aufs und Abs für ein wenig Abwechslung sorgen: mit Sicherheit das einsamste und verlorenste Stück auf der gesamten Route. **Goffs, Fenner, Essex** – auch diese Nester ändern daran

nichts. Meilenweit bleibt Öde angesagt. Salzseen *(dry salt beds)* flimmern in der Hitze, während die dicken Bergklumpen allenfalls die Sehnsucht wecken, sie seien groß geratene Schoko-Eis-Portionen.

In **Amboy** gewesen zu sein und das »Roy's Motel/Cafe« erlebt zu haben, das können selbst USA-Kenner selten von sich behaupten. Doch aufgepaßt: Die rauhen Sitten des Westens sind hier lebendiger als man denkt. Wer mit dem letzten Tropfen Benzin in Amboy erwartungsfroh zu den Zapfsäulen von »Roy's« rollt, der ist noch längst nicht aus dem Schneider, denn der Benzinhahn wird nur aufgedreht,

In der Mojave-Wüste ist die »66« ganz auf sich allein gestellt

wenn man volltanken will und eine Nacht im Motel bucht – egal, ob man dort schläft oder nicht.

Nach den weißlichen Salzpfannen folgen schwarze Krater, die wie die Lavafelder ringsum die vulkanische die Ur- und Frühgeschichte der Mojave belegen. Die frühen Indianerpfade durch dieses gottverlassene Terrain verknüpften Quellen, Wasserlöcher und Rinnsale, die meist eine Tageswanderung voneinander entfernt lagen. Als dann die Schienen gelegt wurden, baute man Wasserspeicher und Werkzeugschuppen und gab diesen Depots Namen in alphabetischer Reihenfolge: Amboy, Bristol, Cadiz, Danby, Essex, Fenner, Goffs, Home, Ibex, Jara und Klinefelter. Die Route 66 bewirkte den Ausbau kleiner, autobezogener Dienstleistungsbetriebe.

Würde man nach einer passenden Kulisse für einen Katastrophenfilm suchen, dann wäre **Ludlow** keine schlechte Wahl, denn die Ruinen-Gala, die dieses Kaff auf die Beine stellt, die hat schon was. Einzig und allein der »Ludlow Motel and Coffee Shop« ist gut dabei.

Schwarze Lavabrocken umlagern auch den **Pisgah Crater**, doch etwa ab **Newberry Springs** gibt sich die Wüste langsam freundlicher: Palmenköpfe wedeln im Wind, künstliche Bewässerung schafft grüne Tupfer, und die Kollektoren einer riesigen Solarfarm verraten, daß selbst die Einöde voller nützlicher Energien steckt.

Main Street in **Barstow**, jenem Ort, wo sich einst Prospektoren und Kumpels auf dem Weg in die Minen des Death Valley ausrüsteten, erscheint zunächst wie ein typischer Vorstadt-Strip, die neue Tankstellenkette TERRIBLE HERBST eingeschlossen. Erst am Stadtausgang wagen sich ältere Zeichen und Lokale ans Licht. In den frühen Hollywood-Tagen spielte Barstow die Rolle, die später Palm Springs übernahm: die des gepflegten Verstecks für die Stars. Heute empfiehlt sich der Ort als Standquartier für Ausflüge zu Minen und Ruinen der Ghost Towns ringsum.

Ab **Lenwood** beruhigt sich die Straße wieder und zeigt ein bißchen unberührte Wüste, ein bißchen künstlich bewässerte Landwirtschaft, deren Lebensquelle spätestens in Höhe der Silver Lakes ins Bild rückt: der **Mojave River** mit der grünen Spur seiner Auen, die er in die kargen Böden hineingezaubert hat. Der Fluß bildet die Stadtgrenze von **Victorville**.

Dann endlich überwindet der **Cajon Pass** die letzte Hürde menschenabweisender Bergwände und öffnet den Weg ins Schlaraffenland der Orangenhaine, Weingüter und Salatfarmen, in jenes Gelobte Land also, von dem es immer wieder hieß, hier flössen Milch und Honig. Indianer, spanische Entdecker und Missionare, Pioniere, Jedediah Strong Smith und Kit Carson: Sie alle wählten genau dieses Nadelöhr auf ihrem Weg ins Los Angeles Basin, das Mega-Tal, in dem inzwischen San Bernardino, Pasadena, Santa Monica und Dutzende andere Städte Platz genommen haben.

Die rapide Abfahrt entwickelt sich besonders bei Gegenlicht am späteren

Bagdad Cafe: kühles Bier für heiße Durststrecken

Letzte Chance für Wildwest-Nostalgiker: das »Wigwam Motel« in Rialto, Kalifornien

Nachmittag zu einem hinreißenden Erlebnis. Die gewaltigen Felsmassen der San Gabriel und San Bernardino Mountains, vom Dunst in zarte Grautöne getaucht, wirken entgegenständlicht wie Traumsilhouetten – eine massive Gebirgsstaffel, vom Licht zerlegt in dünne Lagen Seidentücher. Dann aber, auf einmal, kommt es knüppeldick: Smog über San Bernardino. Das Tal dampft also keineswegs, sondern stinkt und ätzt: *Paradise Lost*, aber, wie es aussieht, will das immer noch keiner wahrhaben.

San Bernardino stellt sich erst einmal als ein Gemenge aus Telefonmasten, Industrie und Eigenheimkulturen vor. Ein paar schöne alte Motelzeichen folgen, aber sie bilden eher Fußnoten zum städtischen Fließtext. Immerhin: zwischen 7th und 5th Street liegt das mexikanische Viertel mit farbigen Wandmalereien und menschelnder Plaza.

Die Liebe zu den Orangen hat das 1851 von Mormonen gegründete San Bernardino am Anfang dieses Jahrhunderts gedeihen lassen. Durch die goldenen Haine ihres riesigen Obstgartens reifte der Ruf der Stadt zum »Orange Empire«. Als jedoch die Baulöwen und Immobilienhaie aufkreuzten, wurden die Gärten planiert. In den 60er Jahren taufte man deshalb clever um: aus dem »Orange Empire« wurde das »Inland Empire«.

Und noch etwas »Kulinarisches« setzte sich früh in der Stadtchronik fest, gewissermaßen als Kontrapunkt zum Obst: der Hamburger. So geschehen 1939 durch die ausgefuchste Marketingstrategie der Brüder Richard und Maurice McDonald, die von hier aus den Siegeszug ihres Fastfood-Imperiums starteten.

Stur zieht der Foothill Boulevard am Fuße der löwenhäutigen Vorgebirge der San Gabriel Mountains seine Bahn nach Westen, und jeder, der ihm folgt, kann dabei eine Art Abschlußprüfung in neuamerikanischer Zeichenkunde absolvieren. Ab und zu tauchen zwar ein paar

Pancakes in Pasadena – kein kulinarisches Spitzenprodukt, aber füllend

Oldies auf, aber der Moloch L.A. hat sie so gnadenlos untergepflügt, daß man schon die Augen offenhalten muß. Das »Wigwam Motel« kurz vor **Rialto** bildet so eine Ausnahme. Das Zeltdorf verspricht (wie sein Pendant in Holbrook) einen Abenteuerschlafplatz, in diesem Fall allerdings einen mit Einschränkungen: DO IT IN A TEEPEE steht auf der Anzeigentafel.

Weitere städtische Gemischtwarenangebote folgen am laufenden Band: das desolat wirkende **Fontana**, wüste Grundstücke, wüste Bebauung, dazwischen Shopping Malls und saubere Eigenheimkolonien mit umlaufendem Mäuerchen *(gated community)*, ein paar Deko-Palmen und fertig ist das »Village of Heritage«; und danach das feinere **Rancho Cucamonga** mit Eukalyptusbäumen, gärtnerisch gepflegten Einkaufszentren, dem burgenähnlichen Bau eines ehemaligem Weinguts (»Virginia Dare Winery« von 1839, dem ersten in Kalifornien überhaupt, heute ein Shopping Center) und dem »Route 66 Visitors Center«, nicht irgendeinem, sondern dem von Bob Lundy, dem »Dr. Route 66«.

Auch hier ist man stolz darauf, Kreuzung berühmter Trails und Straßen zu sein: des Mojave Trail, eines indianischen Handelspfads zwischen Colorado und Pazifik; des El Camino Real, des King's Highway, der, von spanischen Franziskanern angelegt, den Kranz der kalifornischen Missionskirchen schuf und zusammenhielt; der Butterfield Stagecoach Route und, ja, der Route 66.

Im noch grüneren und eukalpytusduftenden **Upland** hat sich nicht nur eine alte »McDonald's«-Filiale erhalten, bei der die gelben Bögen noch im Gebäude selbst integriert sind, sondern auch eine bronzene **Madonna of the Trail**, eine martialische Statue zu Ehren der Reise von Jedediah Smith (1826), dem ersten Anglo, der den Colorado und die Mojave-Wüste über- bzw. durchquerte, aber auch zu Ehren der Frauen und Mütter und deren Rolle während der Westbesiedlung. Ein Denkanstoß also gegen dem verbreiteten Mythos, nach dem die Pionierleistung eine reine und hartgesottene Männersache gewesen sein soll.

Propere Gemeinden folgen Schlag auf Schlag: **La Verne**, **San Dimas**, **Glendora** und (nach Überquerung des San Gabriel River) **Azusa** und das elegante **Duarte**, das vielleicht am besten ahnen läßt, wie es in diesem gerühmten Tal früher einmal ausgesehen hat. Hinter **Monrovia** und **Arcadia** ebnet schließlich der Colorado Boulevard, wo am Neujahrstag die festliche »Rosenparade« entlangzieht, den Weg ins gefällige **Pasadena**.

Die Route 66 als südkalifornischer Boulevard, das bedeutet unverwechselbares Flair: eine breite Straße, gesäumt von hohen Palmenköpfen, die sich im lauen Lüftchen wiegen.

Rund um das Pasadena City College ziehen die Kids zu »Carl's Jr.« oder anderen Imbißschuppen. Etwa ab Mentor Avenue wird es großstädtischer, und schräg rechts strahlt der neubarocke Rathausturm unter dem kalifornisch blauen Himmel. Er überblickt Pasadena, die »Krone des Tals«, wie es die Indianer nannten. Nach den Gabrielo-Indianern und den Mexikanern kam erst ab 1874 Bewegung in den Ort, als die »San Gabriel Orange

Grove Association« batzenweise altes Rancho-Land erwarb, um es an Zitrusfarmer weiterzuverkaufen. Eine Weile blühte die landwirtschaftliche Gemeinde inmitten von Orangen-, Oliven- und Eichenbäumen.

In den 80er und 90er Jahren rollte dann die Eisenbahn heran, und der ihr folgende Landboom verwandelte die Kolonie um die Jahrhundertwende in einen Winterkurort für betuchte Ostküstler. Lukrative Grundstücke, elegante Bungalows und feine Hotels, Rosenparaden und Zitruskultur, Sonne und schneebedeckte Berge vereinten sich zu einem Himmel auf Erden, der den Ruf verbreitete, ein Spielplatz der Reichen und eins der schönsten Wohngebiete in den USA überhaupt zu sein. Dollarkönige, die mit elektrischen Straßenbahnen wie Henry E. Huntington oder Kaugummis wie William Wrigley ein Vermögen gemacht hatten, legten hier die Grundsteine für ihren Platz an der Sonne.

Heute ist Pasadena der Gründer-Euphorie längst entrückt und vor allem ethnisch stärker gemischt als je zuvor. Runde 20 Prozent der Bevölkerung sind Schwarze, etwa 18 Prozent mexikanischer Abstammung. Außer den gepflegten Residenzen und der Rosenparade trägt das unter Naturwissenschaftlern renommierte California Institute of Technology (kurz: »CalTech«) zu Pasadenas guten Namen bei, vor allem durch seine Nobelpreisträger. Auch Albert Einstein hat hier unterrichtet.

Nichts ist angenehmer, als den langen Fahrtag in **Old Town Pasadena** ausklingen zu lassen. Hier, in der unmittelbaren Nähe der Kreuzung Fair Oaks Avenue und Colorado Boulevard, pulsiert das Leben in Straßencafés, Kinos, Pool- und Sports Bars. Voll im Trend und gut besucht sind »Starbucks«, »Banana Republic« und Dutzende von italienischen, mexikanischen, indischen und Sushi-Restaurants, die um die Gunst der Gaumen wetteifern. ✦

Straße der Rosenparade: Colorado Boulevard, Pasadena

<table>
<tr><td colspan="3">

14. Tag – Route: Pasadena – Los Angeles – Hollywood – Beverly Hills – Westwood – Santa Monica, CA (48 km/ 30 mi)

</td></tr>
</table>

km/mi	Zeit	Programm/Route
	Vormittag	Sightseeing in **Pasadena:** Architektur-/Museumstour oder Shopping (**Old Pasadena** und/oder **South Lake Avenue** zwischen California und Colorado Blvd.). Nach dem Lunch: **Huntington Library, Art Gallery & Botanical Gardens.**
0	15.00 Uhr	Abfahrt von Kreuzung Colorado Blvd. und Arroyo Pkwy. (nach Süden), daraus wird der Pasadena Fwy.
9/14		*Exit* (24A) Sunset Blvd. Dem Straßenschild folgen: oben über dem Fwy. links, dann gleich rechts ein Stück über Figueroa und rechts auf den **Sunset Blvd.** Hinter dem Ortsschild HOLLYWOOD und der

232

Kreuzung mit Alverado an Manzanita links. Aus Manzanita wird **Santa Monica Blvd.**, der

30/48   16.30 Uhr   an **Ocean Ave.** endet. Und mit ihm die **Route 66.**

Einen Stadtplan von Los Angeles finden Sie auf der beiliegenden separaten Karte.

14. Tag – Informationen

Pasadena, CA   **Vorwahl:** ✆ 626

Cafe Xpress
115 E. Colorado Blvd.
Gut zum Frühstück.

Gamble House
4 Westmoreland Place
✆ 793-3334
Einstündige Führungen Do–So 12–15 Uhr 1908 von Charles und Henry Green gebaut. Eins der schönsten und am besten erhaltenen Beispiele für den sogenannten *Craftsman California*-Bungalow-Stil. Innen poliertes Teakholz, Originalmöbel und Tiffany-Verglasung. Eintritt $ 5.

Castle Green Apartments
99 S. Raymond Ave. & Green St.
Ehemaliges Prachthotel (1898/1903 von Frederick L. Roehrig) mit viel ornamentaler Fantasie; seit 1926 Apartments.

Pasadena Railroad Station
222 Raymond Ave.
Hübscher Bau im spanischen Kolonialstil von 1935.

Norton Simon Museum of Art
411 W. Colorado Blvd.
✆ 449-6840
Do–So 12-18 Uhr
Eine Sammlung, die von ostindischer und südostasiatischer Kunst bis zu deutschen Expressionisten reicht (u.a. Werke von Rembrandt, Monet, van Gogh und Picasso); außerdem Skulpturenpark und vorzüglicher Museum Shop. Kenner halten

Fernost trifft Südwest: Besucher in den Botanischen Gärten der Huntington Library

233

die Sammlung für weit bedeutender als die des Getty-Museums. Eintritt $ 4.

Pacific Asia Museum
46 N. Los Robles Ave.
© 449-2742
Mi–So 12–17 Uhr
Das 1924 im traditionellen chinesischen Stil errichtete Gebäude beheimatet eine Kunstsammlung von Werken aus dem asiatischen und pazifischen Raum. Außerdem Wechselausstellungen. Eintritt $ 4.

Huntington Library, Art Gallery & Botanical Gardens
1151 Oxford Rd.
San Marino

© 405-2141
Di–Fr 13–16.30, Sa/So 10.30–16.30 Uhr; So nur nach Voranmeldung, Mo und im Okt. geschl.
Kunstgalerie, Bibliothek und reiche Parkanlagen. Die botanischen Gärten, 1904 angelegt, zählen zu den schönsten in den USA. Eintritt $ 7.50.

Vorwahl Santa Monica/Venice: © 310

Sea Shore Motel
2637 Main St.
Santa Monica, CA 90405
© 392-2787
Fax 392-5167
Solides Motel, ansprechend eingerichtete Zimmer, prima Lage. $$

Ocean View Hotel (Best Western)
1447 Ocean Ave. (geg. vom Palisades Park)
Santa Monica, CA 90401
© 458-4888 und 1-800-452-4888
Fax 458-0848
Solide, hervorragende Lage (Strand, Promenade, Mall, Pier). 65 Zimmer. $$–$$$

Hotel Carmel
201 Broadway & 2nd St.
Santa Monica, CA 90401

© 451-2469 und 1-800-445-8695
Fax 393-4180
Schlicht (und) preiswert, in günstiger Lage zwischen 3rd St. Promenade, Santa Monica Place und Ozean. $$–$$$

Radisson Huntley Hotel
1111 Second St.
Santa Monica, CA 90403
© 394-5454 und 1-800-333-3333
Fax 458-9776
www.radisson.com
Elegantes, europäischem Geschmack entsprechendes Haus, 1 Block vom Ozean; Dachrestaurant (**Toppers**) mit Blick auf den Pazifik. $$$$

Ocean Avenue Seafood
1401 Ocean Ave. & Santa Monica Blvd.
Santa Monica
© 394-5669
Meeresfruchtige Delikatessen am Endpunkt der Route 66: Austern-Bar und Restaurant. $$

Market Street Oyster Bar & Grill
72 Market St. (zwischen Pacific und Speedway, 1 Block nördlich von Windward Ave.)
Venice
© 392-8720
Ambitioniert in Küche und Dekor. Lunch und Dinner. So geschl. $$

Röckenwagner
2435 Main St.
Santa Monica
© 399-6504
Gestyltes vom Kühlsten. Leichte Liaison aus französisch-kalifornischer Küche und deutscher Backkunst. Reservierung empfohlen. $$–$$$

Chinois on Main
2709 Main St.
Santa Monica
© 392-3037
Ein bißchen Fellini-Dekor, aber französisch-asiatisch im Geschmack. Meist voll und laut, aber lecker. $$

Finale
Quer durch L.A.

Das Tal der Rosen ist so vielseitig, daß man sich vor dem Endspurt ruhig noch ein bißchen Zeit gönnen sollte. Vor allem nach den vielen Meilen seit Kingman. Die duftenden Bäckereien in **Old Pasadena** locken ebenso zum Verweilen wie dessen Shops oder jene entlang **South Lake Avenue**. Freunde der Baukunst finden in Pasadena erst recht Anhaltspunkte: die verspielten und ein wenig an 1001 Nacht erinnernden **Castle Green Apartments**, das Vorzeigestück kalifornischer Bunga-low- und Handwerkskunst, das **Gamble House**, ja, sogar der alte Bahnhof der heutigen **Amtrak Station**, um nur ein paar Beispiele zu nennen.

Gegen Mittag öffnen die Museen, die selbst in der hochkarätigen Museums-szene von Los Angeles einen hervorra-genden Namen haben: das **Norton Simon Museum of Art** und das **Pacific Asia Museum**. Das Beste aber kommt zuletzt, weil ungewöhnlich knappe Öffnungszei-ten den Andrang der Besucher regulieren:

Im Stil der Missionsarchitektur: Castle Green Apartments, Pasadena

»Coming into L.A.«: Downtown Los Angeles

die Parkanlagen rund um die **Huntington Library, Art Gallery & Botanical Gardens** im Ortsteil San Marino. Ob zwischen borstigen Kakteen oder edlen Lilien, unter hohem Bambus oder im lieblichen Gazebo, umringt von über tausend verschiedenen Rosenarten, – überall fühlt man sich von der hektischen Go-Go-Welt Südkali-

Nomen est omen

schäft in San Francisco eine goldene Nase verdient hatte.

Nach dem Tod des Onkels zog Henry 1900 nach L.A. und investierte in den Aufbau eines bis dahin in den USA beispiellosen öffentlichen Nahverkehrsnetzes elektrischer Straßenbahnen, die u.a. Pasadena, Santa Monica und Long Beach miteinander verbanden. Streckenbau und Landkauf gingen dabei so mühelos Hand in Hand, daß Huntington rasch zum größten Landbesitzer der Region aufstieg.

Als Pensionist mauserte er sich vom Geld- zum Kunstsammler und baute die San Marino Ranch zur Visitenkarte aus. Als passende Garnierung seiner Schatztruhe in Gestalt hochkarätiger Kunstsammlungen entstand ein schöner Garten nach dem anderen. Mal in englischer, mal in japanischer Manier, aber auch literarische Landschaften wie die des Elizabethan Garden, in dem nur Blumen und Kräuter sprießen, die in den Stücken von Shakespeare eine Rolle spielen.

Ausstellungsschwerpunkte bilden die **Art Gallery** mit vorwiegend britischer, aber auch französischer Kunst des 18. und 19. Jahrhunderts – darunter Werke von Gainsborough (»Blue Boy«), Reynold (»Mrs. Siddom As the Tragic Muse«) und Constable (»View on the Stour«) –; die **Huntington Library**, die wegen ihrer seltenen Bücher und Handschriften vor allem unter Philologen geschätzt wird (unter anderem eine frühe Ausgabe der Dramen von Shakespeare, ein Manuskript von

forniens angenehm entrückt. Schöpfer der Oase war Henry E. Huntington, Neffe und Erbe des Eisenbahnmoguls Collis P. Huntington, der sich im Eisenbahnge-

Chaucers »Canterbury Tales« und eine Gutenberg-Bibel); und die **Scott Gallery**, die der amerikanischen Kunst zwischen 1730 und 1930 zugetan ist. Der **Kameliengarten**, bereichert durch italienische Brunnen und Skulpturen, ist ein besonders stilles Plätzchen, um Kraft zu schöpfen für den energiefressenden Koloß Los Angeles.

Gewissenhafte Route-66-Reisende beginnen die Fahrt dorthin natürlich genau an jener Stelle, wo die gestrige Tagesetappe endete, also an der Ecke Colorado Boulevard und Arroyo Parkway. Letzterer mutiert in südlicher Richtung zum Pasadena Freeway, einer (mehr noch in der Gegenrichtung) fast beschaulich anmutenden alten Autobahn, die 1940 als erste des L.A.-Systems mit Pomp und Jubel als »Highway of Tomorrow« eröffnet wurde.

Eine Frau hatte ihn mit Rücksicht auf bestehende Bauten und natürliche Topographie entworfen, was ihr später den Vorwurf einbrachte, viel zu viele Kurven angelegt zu haben, die eine männliche Planung selbstverständlich gerade gebogen hätte.

Heutzutage wirken die Auf- und Abfahrten extrem haarscharf, denn sie waren auf das Tempo des damaligen Verkehrs zugeschnitten: 5 m.p.h. zum Beispiel ist ausgeschildert – ein nicht ganz fließender Generationswechsel des Verkehrs, obwohl doch die »Route 66« spurlos unterschlüpfen konnte.

Sie vereinnahmt anschließend sogar den wohl berühmtesten Parcours der Westküstenmetropole, den **Sunset Boulevard**. Aber von Glamour fehlt erst einmal jede Spur. Statt dessen gleitet eine ziemlich schäbige Kraut-und-Rüben-Strecke von Telefonmasten und Reklamezeichen, Holzhütten und flachen Ziegelsteingebäuden vorbei, durchwirkt von Tankstellen, Holzläden, Autowerkstätten und kleinen Apartmentkomplexen, die an den Hügeln

»RUBS« (rich urban bikers) in Hollywood

238

kleben. Der Sunset eine Traumstraße?
Nein, eher ein *Boulevard of Broken
Dreams*.

In der Gegend von Echo Park, wo
asiatische Chiffren an den Geschäften
wuchern, bessert sich sein Outfit: BBQ-
Snacks, eine Klinik, ein Schönheitssalon
und Imbißlokale. In der Höhe von Alvara-
do Street gewinnen die hispanischen
Zeichen die Oberhand: »Burrito King«,
farbstarke Wandmalereien *(murals)* mit
kämpferischen mexikanischen Motiven.
Und dann und wann ein *car wash.*

Auch der **Santa Monica Boulevard**, die
Zielgerade der Route 66, beginnt eher
traurig und nimmt ihren Lauf durch einen
ruppigen Mix aus Telefonstangen und
Service-Schuppen. Erst ab der Kreuzung
mit Western Avenue kommt ein Hauch
von (verflossenem) Glanz ins Spiel: der
Hollywood Cemetery mit seinen berühmten Toten und die Studios von Paramount,
Technicolor und Warner Brothers.

Rechter Hand, am Berghang des Mount
Lee, prangt das Schild HOLLYWOOD.
Das war nicht immer so. In den 70ern
sah es jahrelang ramponiert aus wie der
angeschlagene Name eines Stars. Der
dazugehörige Ort war schließlich auch
nicht mehr das, was er einmal war. Sein
Hang zum gigantischen Glitter schien,
ähnlich wie die Riesenbuchstaben seines
Namens, weithin und für alle sichtbar
gebrochen.

Dabei hatte alles mit viel Optimismus
angefangen. Auch die Entstehung des 15
Meter hohen Schriftzuges. HOLLYWOOD-
LAND war ursprünglich zu lesen. Grund-
stücksmakler warben hier 1923 für die
Erweiterung der Neubausiedlung. Damals
sorgten 4 000 Glühlampen für Publicity
rund um die Uhr – bei den Bewohnern,
Touristen und Piloten. Aber das blieb
nicht so.

Erst einmal wurde der Name amputiert.
Das LAND verschwand hinter HOLLY-
WOOD. Dann versuchte ein Lebensmü-
der, sich vom hohen H zu stürzen. Geran-

*Absturz in Beverly Hills – eine späte Reminis-
zenz an die Cadillac Ranch in Texas*

gel entstand über die Frage, wer eigentlich für die Instandsetzung des Schildes
zuständig war. Kletterer attackierten es
mit Spraydosen; Gemeindefraktionen
stritten sich über Sinn und Zweck eines
solchen Gebildes. Längst war auch sein
»Hausmeister« ausgezogen. Er wohnte
jahrelang, bis 1939, in einer kleinen Bude
gleich hinter dem ersten L und umsorgte
von dort aus täglich den Buchstabenbau.

Dennoch ließen Zeit, Regen und Wind
das Superzeichen langsam verrotten. Der
schwerste Schlag kam im Winter 1977/
78, als heftige Regenfälle den neun Buch-
staben zusetzten. Der obere Teil des
ersten O fiel ab, das Y bekam Schlagsei-
te und bog sich zum Berg hin, das letzte
O kippte gleich ganz um. Ein defektes
HULLYWOOD war das Ergebnis.

Niemand störte sich daran. Nur die
Sicherheitsexperten der Bauaufsicht wit-
terten Gefahr in der wackligen Angele-
genheit. Als sie dementsprechend Hand
anlegen wollten, war für die Zeichenlieb-
haber plötzlich guter Rat teuer, denn der
Preis für den Neubau dieser »Monster-
graphic« wurde auf 250 000 Dollar geschätzt
– keine billige Rechtschreibreform. Der
lokalen Industrie- und Handelskammer,
die das Schild seit 1939 verwaltete, war
das zuviel Geld. Der Stadt Los Angeles
erst recht. Private Geldquellen, aus denen

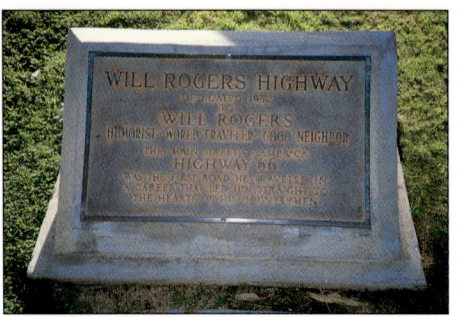

*Schlußstein in Santa Monica: hier enden die
Kicks der Route 66*

kleinere Reparaturen in der Vergangenheit
bestritten wurden, schienen ebenfalls
überfordert.

Nun war aber HOLLYWOOD kein x-
beliebiges Zeichen, sondern das größte
der Welt, einen ganzen Häuserblock lang
(150 Meter) und vier Stockwerke hoch.
Es galt schließlich als einer der wenigen
markanten Orientierungspunkte, die Los
Angeles überhaupt zu bieten hatte.

So fanden sich auf einmal, im Sommer
1978, zahlreiche Gönner, die Hollywoods
Namen wieder auf die Beine stellen wollten. Allen voran Popstar Alice Cooper.
»Wir alle«, verkündete er, »sind mit Hollywood groß geworden, ob im Kino oder
vor dem Fernseher. Ich finde, jeder schul-
det Hollywood einen Dollar.« Sagte es und
machte es gleich tausendfach wahr: Er
ließ 28 000 Dollar springen. Das waren
exakt die Kosten für die Installation *eines*
neuen Buchstabens. Cooper bat um das
letzte O – zur Erinnerung an den späten
Groucho Marx.

Nach und nach fanden sich weitere
Buchstabenspender. Während Goldwyn
Studios einen Werbefilm produzierten,
meldete sich Playboy-Chef Hugh Hefner
als nächster. Das Y war ihm 50 000
Dollar wert. »Das Schild ist unser Eiffel-
turm«, verkündete er. Sänger Andy Williams tat es ihm nach und bekam, natürlich, das W. »Hollywood ist eine Gemeinde, die dabei ist, sich wiederzuentdecken.«

Die Spende ist eine Investition in die
Stadt«, befand der Verleger Terrence Don-
nelly und gab 28 000 Dollar für das H.
Das D kam von einem lokalen Design-
Büro, das vorletzte O von Warner Brothers. Cowboy-Altstar Gene Autry machte sich für das letzte L stark und befand:
»Das Schild war so etwas wie ein Markenzeichen für Hollywood, so ähnlich wie
Pepsi oder Coca-Cola. Es erinnert an den
alten Glamour und die goldenen Jahre.«

Stück für Stück leistete sich Hollywood
das *face lifting* seines baufälligen Namens. Der aufwendige Buchstabierungs-
versuch klappte. Seither strahlt das Re-
sultat wieder stolz am Berghang. Grund
genug für manche, zu meckern: Die vor-
mals unter der Sonne zitternden Buchsta-
ben hätten dem ramponierten Image
Hollywoods besser entsprochen als die
makellose Reinschrift. Mag sein. Aber
kostspielige Illusionen waren in dieser
Gegend noch nie zu teuer.

Der gläserne Kuppelbau des »Dome
Cafe« markiert die Ecke von Fairfax Avenue, die das jüdischen Viertel der Stadt
zusammenhält, und ringsum wird es
freundlicher und lebendiger – bunte Läden und Boutiquen, ja, sogar ein Straßencafé wagt sich heraus. Seit man in Kalifornien drinnen nirgendwo mehr rauchen
darf, sind sie selbst im traditionell fußgän-
gerfeindlichen Los Angeles aus dem
Boden geschossen.

In **Hollywood** legt sich der Boulevard
einen grünen Mittelstreifen zu, und
während links der »Blaue Wal« auftaucht
(das voluminöse Pacific Design Center,
das inwischen einen grünen Erweite-
rungsbau bekommen hat), nähern sich
rechts das »Palm Restaurant« und »Doug
Westins Troubadour«, beides erste Adressen in L.A. – die eine für Gourmets, die
andere für Musikfans.

Dann wird's vornehm. Klar, denn
Doheny Drive bildet die Stadtgrenze von
Beverly Hills. Von einer Sekunde auf die
andere ist es mit dem grellen Kommerz

vorbei. Reklame gilt hier als verpönt. Nur dichtes Grün und dicke Mauern haben Daseinsrechte, und jeder noch so flüchtige Blick in die Seitenstraßen verrät sofort Wohnquartiere vom Feinsten. Nur an einem einzigen Bürohaus haben sich ein Stern und ein Hasenkopf offenbar Ausnahmegenehmigungen erschlichen: »Mercedes« und »Playboy«.

Kurz vor der teuren Konsummeile des Rodeo Drive erhebt sich das Rathaus von Beverly Hills in pompösem Zuckerbarock. Hier waltete einst Will Rogers, der treue Weggenosse der Route 66, ehrenamtlich als Bürgermeister. Kurze Zeit später übernimmt Los Angeles wieder die territoriale Regie – erst durch die kühle Hochhausgarde von Century City und dann durch den architektonisch schwer verdaulichen Mormonentempel in **Westwood**.

In **Santa Monica** endet der gute alte Highway an Ocean Avenue, am palmen-besetzten **Palisades Park**, in dessen Rasen, ein bißchen wie ein Grabstein, eine Plakette eingelassen ist:

> *Will Rogers Highway*
> *dedicated in 1952 to*
> *Will Rogers.*
> *Humorist. World Traveler. Good*
> *Neighbor.*
> *This is Main Street of America.*
> *Highway 66*
> *was the first road he travelled in a*
> *career that led*
> *him straight to the hearts of his*
> *countrymen.*

So abrupt und doch so rührend endet die Route 66 und mit ihr gleich ein ganzer Kontinent. Unter den Klippen beginnt das Meer: *open end.* ⬥

Open End: am Pazifik stößt die Route 66 an ihre natürliche Grenze

Extratag – Programm: Los Angeles

Vormittag	Schnittpunkt von San Diego und Santa Monica Fwy. (I-405 und I-10); I-10 *east*, Harbor Fwy. *north,* Ausfahrt 6th St. bis **Pershing Square** (Parken in der Tiefgarage). – Rundgang durch **Downtown:** Durch den »Garden Court« des **Biltmore Hotel** (Eingang: Olive St.) und am Ausgang über Grand Ave., 5th St. zur **Los Angeles Central Library** (Bibliothek und Gärten); Flower St. bis 7th, dort links an **Clifton's Cafeteria** vorbei zum Broadway, dort links bis Ecke 3rd St., dem **Bradbury Building**, gegenüber das **Million Dollar Theatre**; Broadway zurück; **Grand Central Market** und Pershing Sq. (ca. 2 Std.). – Von Pershing Sq. über 5th St., Grand Ave., 6th St., Main St. links bis zum
Mittag	**El Pueblo de Los Angeles State Historic Park**, dem alten Stadtkern um **Olvera Street** (Parkplatz links gegenüber der Plaza), Rundgang und Lunch, ca. 1 Std. An Cesar Chavez Ave. links zum Beginn des
Nachmittag	**Sunset Boulevard** und diesen nach Westen. In Hollywood kurzer Stopp beim **Mann's Chinese Theatre**. In Beverly Hills Abzweiger zum **Rodeo Drive** und *window shopping.* (Parken: Schild CITY OF BEVERLY HILLS/PUBLIC PARKING folgen; an Dayton Way und Beverly Dr. jeweils links – etwa 1 Std.) Zurück zum Sunset und durch Bel Air, UCLA, Brentwood, Pacific Palisades zum Pacific Coast Hwy. Dort links nach Santa Monica (Santa Monica Place und/oder Third Street Promenade und über Main St. weiter nach **Venice** (Höhe Windward Ave.). – Strandspaziergang, Kaffee und Kuchen oder *happy hour.*

Einen Stadtplan von L.A. finden Sie auf der beiliegenden separaten Karte.

Extratage gibt's wie Sand am Meer von Los Angeles. Zwei Optionen sollen hier genügen. 1. Vorschlag: **Disneyland** natürlich, denn ein Besuch bei den Mickymäusen gehört nun mal zum vorzeigbaren Kalifornienprogramm. Der Fun Park liegt in Anaheim,1313 S. Harbor Blvd., ℂ (714) 999-4565; Ende Mai bis Anfang Sept. tägl. 8–1 Uhr nachts, sonst Mo–Fr 10–18, Sa 9–24, So 9–21 Uhr, Eintritt $ 34. Anaheim ist eine ursprünglich (1857) von Deutschen gegründete Siedlung (Santa Ana Fwy. und Schildern folgen). Übernachtungs-Schnäppchen in der Nähe: **Days Inn Suites**, 1111 Harbor Blvd., Anaheim, ℂ (714) 533-8830, Fax 758-0573. Pool und preiswert; $–$$.

Wer es schafft, sich dort schon nach einem halben Tag loszureißen und auf ein kulturelles Kontrastprogramm Wert legt, dem sei ganz in der Nähe das TV-gerechte Gotteshaus des cleveren Predigers Robert H. Schuller empfohlen: **Crystal Cathedral**, 12141 Lewis St./4201 Chapman Ave., Garden Grove, ℂ (714) 971-4013. Führungen Mo–Sa 9–15.30 Uhr. Architekt der hypermodernen Glaskirche von 1980: Philip Johnson. 2. Vorschlag: **Universal Studios**, Universal Studios Tour, 100 Universal City Plaza, Universal City, ℂ (818) 622-3801, tägl. 10–19 Uhr Führungen. Im Sommer (7.30–23 Uhr)

und an Wochenenden lange Warteschlangen. Außer dem **Universal City Walk** neu: die simulierte Seeschlacht aus Kevin Costners Film »**Waterworld**« und das spektakuläre Szenario von »**Jurassic Park**«. Eintritt $ 34.
– Weitere **Shopping-Tips: Beverly Center** (Hollywood: La Cienega/Ecke Beverly Blvd.); **Century City** (Wilshire District/Beverly Hills); **Farmers Market**, ein bunter Viktualienmarkt (Wilshire District, Fairfax Ave./W. 3rd St.); **Melrose Avenue** (Hollywood: zwischen La Brea und Fairfax); **Westside Pavilion** (Westwood: 10800 W. Pico Blvd.). – Zu guter Letzt ein bedeutendes Kunstmuseum: **L.A. County Museum of Art** (LACMA), 5905 Wilshire Blvd. (Midtown), ✆ (213) 857-6000, Mi/Do 10–17, Sa/So 11–21 Uhr.

Extratag – Informationen: Los Angeles

ℹ️ Los Angeles Convention and Visitors Bureau
685 S. Figueroa St. (Downtown)
Los Angeles, CA 90071
✆ (213) 689-8822
Mo–Fr 9–17, Sa 8.30–17 Uhr
Karten, Broschüren und Infos aller Art, auch auf Deutsch.

Los Angeles Central Library

630 W. 5th St., zwischen Grand Ave. und Flower St. (Downtown)
✆ (213) 228-7000
Mo, Do–Sa 10–17.30, So 13–15, Di–Mi 12–20 Uhr
Ein Bau, von dem europäische Stadtbüchereien nur träumen können. 1922–26 aus byzantinischen-, ägyptischen-, römischen- und Art-déco-Stilelementen eklektisch komponiert, wurde er inzwischen aufwendig renoviert und durch das lichtdurchflutete Atrium des Neubautrakts doppelt so groß wie früher. Sehenswert im Altbau ist vor allem die zentrale Rotunda mit diversen Skulpturen und Wandmalereien zur Geschichte Kaliforniens.
Edle Ausstattung und großzügige üppige Ledersessel in den Sitzecken, schlichte schöne Holzbänke auf den Gängen, viele PC-Arbeitsplätze mit Abspielgeräten für Video und CD. – Schön auch der terrassierte Garten Richtung Flower St. mit viel Wasser, Schatten und dem ansprechenden **Café Pinot**.

Museum of Contemporary Art (MOCA)
250 S. Grand Ave., California Plaza (Downtown)
✆ (213) 626-6222
Di–So 11–17, Do bis 20 Uhr, Mo geschl.
Farbiger Sandsteinbau (1986) von Arata Isozaki mit mattweißen Oberlichtern über unterirdischen Ausstellungsräumen. Der 23-Millionen-Dollar-Bau ist komplett privat finanziert und verwaltet. Zeigt Werke amerikanischer Künstler von 1940 bis heute. Gut sortierter Museum Shop. Cafeteria eignet sich für ein *lunch al fresco*.

Clifton's Silver Spoon Cafeteria
515 W. 7th St.
Elegante Cafeteria im Ambiente der Jahrhundertwende. Eine noch ältere Clifton's Cafeteria gibt es an 648 S. Broadway. $

Bradbury Building
304 S. Broadway
✆ (213) 626-1893
Sehenswerter Stahl- und Backsteinbau von 1893 mit lichtdurchflutetem Atrium. Architekt: George H. Wyman.

Extratag – Informationen: Los Angeles

 Million Dollar Theatre
307 S. Broadway
Einer im Dutzend der großen alten Damen der Kinoarchitektur am Broadway aus der Stummfilmzeit. Der exotische Bau von 1918, von Sid Grauman errichtet, soll genau diese Summe gekostet haben.

 Grand Central Market
317 S. Broadway & 3rd St.
Der quirlige Lebensmittelbasar entstand um die Jahrhundertwende.

 El Pueblo de Los Angeles State Historical Park
 Straßenzüge um Olvera Street: 1930 restaurierter spanischer Gründungsbezirk mit historischer Architektur, mexikanischen Restaurants und Kunstgewerbeläden. Sehenswert die alte Plazakirche, das Avila-Adobehaus, der ehemalige Gouverneurspalast Pico House, das Merced Theatre und der Backsteinbau des Old Plaza Firehouse.

Keimzelle der »Big Orange«: Olvera Street

 Capitol Records Tower
1750 Vine St., Hollywood
Wahrzeichen »in Form von«. Die »Nadel« auf dem Rundbau (1954) verwandelt sich im Dezember zu L.A.s größtem Weihnachtsbaum.

 Musso & Frank Grill
6667 Hollywood Blvd.
℃ (213) 467-5123
Seit 1919 »In the Heart of Hollywood«. Schmackhaftes zum Lunch und Dinner. Wer also auf den Snack in Olvera St. verzichtet hat, kann ihn hier nachholen. So und Mo geschl. $$–$$$

 Larry Edmund's Bookshop
6658 Hollywood Blvd.
Alles, was mit Film zu tun hat: Bücher, Fotos, Poster.

 Mann's Chinese Theatre
6925 Hollywood Blvd.
℃ (213) 464-8111
Von Sid Grauman 1927 und weltberühmt: Exotik am Bau, auch innen.

 Tower Records
8801 W. Sunset Blvd.
Tägl. 10–24 Uhr
Erstklassiges Musikgeschäft.

 The Rodeo Collection
412 N. Rodeo Dr., Beverly Hills
Einkaufszentrum mit gediegenem Ambiente.

 Gladstone's 4 Fish
17300 Pacific Coast Hwy. (Sunset Blvd.)
 ℃ (310) 454-3474
Top-Lage am Pazifik, faßweise *peanuts*, leckere Cocktails für laue Abende. Vor allem in den Wintermonaten ideal bei Sonnenuntergang. Gute Fischgerichte. $$

 Santa Monica Place
315 Broadway (zwischen 2nd und 4th St., Broadway und Colorado Ave.)
Die 1979–81 erbaute und von Frank O.

Gehry entworfene Shopping-Galerie zählt nach wie vor zu den führenden und (wegen ihrer kecken Asymmetrien, Offenheit und Lichtführung) baulich ansprechendsten im Westen von L.A.

Zahlreiche Kantinen sorgen dafür, daß hier niemand hungrig wieder rausgehen muß. (Leichtes Parken, einige Stunden kostenlos.)

 Hennessey & Ingalls Inc.
1254 3rd St. Promenade, Santa Monica
Führende Kunst- und Architekturbuchhandlung in West-L.A.

 L.A. The Bookstore
2433 Main St., Santa Monica
℃ (310) 4-LA-BOOK
Bestes Sortiment an L.A.- und Südkalifornien-Literatur.

 Pedals Cafe
One Pico Blvd. (am Strand), Santa Monica
℃ (310) 458-0030
De Luxe Bistro: direkt am Strand, auch zum Draußensitzen. Im Gebäude des **Shutters on the Beach**-Hotels. Sehr zu empfehlen. Frühstück, Lunch und Dinner. $$

 Rose Café & Market
220 Rose Ave. & Main St., Venice
℃ (310) 300-0711
Köstliche Salate und andere Kleinigkeiten. Am besten passen ein aufgewühlter Rachmaninoff oder ein schmachtendes Cello-Solo zu den orangen T-Trägern der ehemaligen Lagerhalle. Schön auch zum Draußensitzen. (Parken frei hinterm Haus.) $–$$

  Sidewalk Café
Ocean Front Walk, Nähe Windward Ave., Venice
Strandcafé der *beautiful people* und Logenplatz fürs Straßentheater von Venice. $$

 Ocean Front Walk
Die Schlagader von Venice: Hier gibt es alles zu mieten – BIKES, BLADES, BOOGIE BOARDS.

 Citrus
6703 Melrose Ave., Hollywood
℃ (213) 857-0034
Luftig mit hervorragender italienischer Küche. Reiche Auswahl an Weinen. Lunch und Dinner. Mo geschl. $$$

 Katsu
1972 N. Hillhurst Ave., Hollywood
℃ (213) 665-1891
Top Sushi im High-Tech-Look. Magier mit Messern zaubern Fischkunst zum Abbeißen. Reservierung empfohlen. $$–$$$

 Inn of the Seventh Ray
128 Old Topanga Canyon Rd.
℃ (310) 455-1311
Schön gelegen: esoterisch, vegetarisch, mit Räucherstäbchen und Sphärenklängen. $$–$$$

 The Roxy
9009 Sunset Blvd., Hollywood
℃ (310) 276-2222
Führender Nachtclub im Art-déco-Dekor mit nahmhaften Bands: Rock, Pop, Jazz. Telefonisch Anfangszeiten erfragen.

 Dough Weston's Troubadour
9081 Santa Monica Blvd., Hollywood
℃ (310) 276-6168
Einst der berühmteste Club in L.A. Elton John und die Eagles spielten hier in ihrer großen Zeit. Heute Heavy-Metal-Bands. Telefonisch Anfangszeiten erfragen.

 Roxbury
8225 Sunset Blvd., W. Hollywood
℃ (213) 656-1750
Di, Do–Sa: *hot spot* zum Sehen und Gesehen werden. *Dining & dancing*, 5 Bars.

 Whiskey a Go Go
8901 W. Sunset Blvd., Hollywood
℃ (310) 652-4202
Beliebter Musikclub. Live-Rock und Tanz.

Rund um die Orange
Ein Tag in Los Angeles

El Pueblo de la Reina de Los Angeles sobre el Río de la Porciúncula: So hieß die Stadt zum Zeitpunkt ihres Entstehens. Längst liebt sie es kürzer: L.A. Nomen est omen?

Nein, im Gegenteil. Los Angeles ist wie ein gigantischer Pfannkuchen aufgegangen. Rund 13 Millionen Menschen leben in dieser zerstreuten Sache. »Los Angeles? Nein, danke!« hört man deshalb immer wieder, nicht nur von Europäern, auch von Amerikanern. Selbst in den »Big Apple«, New York, kann man, trotz seiner

Größe, gleich reinbeißen; in die »Big Orange«, wie L.A. sich nennt, besser nicht. Man muß sie erst schälen.

Das versucht der folgende Routenvorschlag, der das touristische Kunststück wagt, eine erste Orientierung zu schaffen in einer Stadt, die zu den unzugänglichsten der Welt gehört. Startpunkt ist hier kein Marktplatz, kein Dom, kein Zentrum, sondern, wie sich's im automobilen L.A. gehört, eine mehrstöckige Kreuzung, die von San Diego und Santa Monica Freeway. Von dort rollen die Räder erst einmal

Kunst am Highway: Wandmalereien am Santa Monica Freeway

246

fünfspurig nach Osten: *go with the flow*.

Matt und dunstig zeichnet sich bald die Kontur von Downtown ab, die nur langsam an Schärfe gewinnt. Am **Pershing Square** macht man sich am besten zu Fuß auf den Weg: durch das alte **Biltmore Hotel** hindurch zur **Central Library** mit ihren schönen Atrien und schattigen Gartenanlagen.

Wer sich einen Eindruck von den aufwendigen Bankpalästen auf Bunker Hill verschaffen möchte, geht dorthin entweder über die Freitreppe neben dem **First Interstate World Center**, dem zur Zeit höchsten Gebäude von Los Angeles, oder über Grand Avenue: polierter Marmor, schwarze Verglasung und rauschendes Wasserdesign sind hier ebenso Trumpf wie hochhackig-frischgefönte Damen und beschlipste Herren. (Nur ein paar Schritte sind's von hier aus hinüber **Museum of Contemporary Art**.)

Über Flower und 7th Street nähert man sich dem **Broadway**, der mitten durch die Dritte Welt führt: Autolärm, Rock 'n' Roll, Mariachi in Stereo – Verkaufshilfen für Hi-Fi-Elektronik. Dazwischen Schmuck und Uhren en masse, billige Fummel, Pfandhäuser und kaputte Typen. Ab und zu alte Kinos mit Filmen in Spanisch.

An der Ecke Broadway und 3rd Street hält einzig das **Bradbury Building** vornehme Distanz zur Discountwelt ringsum. Dies kühle Plätzchen, ziert ein feines Skelett schöner Eisentreppen – ein Traum aus Backstein und Metall. Gegenüber prunkt das **Million Dollar Theatre**, ein Billigkino mit Sonderangeboten: »2 for 1«, d.h. für ein Ticket kann man zwei Filme sehen.

Auf dem Rückweg sollte man einen Blick in den **Grand Central Market** werfen, in dem sich der kalifornische Garten Eden greif- und genießbar ausbreitet. Verläßt man ihn durch den Hinterausgang (Olive Street), kommt man erneut in

Atrium der Los Angeles Central Library ▷

Kulissen für die Autopromenade: Sunset Boulevard in West Hollywood

Sichtkontakt zum Marmor-Stahl-und Eisen-L.A. von Bunker Hill und seinen aufwendigen Neubauten.

Nach dem Auftauchen aus der Tiefgarage des Pershing Square umkurvt man das Biltmore Hotel zur 6th und dort links zur Main Street. Man kennt sie als *skid row*, als verslumte Zeile mit Armenhotels und Missionsstationen, Junkies, Despera-dos und Obdachlosen, die auf der Straße liegen, *dope addicts* und *shopping cart people*, Leuten, die ihr ganzes Hab und Gut in einem Einkaufswagen umherschieben. Erst ab First Street weicht das Elend, denn immerhin nahen das Rathaus und die L.A. Mall, eine artifizielle Enklave mit Bänken, Grün und plastischen Kunstobjekten.

Aber man sieht auch Familien von Mexiko-Amerikanern, die mit verhaltenem Stolz die Plakette in der Nähe des Gazebo lesen, wo die elf Gründerfamilien *(Los Pobladores)* namentlich in Metall gehauen sind, jene Siedler, die am 4. September 1781 Los Angeles auf die Landkarte brachten: Indianer, Mulatten, Mestizen, Schwarze und Spanier – insgesamt 22 Erwachsene und 22 Kinder.

An der Cesar Chavez Avenue nimmt eine ganz besondere Straße ihren Lauf – durch Miseren und Mythen: der **Sunset Boulevard**, der zumindest ein Stück weit das gestrige Finale der Route 66 einläutete. An Fountain Avenue gibt es den ersten optischen Leckerbissen, das »Vista«, ein Kino-Oldie im Azteken-Look. Danach wird der Sunset von Grund auf feiner. Wedelnde Palmenköpfe in Reih und Glied signalisieren unmißverständlich höhere Investitionsbereitschaft für Exemplare neuerer südkalifornischer Bürohaus-Architektur – sauber, glatt, einwandfrei. Hier und da gerät Exotisches dazwischen, die güldenen Zwiebelaufsätze des Tempels der »Self-Realization Fellowship« zum Beispiel.

Spätestens nach der Freeway-Überquerung läßt **Hollywood** grüßen. Griechische Gipssäulchen und anderes verspieltes Dekor erinnern ans Kino, CBS-Studio und Aquarius Theatre zeugen von weiteren Medien, Motels von deren mobiler Klientel. An Vine Street bietet sich ein kleiner Umweg zum Hollywood Boulevard an.

Gleich die erste Ecke hat Filmgeschichte gemacht: **Hollywood Boulevard** und

Gleich, auf der rechten Seite, folgt ein schöner Platz, die Keimzelle des Pueblo: die Plaza. Hier beginnt **Olvera Street**, eine ebenso kulinarische wie kunstgewerbliche Oase im Stil von Old Mexico. So nett und adrett wie hier stellen sich die meisten Amerikaner ihr spanisch-mexikanisches Erbe vor: stets gutgelaunt, schmackhaft, reichlich und nicht teuer.

Vine Street. Hier drehten im Jahre 1913 Samuel Goldwyn, Jessy Lasky und Cecil De Mille »The Squaw Man«, den ersten Hollywoodfilm. Später, so heißt es, sei Greta Garbo dabei fotografiert worden, wie sie mit langen pludrigen Hosen über die Kreuzung gegangen sei, was die bis dahin hosenfeindliche Mode der amerikanischen Frauen schlagartig verändert haben soll.

Verloren zwischen Ramsch, Souvenirshops und McDonald's, muß man die Reminiszenzen des alten Hollywood mit der Stecknadel suchen: den unverwüstlichen Künstlertreff »Musso & Frank«, das einst berühmte Premierentheater **Egyptian Theatre**, den »Walk of Fame« mit Messingsternen auf dem Bürgersteig, die die Namen der Großen aus dem Show Business festschreiben. Ja, und das **Mann's Chinese Theatre**.

Unterm Strich ergibt dies kaum mehr als ein Es-war-einmal-Hollywood. Bilder von seinem Original aus den 20er Jahren, als der Boulevard das westliche Pendant zum New Yorker Broadway war, findet man in Geschichtsbüchern, Filmen oder auf alten Fotos. Manche verspätete Mythen-Pilger wischen sich deshalb hier die Augen und fragen ungläubig: »Is this Hollywood?«

Zurück zum immerhin echten Sunset. Er hat inzwischen an Leben gewonnen: mengenweise und meist von *gays* frequentierte Motels, *guitar shops*, Palmen und Punker. Als Monument kalifornischer Autokultur zieht rechts der **Sunset Car Wash** vorbei, eine Autowaschanlage wie ein ägyptisches Grabmal.

Ab Crescent Heights beginnt der »Strip«, der nur rund eine Meile lange Teil des Boulevards, der vor allem während der TV-Krimiserie »77 Sunset Strip« (1958–64) in aller Munde war, was das neue Musical »Sunset Boulevard« auf seine Weise zu erneuern sucht.

Exotik am Bau: Mann's Chinese Theatre am Hollywood Boulevard

Als Blickfang dominierend die postierten *billboards*, die riesigen Reklametafeln: Augenfutter zum raschen Verzehr. Wie ein Stück Kulissenarchitektur wirkt auch das **Chateau Marmont** in der zweiten Reihe, ein feines Hotel, das früher mal wegen seiner literarischen Gäste als Boheme-Treff berühmt war. Ansonsten machen ein paar Straßencafés mit Schickimicki-Gästen, Musikclubs und der gut sortierte Plattenladen von Tower Records die Highlights der Sunset-Achse durch **West Hollywood** aus, einen Stadtteil mit traditionell hohem Anteil an Leuten, die spürbar anders sind als der Durchschnitts-Angeleno – hauptsächlich Schwule und ältere russische Juden, die gern unter sich bleiben, um Karten oder Domino zu spielen.

Ab Doheny Drive, bei der Einfahrt nach **Beverly Hills**, wechselt der Sunset plötzlich sein Outfit. Er trägt jetzt grün, macht sich breit und schafft sich einen Mittelstreifen an. Mauern und Hecken erlauben nur flüchtige Blicke aufs Wohnen im Paradies – alles menschenleer. Nur an der Bushaltestelle sieht man lebende Wesen: mexikanische Gärtner, Kindermädchen und Haushälterinnen.

Vor dem pinkfarbenen Beverly Hills Hotel bietet sich ein kurzer Abstecher links über den Rodeo Drive an, der, bevor er sich als feinste Einkaufsstraße der Westküste entpuppt, ein Potpourri baulicher Stilblüten zur Schau stellt: schnuckelige Hexenhäuschen, Villen mit klassizistischen Säulen, im Hacienda-Look oder als plastischer Mix aus Antonio Gaudí und Buttercremetorte. Überall herrschen Laune am Bau, pralle Brieftaschen, aber nicht immer Geschmack. Hauptsache, man kauft, reißt ab und baut neu. Als Nonplusultra der Immobilienhatz gilt zur Zeit das »Platin-Dreieck« zwischen Beverly Hills, Bel Air und Holmby Hills. Hier wuchert das neue Geld von TV-Produzenten, Talkmasters und dem Sultan-Clan aus Brunai.

Jenseits vom Santa Monica Boulevard – dem Route 66 Memo – beginnt die

Konsumlaune: der Rodeo Drive in Beverly Hills sorgt dafür

hochkarätige Konsummeile **Rodeo Drive**, deren Preisniveau den geparkten Karossen entspricht – Mercedes, BMW und RR haben die Nase vorn. Sehenswert auf jeden Fall: das geschmackvolle Shopping Center der **Rodeo Collection** und der **Two Rodeo Drive** (Ecke Wilshire). Übrigens, nur wer »Rodeo« gegen den allgemeinen Sprachgebrauch auf der zweiten Silbe betont, hat dort auch was zu suchen.

Der Kreis schließt sich wieder am Sunset, der sich von nun an kräftig in die Kurven legt. Am Straßenrand werden immer noch *movie maps* angeboten, Führer zu den Villen der Stars. Ob alle gelisteten wirklich auch dort wohnen, darf man getrost bezweifeln.

Der (streng bewachte) Eingang zur Nobelwohngegend **Bel Air** passiert Revue, und kurze Zeit darauf schimmern hinter Eukalyptusbäumen die Sportanlagen und Studentenheime der Universität von Kalifornien in Los Angeles (UCLA).

Das nächste Highlight leuchtet von rechts: ein heller Marmorpalast, eine lichte feste Burg hoch oben über dem San Diego Freeway, das **Getty Center**, das neueste, größte und teuerste Kunstmuseum der Welt. Baukosten: eine Milliarde Dollar – verbaut vom New Yorker Star-Architekten Richard Meier. Die neue kalifornische »Villa Hügel« sorgte bei ihrer

Eröffnung in der internationalen Medienwelt für Furore und kann sich seither des täglichen Besucherstroms kaum erwehren.

Im angrenzenden **Brentwood** wohnt es sich gepflegt, in immer beschaulicheren Varianten des *California living*: Bungalows mit Vogelgezwitscher, bekränzt von Oleander, Bougainvilleen und Palmen, Efeu und Kakteen.

Besonders **Pacific Palisades** stilisiert sein Image als Replik-Riviera durch großzügige und üppig bewachsene Villen. Klangvolle Straßennamen wie »San Remo«, »Capri« oder »Amalfi« sorgen für den richtigen Ton in der Adresse. Hier lag einst das »Weimar der Westküste«, das Refugium deutschsprachiger Exilanten aus der Zeit vor und während des Naziregimes mit den Häusern von Feuchtwanger (Villa »Aurora«), Thomas Mann und Arnold Schönberg, der 17 Jahre in Brentwood wohnte und an der UCLA und USC (der privaten University of Southern California) lehrte. Wahrscheinlich war es die klimatische und landschaftliche Ähnlichkeit Südkaliforniens mit dem Mittelmeerraum, die so viele Emigranten anzog, um den deutschen Holocaust zu überleben. Heute wohnen hier unter anderen Steven Spielberg und Sylvester Stallone.

Hinterm Amalfi Drive geht es rapide bergab, und man sollte aufpassen, das Schild für den Abbieger zum **Will Rogers State Park** nicht zu übersehen: ein Vorschlag für alle, die gern mal eine Stunde laufen und ein *time out* von der Straßenhektik L.A.s nehmen und genießen möchten.

Vis-à-vis des Polospielfelds liegt die ehemalige Ranch dieses Nationalhelden der Unterhaltungskunst, dessen Name auf unserer Reise mindestens seit Oklahoma immer wieder ins Spiel kam. Oberhalb der großen Picknickwiese fädelt sich der bequeme und lohnende Trail zum »Inspiration Point« langsam durch *chaparral* den Hang hinauf. Begleitet von Eukalyp-

tusduft, hält er schließlich oben, was er verspricht, denn die prächtige Aussicht auf die Santa Monica Bay vermag sicher, der einen oder anderen Eingebung förderlich zu sein. Man fühlt sich merkwürdig entrückt hier oben und versteht plötzlich, wie nah Stadt und Wildnis in Los Angeles beieinanderliegen können.

Kurz durchzieht der Sunset noch das Geschäftsviertel von Pacific Palisades, dann sinkt er dem Meer zu Füßen. Der Highway One, auf den er letztlich rausläuft, führt hart am Wasser vorbei. Kurz vor dem **Santa Monica Pier** sollte man sich rechts einordnen für die Ausfahrt Ocean Avenue. In der Nähe liegt eins der

Strandleben in Venice, California; im Hintergrund die Santa Monica Mountains

besten Shopping Centers in L.A., **Santa Monica Place**, und vor dessen Haustür eine der europäischsten Straßen der West Side, **Third Street Promenade**, ein bunt gemischtes Fußgängerparadies mit originellen Läden, Straßencafés und Restaurants.

Über die schicke **Main Street** in **Santa Monica** gelangt man zuletzt nach **Venice** und zum **Ocean Front Walk**, dem Dorado der Ausgeflippten, das sich an manchen Wochenenden zur unbestrittenen Hauptstraße von *California crazy* steigert. Alles geht hier – zu Fuß und auf Händen, auf rollenden Schuhen, Brettern und Rädern, gestylt und gefönt, zerzaust und halbnackt, zart bemalt und wild tätowiert. Venice, California: das Himmelreich der Hedonisten.

Auch für solche, die sich schinden. Allen voran die Feuerschlucker und Muskelmänner in *muscle beach*, aber auch die zahllosen Jogger und Radler, denn Körperkult und die ihn schick begleitende Mode- und Sportgeräteindustrie stehen immer noch hoch im Kurs. Fit sein ist schon was, fit aussehen aber besser, sogar besser als ein dickes Bankkonto, denn das kann man nicht sehen. Glück, Erfolg – in Kalifornien reicht es nicht, daß man es hat. Man muß es sehen können. ❖

V SERVICETEIL

REISEPLANUNG

REISEDATEN

Reiseplanung

An- und Einreise

Wenn Sie dem Verlauf der Route 66 von Ost nach West folgen (wie die meisten), dann benötigen Sie die Buchung eines Gabelflugs: hin nach Chicago (O'Hare Airport), zurück von Los Angeles (LAX). Nonstop-Flüge verschiedener Fluggesellschaften erreichen aus Europa nach rund 7 Stunden Flugzeit (und 7 Stunden Zeitunterschied) meist am frühen Nachmittag die Metropole des Mittleren Westens, der Rückflug von Los Angeles dauert 11 Stunden (9 Stunden Zeitunterschied).

Über preiswerte Holiday- und andere Sondertarife sowie Charterflüge informieren die Reisebüros. Während des Fluges kann das Einreise- und Zollformular ausgefüllt werden. Dabei ist es wichtig, eine konkrete Adresse in den USA anzugeben: ein Hotel (in Chicago z.B.) mit Anschrift. Trotz offizieller Aufhebung der Visumspflicht für Besucher aus Deutschland, Österreich und der Schweiz kann der Besitz eines gültigen **Visums** nach wie vor nicht schaden. Vor der Gepäckausgabe wartet der *immigration officer*, der Beamte der Einwanderungsbehör-

de, der sich nach Zweck *(holiday)* und Dauer der Reise erkundigt und daraufhin die Aufenthaltsdauer festsetzt. Häufig fragt er auch nach dem Rückflugticket und der finanziellen Ausstattung.

Am Flughafenausgang bringen Sie die Pendelbusse der Autovermieter sofort und kostenlos zum Mietbüro. Wer ohne eigenes Auto in die Stadt möchte, hat mehrere Möglichkeiten:

Per Limousine: Der Continental Airport Express fährt zu den meisten großen Hotels von Downtown. Die Fahrkartenschalter befinden sich an den Gepäckabholzentren. Taxis stehen im unteren Deck in der Zeit von 6–1 Uhr zur Verfügung. Man rechnet für eine Fahrt $ 20–25.

Öffentliche Verkehrsmittel: Sie sind bequem, schnell, billig und sicher. Zwischen dem O'Hare Flughafen und der Innenstadt von Chicago verkehrt die blaue Linie der »El« alle 5–10 Minuten vom Terminal 3. Vom internationalen Terminal 5 gelangt man mit dem ATS *(Airport Transit System)*, einer kostenlosen Ringbahn, und von den anderen Terminals über rollende Bürgersteige zum Terminal 3. Man folgt den Schildern

»Trains to Loop«. Die Fahrt ins Stadtzentrum (Haltestelle Dearborn St.) dauert 35–40 Minuten und kostet $ 1.50.

Auskunft

Die Deutschlandvertretungen einzelner Bundesstaaten (soweit vorhanden) schicken meist auf Anfrage Prospektunterlagen zu. Z. B. Fremdenverkehrsamt Illinois, c/o Wiechmann Tourism Services, Scheidswaldstr. 73, 60385 Frankfurt/Main, ✆ (069) 44 33 53, Fax 43 96 31, E-mail: info@wiechmann.de; www.wiechmann.de.

Auch die regionalen **Chambers of Commerce** bzw. die **Convention & Visitors Bureaus** in den USA, deren Adressen, Ruf- und Fax-Nummern Sie auf den blauen Seiten in diesem Buch finden, geben Auskunft.

Automiete

Gleich vorweg der saure Apfel, in den wohl oder übel jeder Route-66-Fahrer beißen muß: Da der Wagen in Chicago angemietet und in Los Angeles zurückgegeben wird, ist eine Rückführungsgebühr von $ 500 fällig.

Man sollte das Auto bereits vor Antritt der Reise über das Reisebüro mieten und bezahlen; am besten gleich mit Vollkasko. Das ist preislich günstiger. Bei der Übernahme des Fahrzeugs vor Ort legt man neben seinem Voucher den **Führerschein** (der internationale zählt nicht) und eine **Kreditkarte** vor.

Achtung bei verdeckten Kosten! Die Autovermieter jubeln dem Besucher (über den CDW hinaus) gern weitere Versicherungen unter. Prüfen Sie daher vorher, ob die nicht anderweitig (Haftpflicht, Kreditkarten) abgedeckt oder bereits mit dem Gutschein für die Automiete bezahlt sind.

Den Wagen sollte man bei Übernahme genau überprüfen (Reserverad, Automatikschaltung) und gegebenenfalls genau erklären lassen.

Geld/Devisen/Reisekosten

Die Reisekasse verteilt man am besten auf drei Zahlungsmittel: **US-Dollar Bargeld**, **Reiseschecks** (Travellerschecks), die auf US-Dollar ausgestellt sind, und eine **Kreditkarte** (VISA, EUROCARD, AMERICAN EXPRESS o.a.). Bis zu $ 10 000 in bar oder anderen Zahlungsmitteln dürfen Sie in die USA mitbringen. Reiseschecks einzulösen ist unproblematisch. Man zahlt damit im Restaurant, an der Tankstelle oder im Hotel und bekommt den Restbetrag bar zurück. **Euroschecks dagegen sind in den USA unbrauchbar.** DM-Reiseschecks und Bargeld in DM werden selbst in den Großstädten nur am Flughafen oder zu normalen Banköffnungszeiten in einigen wenigen Wechselstuben umgetauscht.

Der US-Dollar ist in 100 Cents unterteilt. Es gibt **Münzen** zu 1 ¢ *(penny)*, 5 ¢ *(nickel)*, 10 ¢ *(dime)*, 25 ¢ *(quarter)*, 50 ¢ *(half dollar)* und 1 $. Vorsicht: Die **Dollar-Scheine** *(bills, notes)*, die im Wert von 1, 2, 5, 10, 20, 50, 100 $ kursieren, sind alle gleich groß und grün.

Hundert-Dollar-Noten werden ungern gesehen und in manchen Läden und Tankstellen (vor allem nachts) nicht akzeptiert. Deshalb sollte man überhaupt nur Banknoten/Reiseschecks in $-20- und $-50-Stückelung mitnehmen; wenn man sie aber dennoch dabei hat, sollte man sie am besten an der Hotelrezeption wechseln lassen. In Großstädten geben die Banken Bargeld gegen Vorlage von Kreditkarte und Reisepaß ab.

In den USA muß man nicht nur bei der Automiete auf verdeckte Kosten achten. Es ist üblich, Preise ohne Umsatzsteuer anzugeben, d.h. man bezahlt grundsätzlich mehr, als ausgewiesen ist: **Auf alle ausgezeichneten Beträge kommen, je nach Region und Kommune, mindestens 6 %** *(sales tax)* hinzu! Bei den Hotels in den Städten wird meist zusätzlich eine Parkgebühr erhoben, die leicht bis zu $ 20 pro Übernachtung betragen kann.

Gepäck/Klima/Kleidung

Auf der Route 66 genügt lockere **Freizeitkleidung** für alle Lebenslagen. Nur, wer in den großen Städten schick ausgehen will, braucht noblere Garderobe. Insgesamt aber paßt man sich mit Jeans, T-Shirts, Freizeithemden und Turnschuhen dem amerikanischen Alltag am besten an.

Für Frühjahr und Herbst (erst recht für den Winter) sind allerdings warme Pullover und Jacken besonders in den Höhenlagen von New Mexico und Arizona gefragt, aber auch in den Wüsten Kaliforniens, wo es nachts stark abkühlt.

Wenn man mit eigenem Rasierapparat oder Fön anreist (die auf 110 Volt umgestellt werden können), sollte man einen **Adapter** für amerikanische Steckdosen mitbringen. In den USA muß man oft lange danach suchen. Auch **Filme** kauft man besser schon zu Hause, da die Preise in USA höher liegen und die Entwicklung nicht eingeschlossen ist.

Medizinische Vorsorge

In den USA ist man automatisch Privatpatient, und die Arzt- bzw. Krankenhauskosten sind happig. Man sollte also tunlichst vorsorgen und sich bei seiner Krankenkasse nach einer Kostenerstattung erkundigen. Falls nicht alle in den USA erbrachten Leistungen übernommen werden, ist unbedingt eine **Auslandskrankenversicherung** anzuraten, die für Urlaubsreisen äußerst preiswert zu haben ist. Allerdings, auch wenn Sie versichert sind: In den USA muß beim Arzt oder im Krankenhaus sofort bezahlt werden, meist im voraus. Dafür erweist sich wiederum eine Kreditkarte als sehr nützlich. Erkundigen Sie sich deshalb auch, welche Leistungen Ihre (oder eine) Kreditkarte im Krankheitsfall im Ausland einschließt.

Apotheken (*pharmacy*) sind meist in *drugstores* zu finden, die auch Toilettenartikel und Kosmetika führen. Ständig benötigte Medikamente sollte man selbst mitbringen (und möglichst ein Attest ausstellen lassen für den Fall, daß der Zoll Fragen stellt). Viele Medikamente, die in Europa rezeptfrei zu haben sind, können in den USA nur vom Arzt verschrieben werden.

Reisezeit

Die Route 66 ist ganzjährig befahrbar. Als beste Reisezeit gelten April/Mai bzw. September/Oktober. Im **Frühjahr**, wenn Temperaturen und Touristenaufkommen in der Regel noch erträglich sind, stehen die Kakteen in den Wüsten in Blüte. Im **Sommer** locken zwar die Bademöglichkeiten im Pazifik ebenso wie in den Seen und Hotelpools, aber die extreme Hitze stellt bisweilen hohe Anforderungen an den mitteleuropäisch konditionierten Kreislauf. Die ruhige Zeit des **Herbsts** beginnt mit dem Labor Day Anfang September, wenn sich die meisten Touristen verzogen haben, Licht und Sicht klarer werden und das Herbstlaub seine Farbenpracht entfaltet. Die **Winter** decken die Höhenlagen von New Mexico und Arizona stets mit Regen und Schnee ein, Südkalifornien indessen mit dem besten Licht. Nachteile: kürzere Tage und kürzere Öffnungszeiten von Museen.

(Übrigens: »**Sommer**« bedeutet im touristischen US-Jahreszyklus: **zwischen Memorial Day** (letzter Montag im Mai) **und Labor Day** (1. Montag im September). »**Winter**« heißt: **der Rest des Jahres**.

Reservierungen

Das verbreitete Klischee vom »Amerikaner« (zupackend, kaugummikauend-lässig, pragmatisch und talentiert beim Improvisieren) legt den Schluß nahe, sein Land sei eine jederzeit jedermann zugängliche *drop-in culture*, eine Gesellschaft, in die man mir nichts, dir nichts hineinplatzen kann, weil alle doch immer so gutgelaunt sind und es deshalb schon irgendwie klappen wird.

Die Praxis sieht in der Regel anders aus. Ob Nobelrestaurant oder Motel, Kanutrip oder Ranchbesuch – die erste Standardfrage lautet eisern »Haben Sie reserviert?«. Freizeit-Amerikaner sind geradezu besessen von Reservierungen, Vorkehrungen, Bestätigungen und so weiter; das gehört ganz einfach zu ihren Spielregeln.

Unterkunft

Hotels und Motels in den USA sind durchweg einwandfrei, zuverlässig und stimmig, was das Preis-Leistungs-Verhältnis angeht. Einige der hier gelisteten Hotels oder Motels können von Europa aus reserviert werden. **In den USA selbst sollten Sie dazu die stets gebührenfreien 1-800-Nummern nutzen.** Anzuraten ist das in der Hauptreisezeit Juni, Juli, August und/oder an Wochenenden und Feiertagen, besonders für ländliche Erholungsgebiete. Zumindest aber sollte man zu Zeiten des sogenannten *tourist frenzy* einige Tage zuvor Zimmer bestellen. Reservierungen über die 1-800-Nummern kosten bei Hotelketten oft weniger als beim Einchecken vor Ort.

Auch bei der Hotelreservierung gilt: Ohne eine Kreditkartennummer läuft nichts mehr. Haben Sie eine, wird das Zimmer garantiert. Wird eine Reservierung ohne Kreditkarte akzeptiert, muß man bis **spätestens 18 Uhr** einchecken. Bei der kurzfristigen Zimmersuche sind die örtlichen Visitors Bureaus behilflich. Inzwischen sind die meisten der Zimmer in Hotels/Motels *non smoking rooms*.

Die unter den Tages-Infos auf den blauen Seiten angegebenen Preiskategorien gelten jeweils für einen *double room*. Einzelzimmer sind nur unwesentlich billiger, während man für ein zusätzliches Bett etwa $ 5–10 zuzahlen muß. Für Kinder, die im Zimmer der Eltern schlafen, wird meist kein Aufpreis berechnet.

Die Bedeutung der Dollarsymbole für einen *double room* (zwei Personen) in diesem Buch:

$ – bis 50 Dollar
$$ – 50 bis 80 Dollar
$$$ – 80 bis 120 Dollar
$$$$ – über 120 Dollar

Bed & Breakfast ist das angelsächsische Pendant zum Hotel Garni: Zimmer mit Frühstück also, und zwar meist in historischem Rahmen. Bei den Amerikanern stehen sie seit langem hoch im Kurs. Offenbar wissen viele das gemütliche Frühstück mit hausgemachter Marmelade zu schätzen und ziehen das Flair nostalgischer Räumlichkeiten den stereotypen Motelräumen vor. Außerdem wirkt das im Preis eingeschlossene Frühstück (so mager es sein mag), als spare man Kosten.

Zoll

Zollfrei in die USA mitbringen darf man außer der persönlichen Reiseausrüstung (Kleidung, Kamera etc.):

– 200 Zigaretten oder 100 Zigarren (möglichst nicht aus Kuba) oder 3 Pfund Tabak
– 1 Liter Alkohol
– Geschenke im Wert von bis zu $ 100.

Tierische und pflanzliche Frischprodukte (Obst, Wurst, Gemüse) dürfen nicht eingeführt werden. Die Zollbeamten sind da unerbittlich; Wurststulle und Orange werden konfisziert. Dagegen sind Gebäck, Käse und Süßigkeiten (keine Schnapspralinen!) erlaubt.

Den eigenen Wagen darf man (bis zu einem Jahr) mitbringen, was sich aber nur ab einer Aufenthaltsdauer von mindestens 2 Monaten lohnt. Bleibt man länger als 12 Monate, muß das Fahrzeug nach den amerikanischen Sicherheitsbestimmungen umgerüstet werden. Wenn man seinen Wagen nach einer Reise in den USA verkaufen möchte, heißt es ebenfalls umrüsten und zusätzlich Zoll bezahlen.

Bei speziellen Fragen zu den amerikanischen Zollbestimmungen setzt man sich am besten mit dem nächsten US-Konsulat in Verbindung.

Reisedaten

Auskunft vor Ort

Fast alle größeren Orte besitzen ein *Visitors Bureau* oder eine *Chamber of Commerce*, die Unterkünfte vermitteln und Tips für Unternehmungen und Veranstaltungshinweise geben (vgl. Tages-Infos). Man muß dort nicht unbedingt hinfahren, sondern kann anrufen.

Mitglieder des ADAC, des schweizerischen oder österreichischen Automobilclubs sollten sich die *TourBooks* der American Automobile Association (AAA) besorgen, die es bei Vorlage des eigenen Mitgliedsausweises kostenlos gibt und die u.a. ein zuverlässiges Hotelverzeichnis enthalten (als Ergänzung bzw. Bestätigung der hier im Buch empfohlenen Häuser). Unter den gleichen Bedingungen erhält man beim AAA auch exzellente Straßenkarten.

AAA-Büros findet man in allen Großstädten, die Adressen im örtlichen Telefonverzeichnis; Bürozeit ist gewöhnlich Mo–Fr 8.30–17.30 Uhr.

Autofahren

Europäische Autofahrer können sich auf den US-Highways erst mal entspannt zurücklehnen. Man fährt dort vergleichsweise erheblich rücksichtsvoller und vor allem – langsamer. Meistens jedenfalls. **Landkarten** und **Stadtpläne** bekommt man an vielen Tankstellen, *drugstores* und Buchhandlungen.

Einige Verkehrsregeln und Verhaltensweisen unterscheiden sich von denen in Europa:

– Die **Höchstgeschwindigkeit** ist ausgeschildert: auf Interstate Highways 55 und 65 m.p.h. (Meilen pro Stunde; d.h. 88 bzw. 105 km/h), in Ortschaften 25–30 m.p.h. (40–48 km/h).
– **Schulbusse** mit blinkender Warnanlage, die Kinder ein- und aussteigen lassen, dürfen nicht passiert werden. Das gilt auch für Fahrzeuge aus der Gegenrichtung!
– **Rechtsabbiegen an roten Ampeln** ist in den von der Reise berührten US-Staaten erlaubt – aber erst nach vollständigem Stopp und Vergewisserung, daß kein Fußgänger oder anderer Wagen behindert wird.
– Außerhalb von Ortschaften muß man zum Parken oder Anhalten mit dem Fahrzeug **vollständig von der Straße runter.**
– Fußgänger, besonders Kinder, haben immer Vorfahrt!

Die **Farben** an den Bordsteinkanten markieren die Parkgesetze:

Rot: Halteverbot
Gelb: Ladezone für Lieferwagen
Gelb und Schwarz: LKW-Ladezone
Blau: Parkplatz für Behinderte
Grün: 10–20 Minuten Parken
Weiß: 5 Minuten Parken während der Geschäftszeiten.

Wenn keine Farbe aufgemalt ist, darf man ungestraft und unbegrenzt parken, aber nie an Bushaltestellen und vor Hydranten!

An **Tankstellen** muß man manchmal **im voraus bezahlen** (PAY FIRST) bzw. eine Kreditkarte hinterlegen. Die Preise variieren: Gegen Barzahlung und/oder bei Selbstbedienung (SELF SERVE) gibt es mehr Sprit als auf Kreditkarte und/oder beim Tankwart (FULL SERVE).

Bei **Pannen** sollte man sich als erstes mit seiner **Mietfirma** in Verbindung setzen, um die weiteren Schritte abzusprechen. In Notfällen wendet man sich an die Highway Patrol. Diese informiert dann Abschleppdienste, Notarzt usw. Auch der AAA unterhält einen eigenen Pannendienst, den man als Mitglied des ADAC, ÖAMTC und anderer Clubs beanspruchen kann. In allen Staaten, durch die die Reise geht, herrscht Gurtpflicht für jeden im Auto.

Feiertage/Feste

An den offiziellen Feiertagen quellen viele beliebte Ausflugsziele über – besonders im Sommer. Da viele *holidays* auf Montage fallen, entstehen lange Wochenenden und oft touristische Staus. Das »Superbowl Weekend« im Januar z.B. ist stets besonders fest in amerikanischer Hand; das gilt erst recht für die Wochenenden von Memorial Day (Beginn der Reisesaison) und Labor Day (Ende der Reisezeit). Banken, öffentliche Gebäude und viele Sehenswürdigkeiten und Museen sind feiertags geschlossen.

Offizielle Feiertage:

Neujahrstag (1. Januar)
Martin-Luther-King-Tag (3. Montag im Januar)
Presidents' Birthday (3. Montag im Februar)
Memorial Day (letzter Montag im Mai, Beginn der Hauptsaison)
Unabhängigkeitstag (4. Juli)
Labor Day (1. Montag im September)
Columbus Day (2. Montag im Oktober)
Veterans Day (11. November)
Thanksgiving (4. Donnerstag im November)
Weihnachten (25. Dezember)

Für den Zaungast sind die inoffiziellen, lokalen (und ethnischen) Feiern und Feste meist viel ergiebiger, denn auf den Fiestas, Rodeos, Powwows und Festivals geht es bunt her. Es gibt immer was zu essen und trinken, viel zu sehen und oft gute Musik zu hören, und jeder findet schnell Anschluß, weil Kind und Kegel anwesend sind.

Hinweise für Behinderte

Einrichtungen für Rollstuhlfahrer finden sich in den USA erheblich öfter und besser ausgestattet als z.B. in Deutschland. Allgemein kann man sich darauf verlassen, daß alle öffentlichen Gebäude (z.B. Rathäuser, Postämter, Besucherzentren) mit Rampen versehen sind. Das gilt auch für die meisten Supermärkte, Museen, Sehenswürdigkeiten und Vergnügungsparks. Durchweg sind Bordsteine an den Fußgängerüberwegen abgeflacht. In vielen Hotels und Hotelketten (z.B. **Motel 6**) gibt es Rollstuhlzimmer. Die Firma AVIS vermietet Autos mit Handbedienung.

Kinder

Die Amerikaner sind durchweg kinderfreundlich. Kindermenüs, eigene Sitzkissen und Kindertische in den Restaurants, billige, wenn nicht gar kostenlose Unterbringung in Hotels und Motels sind selbstverständlich. Visitors Bureaus und Hotels in den Städten vermitteln Babysitter.

Maße und Gewichte

Vor einigen Jahren schien die Umstellung der USA auf das metrische System schon in Sicht, doch heute ist wieder alles beim alten, d.h. bei *inch* und *mile*, *gallon* und *pound*. Man muß sich

Temperaturen:												
Fahrenheit (°F)	104	100	90	86	80	70	68	50	40	32		
Celsius (°C)	40	37,8	32,2	30	26,7	21,1	20	10	4,4	0		

Bekleidungsmaße:												
Herrenkonfektion Deutsch		46		48		50		52		54		56	58
Amerikanisch		36		38		40		42		44		46	48
Damenkonfektion Deutsch		38		40			42		44		46	48	
Amerikanisch		10		12			14		16		18	20	
Kinderbekleidung Deutsch		98			104			110		116		122	
Amerikanisch		3			4			5		6		6X	
Kragen/*collars* Deutsch		35–36	37		38		39		40/41		42	43	
Amerikanisch		14	14½		15		15½		16		16½	17	
Strümpfe/*stockings* Deutsch		35		36		37		38		39		40	41
Amerikanisch		8		8½		9		9½		10		10½	11
Schuhe/*shoes* Deutsch	36	37	38	39	40	41	42	43	44	45	46	47
Amerikanisch	5	5¾	6½	7¼	8	8¾	9½	10¼	11	11¾	12½	13¼

Reisedaten

also wohl oder übel umstellen. Die folgende kurze Anleitung soll dabei helfen:

Längenmaße:	1 inch (in.)	= 2,54 cm
	1 foot (ft.)	= 30,48 cm
	1 yard (yd.)	= 0,9 m
	1 mile	= 1,6 km
Flächenmaße:	1 square foot	= 930 cm²
	1 acre	= 0,4 Hektar
		(= 4 047 m²)
	1 square mile	= 259 Hektar
		(= 2,59 km²)
Hohlmaße:	1 pint	= 0,47 l
	1 quart	= 0,95 l
	1 gallon	= 3,79 l
Gewichte:	1 ounce (oz.)	= 28,35 g
	1 pound (lb.)	= 453,6 g
	1 ton	= 907 kg

Öffentliche Verkehrsmittel

Taxi-Unternehmen in den Städten finden Sie auf den gelben Telefonbuchseiten bzw. erfahren Sie beim Hotelportier. Effiziente U- und Straßenbahnen verkehren auf der Route 66 nur in Chicago und St. Louis und allenfalls in Santa Monica (Busse); ansonsten nur mehr oder weniger umständliche Busse (Los Angeles).

Post

Postämter gibt es sogar in den winzigsten Orten. Je kleiner das Nest, um so kürzer sind die Wartezeiten für den, der ein Päckchen aufgeben oder Briefmarken kaufen will. Die Beförderung einer Postkarte in die Heimat dauert inzwischen oft länger als eine Woche. Man kann sich postlagernde Sendungen nachschicken lassen, wie folgt adressiert:

(Name, Familienname unterstrichen)
c/o General Delivery
Main Post Office
Amarillo, TX
USA

In den USA hat das Telefonsystem mit dem Postwesen nichts zu tun, daher findet man in den Postämtern auch keine Telefonzellen. Telegramme können bei der **Western Union Telegraph Company** aufgegeben werden (auch telefonisch).

Restaurants/Essen und Trinken

Ihre kulinarische Vielfalt verdanken die USA zum größten Teil ihren ethnischen Töpfen und Küchen. Die Empfehlungen in diesem Buch weisen, wo immer dies möglich ist, zumindest einige Wege zu diesen Leckerbissen. Man findet sie vor allem in den individuell geführten Restaurants der Großstädte, in Chicago, St. Louis, Oklahoma City und Los Angeles, aber auch in Santa Fe und Pasadena.

Die großen Städte sind zugleich auch die Schulen einer neuen Kaffeekultur, wo die Amerikaner tatsächlich zu lernen beginnen, guten **Kaffee** herzustellen und zu trinken. Die endlose Zeit der Plörre scheint abzulaufen, die der endless cup, die unendliche refills von Labberkaffee ermöglichte. Vor allem in Kalifornien (eingeleitet durch die in Seattle, Oregon, ansässige Kafferösterei »Starbucks«) sind in den letzten Jahren zahlreiche duftende Kaffee-Boutiquen entstanden, wo Espresso, Cappuccino, Caffè latte etc. neben frischen Backwaren und Sandwiches angeboten werden.

Die neue amerikanische Kaffeehausszene und ihre süßen Theken erstrecken sich inzwischen von Küste zu Küste, oft in Kombination mit Buchhandlungen oder Zeitungsständen. Diese Läden sind meist gemütlich, bunt und anheimelnd eingerichtet – ganz im Gegensatz zum abwaschbaren Sanitärdekor vieler neudeutscher Bäckerei-Ketten.

Leider hat dieses Geschmacksniveau noch nicht die Landstraße erreicht, also auch nicht die Route 66. Ohnehin ist die amerikanische Provinz kein Schlemmertopf. Die Regionalisierung hat zu einer zunehmenden Standardisierung des Essens geführt; die Menge der Kettenrestaurants zeigt es an.

Für Kleinigkeiten und Zwischenmahlzeiten sind amerikanische Supermärkte dagegen meist wahre Fundgruben, weil sie Gemüse,

Obst, Sandwiches, Gebäck usw. frisch, lecker und preiswert anbieten, und das oft zu jeder Tages- und Nachtzeit. Auch die Shops der Tankstellen sind als Versorgungsstationen nicht zu verachten. Picknickfreunde und Selbstversorger sollten überdies wissen, daß man sich in den Restaurants grundsätzlich alles, was man einmal bestellt hat, zum Mitnehmen einpacken lassen kann.

Im Vergleich zu Europa essen die meisten Amerikaner früh zu Abend; in kleineren Städten heißt das: bis 21 Uhr. Selbst in den Großstädten fällt es mitunter schwer, nach 22 Uhr noch ein offenes Restaurant zu finden.

Die unter den Tages-Infos empfohlenen Restaurants sind nach folgenden Preiskategorien für ein Abendessen (ohne Getränke, Steuer und Trinkgeld) gestaffelt:

$ – bis 10 Dollar
$$ – 10 bis 20 Dollar
$$$ – über 20 Dollar

Die USA sind inzwischen zu einem gnadenlos raucherfeindlichen Land geworden. Besonders rigoros zeigt sich das in Kalifornien, wo nur noch an der frischen Luft, in Parkhäusern und zu Hause geraucht werden darf. Jedenfalls nicht mehr in Büros, öffentlichen Gebäuden und Restaurants oder Shopping Malls. Ausnahmen sind (noch): Bereiche von Hotel-Lobbys und Bars. Die Mißachtung des Nichtrauchergebots wird keineswegs als Kavaliersdelikt betrachtet.

Sicherheitshinweise

Zu beurteilen, wie sicher ein Ort ist, fällt um so schwerer, je weiter dieser vom eigenen Lebenskreis entfernt liegt. Die internationale Presse, die z.B. über Gewaltverbrechen in Miami berichtet, verdrängt damit die nicht weniger ängstigende Tatsache, daß viele Straßen in der eigenen Stadt ebenso tödlich sein können. Kurz, trotz der deprimierenden Kriminalstatistik mancher US-Metropolen sind die USA insgesamt ein sicheres Reiseland. Tagsüber auf jeden Fall. Ethnische Wohnviertel und solche mit aktiven Staßengangs bergen die meisten Gefahren, für den Fußgänger, aber auch mit dem Auto kann es böse Überraschungen geben.

In Städten wie Chicago, St. Louis, Oklahoma City, Los Angeles sollte man sich deshalb im wesentlichen in jenen Stadtbezirken aufhalten, die hier im Buch angesprochen sind. Nach dem Abendessen oder Barbecue muß man nicht unbedingt noch einmal »um den Block« spazieren oder zu Fuß zum Hotel zurücklaufen. Nehmen Sie ein Taxi!

Auch die sogenannte freie Natur birgt Risiken, die viele der an Parks und Stadtwälder gewöhnten Mitteleuropäer unterschätzen. Die Wildnisregionen in den USA eignen sich nur bedingt zur Kaffeefahrt oder zum unbekümmerten Spaziergang! Skorpione, Klapperschlangen, schwarze Witwen oder Moskitos können den Urlaub ebenso verhageln wie plötzliche Regengüsse und die in den Wüsten gefürchteten *washes* – plötzlich durch Niederschläge verursachte Sturzbäche, die alles mit sich reißen.

Wußten Sie zum Beispiel, daß in der Wüste mehr Menschen ertrinken als verdursten? Informieren Sie sich bei den Rangern der Nationalparks über die potentiellen Gefahren und wie man ihnen vorbeugt! Achten Sie auch darauf, daß Sie im heißen Südwesten der USA stets genügend Trinkwasser mit sich führen. Festes Schuhwerk ist unumgänglich.

Sprachtips

Schulenglisch reicht entlang der Route 66 allemal aus. Es kann aber nicht schaden, den einen oder anderen Ausdruck zu kennen, der gewissermaßen am Wege liegt: spezielle Ausdrücke und Wendungen, die unterwegs gebräuchlich und deshalb häufig zu hören sind.

Wortschätze rund ums Auto

AAA (sprich: *triple-A*)	– Amerikanischer Automobilclub
air pressure	– Luftdruck
to accelerate	– beschleunigen
brake	– Bremse
Denver shoe	– Radkralle
engine	– Motor
fender	– Kotflügel
gear	– Gang
hood	– Motorhaube
licence plate	– Nummernschild
muffler	– Auspuff
steering wheel	– Lenkrad
tire	– Reifen
transmission	– Antrieb
trunk	– Kofferraum
windshield	– Windschutzscheibe
wiper	– Scheibenwischer

Tankstellen (*gas stations*) haben oft zwei Zapfreihen, eine für *self serve* und eine (teurere) für *full serve*, wo u.a. auch das Öl nachgesehen wird (*to check the oil*) und die Fenster gesäubert werden. Hier lautet die Anweisung an den Tankwart normalerweise: *Fill it up, please.* Sprit (*gas* oder *fuel*) gibt es als unverbleites (*unleaded*) und und verbleites Normalbenzin (*regular*) bzw. als Super (*premium*). Nahezu alle Mietwagen laufen mit unverbleitem Benzin. PAY FIRST steht angeschlagen, wenn man vor dem Zapfen erst mal bezahlen bzw. eine Kreditkarte hinterlegen muß. Unterwegs gibt es einiges auf Schildern zu lesen:

DEAD END oder NO THROUGH STREET	– Sackgasse
YIELD	– Vorfahrt beachten
RIGHT OF WAY	– Vorfahrt
WATCH FOR PEDESTRIANS	– auf Fußgänger achten
SLIPPERY WHEN WET	– Rutschgefahr bei Nässe
DIP	– Bodensenke
MPH	– Meilen pro Stunde

SPEED LIMIT	– Tempolimit
MAXIMUM SPEED	– Höchstgeschwindigkeit
MERGE	– einfädeln
U-TURN	– wenden
NO PASSING	– Überholverbot
ROAD CONSTRUCTION AHEAD	– Baustelle
FLAGMAN AHEAD	– Baustelle (Straßenarbeiter mit roter Warnflagge)
MEN WORKING	– Straßenarbeiten
DETOUR	– Umleitung
R.V.(*recreational vehicle*)	– Camper
ADOPT A HIGHWAY PROGRAM	– Diese Schilder zeigen (oder suchen) Schulen, Firmen etc., die sich freiwillig dazu bereiterklären, ein Stück der Straße sauberzuhalten.

Geparkt wird meist am Straßenrand (*curb*), dessen Bordsteinkante verschiedene Farben haben kann:

LOADING ZONE (gelb) – Ladezone
PASSINGER LOADING ZONE (weiß) – nur Ein- und Aussteigen
HANDICAPPED PARKING – nur für Behindertenfahrzeuge
RESTRICTED PARKING ZONE – zeitlich begrenztes Parken; bei Hydranten herrscht ein ebenso striktes Park-Tabu wie in den *tow away zones*, wo man nicht nur einen Strafzettel (*ticket*) bekommt, sondern abgeschleppt wird. Tickets sind auch fällig, sobald die Parkuhr (*parking meter*) abgelaufen ist (*expired*) und bei zu schnellem Fahren (*speeding*).

In den Städten findet man häufig den Hinweis auf *public parking*, d.h. auf öffentliche und/oder gebührenpflichtige Parkplätze; oder es heißt schlicht PARK IN REAR (Parken im Hinterhof). Wenn dies was kostet, übernehmen die Firmen oft die Gebühr ganz oder teilweise (*they validate parking*). Steht am Parkplatz VALET PARKING, dann parkt das Personal Ihren Wagen – gegen Gebühr und Trinkgeld, versteht sich.

Route-66-Vokabular

alignment – Trassenführung

bypass – Umgehungsstraße (auch: *loop*)

chopper – *customized motorcycle*

diner – ursprünglich ein Fertigteil: Metallgehäuse in Form eines Eisenbahnwagons. Seine Geschichte reicht mindestens bis 1872 zurück, als in Rhode Island zum ersten Mal ein *urban chuck wagon* belegt ist, dessen Entwicklung bis zum Speisewagen führte. Mitte der 50er Jahre verdrängten mehr und mehr Drive-Ins und *fast food chains* den Diner.

dip – Bodensenke

Dust Bowl – »Staubschüssel«

frontier – Siedlungsgrenze nach Westen

frontage road – (manchmal *surface road*, im Mittleren Westen *service road*) Servicefahrbahn, parallel zur Interstate-Autobahn

getaway – Flucht

loop – (»Schleife«) Umgehungsstraße (auch: *bypass*)

motor/tourist court – historischer Typ der Unterkunft, Vorläufer des Motels

Okies – Leute aus Oklahoma, die in den 30er Jahren wegen der Sandstürme über die Route 66 nach Kalifornien flohen.

road food – Imbiß für unterwegs (praktisch identisch mit Fastfood)

rough road – holprige unbefestigte Straße

runaway – (oder *getaway*) Flüchtling; einer, der auf der Flucht ist

66 – (*double transport sixpacks*): zwei 6er Bierkartons für unterwegs

soda fountain – a) in Cafés Zapfsäule für Mineralwasser, b) Theke für die Zubereitung von Soft Drinks und Eis

Tin Lizzie – Spitzname für den »Model T Ford«, den ersten, 1908 gefertigten PKW, klein und preiswert. Er bekommt 1915 den damals für Dienstmädchen geläufigen Namen »Lizzie«. Und wie die Mädchen waren auch die Autos schwarz.

trail – Pfad

track – Geleise, Eisenbahnschienen

vintage gas station – historische Tankstelle

Regionale Ausdrücke entlang der Strecke

adobe – spanisch für luftgetrocknete Ziegel aus Lehm, Wasser und Stroh

all hat, no cattle – (großer Hut, kein Vieh) texanische Redensart für Leute, die viel heiße Luft verbreiten

arroyo – spanisch für Wasserlauf, Bach

barrio – spanisch für Stadtteil; Distrikt mit überwiegend spanisch sprechender Bevölkerung

basin – Tal

cast iron stomach – (»schmiedeeiserner Magen«) jemand, der alles verträgt

chaparral – (spanisch: *chaparro*) dickes Gestrüpp aus niedrigen Eichen; heute Bezeichnung für alle *shrubs*, die die Hügel undurchdringlich bewachsen

Conestoga wagon – von deutschstämmigen (Amischen) Wagenbauern Anfang des 18. Jh. aus dem pfälzischen Bauernwagen entwickeltes robustes Fuhrwerk (Holz und Segeltuch). Wurde zum Prototyp des Planwagens und zum Vorbild des *prairie schooner*. Ort der ersten Fertigung: das Conestoga Valley in Lancaster County, Pennsylvania. Im Einsatz bis ca. 1865.

coyote – Präriewolf

flash flood – plötzliche Wassermassen, die nach starken Regenfällen in den Bergen ins Tal sausen und mit unvorstellbarer Gewalt über die Wüstenpisten zischen können *(wash)*.

Reisedaten

foliage	–	farbiges Herbstlaub (Oktober)
foodie	–	eine(r), die (der) gern viel ißt
frontier	–	Grenzland, Siedlungsland an der Grenze zur Wildnis
hangout	–	beliebter Treffpunkt, Bar etc.
ice	–	Eiswürfel
ice cream	–	Speiseeis
junk (trash) food	–	Essen ohne Nährwert
mesa	–	(spanisch) für Tafelberg, (englisch: *butte*)
prairie schooner	–	Planwagen der Pioniere und Nachfolger des Conestoga-Wagens
range	–	a) Gebirgszug, b) nicht durch Zäune abgesperrte Weiden
rugged terrain	–	ruppige Gegend (Wüste o.ä.)
urban sprawl	–	Ausufern der Städte, Zersiedlung des Landes
you bet	–	Klar doch! Selbstverständlich! Besonders im Mittelwesten gebräuchlich.

Akzent/Betonung

Amarillo	–	gesprochen: [Ä-me-RILLO], obwohl es spanisch klingen müßte wie [a-me-RI-jo]
barbed wire	–	[BOB war], ebenfall texanisch: für Stacheldraht
Chicago	–	[chi-KA-go], also kein T-Vorschlag am Anfang
Lincoln	–	[LIN-ken], das »l« wird nicht gesprochen
oil business	–	[OHL bidnes], texanisch gesprochen

Telefonieren

An öffentlichen Telefonen herrscht in den USA kein Mangel. Benutzen Sie sie! Bei Auskünften, Reservierungen, Führungen etc. Das erspart Enttäuschungen und Zeitverlust. Hilfreich ist zu allen Zeiten der *Operator* (»0«), der/die Rufnummern vermittelt, Vorwahlnummern *(area codes)* und die Preiseinheiten für Ferngespräche angibt.

Um eine Nummer herauszufinden, ruft man die *directory assistance*, die man im eigenen Vorwahlbezirks unter der Nummer »411« erreicht; für andere Bezirke wählt man die jeweilige Vorwahl und dann die 555-1212. Auskünfte über die gebührenfreien 1-800-Nummern gibt es unter 1-800-555-1212.

Das Telefonieren aus der Telefonzelle, dem *payphone*, erfordert etwas Übung. Ortsgespräche *(local calls)* sind einfach. Man wirft 25 ¢ ein und wählt die siebenstellige Nummer. Wie man Ferngespräche *(long distance calls)* führt, wird meist in der Aufschrift am Telefon erläutert. Häufig wählt man die dreistellige Vorwahl und die Nummer, doch ist manchmal eine 1 oder andere Zahl als Vorwahl erforderlich. Danach meldet sich der Operator oder eine Computerstimme und verlangt die Gesprächsgebühr für die ersten 3 Minuten. Spricht man länger, kommt die Stimme wieder und möchte mehr Geld. Es empfiehlt sich also, 25-¢-Stücke zu horten, um allzeit telefonbereit zu sein.

In den USA gibt es auch einige Gesprächsarten, die in Europa nicht oder nicht mehr üblich sind – z.B. R-Gespräche, die der Angerufene bezahlt. Man wählt dafür 0-Vorwahl-Teilnehmernummer und bittet den Operator um einen *collect call*. Außerdem gibt es das *person to person call*, bei dem man nur bezahlen muß, wenn sich der Angerufene selbst meldet oder geholt werden kann. Man wählt dafür ebenfalls 0-Vorwahl-Teilnehmernummer und teilt dem Operator seinen Wunsch mit.

Vom Hotel/Motel aus kann man entweder über den Hotel-Operator oder direkt innerhalb der USA und auch nach Europa telefonieren. Falls man über einen Code (auf dem Apparat angegeben; meist 7 oder 8) eine Amtsleitung bekommt, fragt meist eine freundliche Stimme nach der Zimmernummer, damit das Gespräch abgerechnet werden kann.

Bequem und praktisch sind »Direkt«-Gespräche, bei denen man auch von der Telefonzelle aus ein Vermittlung in Deutschland, Österreich bzw. der Schweiz erreicht und noch nicht einmal für die Vermittlung Münzen braucht, weil der Empfänger die Gebühren zahlt.

Deutschland Direkt 1-800-292-0049 und Nummer; **Österreich Direkt** 1-800-624-0043 und Nummer; **Schweiz Direkt** 1-800-745-0041 oder 1-800-305-0041.

Die **Calling Cards** der diversen Telefongesellschaften bringen in den USA eine Reihe von Vorteilen. Man kann damit praktisch von jeder Straßenecke aus den Rest der Welt erreichen, ohne pfundweise Kleingeld bei sich tragen zu müssen. Außerdem spart man die erheblichen Zuschläge der Hotels auf die Gebühreneinheiten. Die Handhabung ist simpel, und man bekommt über alle geführten Gespräche eine detaillierte Rechnungsaufstellung mit der angerufenen Nummer, Datum, Ort, Zeit und Gebühr.

Trinkgeld

Man gibt, man gibt: bei den *bellboys*, den Kofferträgern, je nach Hotelklasse etwa 50 ¢ bis 1 $ pro großem Gepäckstück, Taxifahrern und Frisören etwa 15–20 % vom Rechnungsbetrag, in den Bars etwa 50 ¢ je Drink und dem Zimmermädchen bei mehrtägigem Aufenthalt 3–4 $.

Restaurants sind ein Kapitel für sich. Hier läßt man rund 15 % des Rechnungsbetrages als *tip* auf dem Tisch liegen. Das ist allerdings nicht als hohes Trinkgeld aufzufassen, da dieses in den USA nicht im Preis enthalten ist und die Bedienung im wesentlichen davon lebt und nicht vom Gehalt. Im Klartext, 15 % ist die Untergrenze!

Zeitzone

Die Route dieses Buches führt durch 3 Zeitzonen: *Central Time, Mountain Time, Pacific Time* (MEZ minus 7, 8 bzw. 9 Stunden). Zwischen Ende April und November wird die Uhr ähnlich wie in Europa um eine Stunde auf Sommerzeit (*daylight saving time*, DST) vorgestellt.

Textnachweis

Der Text des **Extratages Chicago** stammt von **Peter Tautfest**, geb. 1942 in Berlin, aufgewachsen in Chicago. Studium an der University of Texas, Austin, und der freien Universität Berlin. Tätigkeit als Lektor und Fachredakteur, Wissenschafts- und Reisejournalist. Washington-Korrespondent der Berliner »tageszeitung«.

Danksagung/Acknowledgement

Viele Anregungen während der Entstehung dieses Reiseführers verdanke ich **Carina Sieler**, Köln, und **John Vincent**, San Juan Pueblo, New Mexico. Auch **Ma Prem Maya**, Los Angeles, **Peter Tautfest**, Washington, **Peter Ginter**, Köln, **Frieder Blickle**, Hamburg, und **Peter Koch**, Frankfurt, haben meine Arbeit unterstützt.

Außerdem danke ich jenen, die mir unterwegs auf der Route 66 mit Rat und Tat behilflich waren: **Jim Murphy**, Missouri Division of Tourism, Jefferson City; **Nancy Milton,** St. Louis Convention & Visitors Commission; **Nancy Phillips**, Tulsa Convention and Visitors Bureau; **Kathleen Marks** und **Sandy Pantlik**, Oklahoma Tourism & Recreation Department, Oklahoma City; **Jutta Matalka** und **Penni Bentley**, Amarillo Convention & Visitor Council, Texas; **John W. Holst**, Williams, Arizona; **Dr. Bob Lundy**, Rancho Cucamonga, California.

H. S.-B.

Orts- und Sachregister

(Die *kursiv* gesetzten Begriffe bzw. Seitenzahlen beziehen sich auf den Serviceteil.)

Namenregister

GREAT *Cities*

GREAT *Heritage*

GREAT *Adventure*

GREAT *Music*

GREAT *Lakes*

c/o Travel Marketing Romberg
Wallstr. 56
D-40878 Ratingen/Düsseldorf

Tel: 02102-711191
Fax: 02102-21177

GREAT LAKES
OF NORTH AMERICA

ILLINOIS · INDIANA · MICHIGAN
MINNESOTA · OHIO · ONTARIO · WISCONSIN

Fotonachweis

Frieder Blickle, Hamburg: S. 14, 17, 37, 62/63, 70 o., 100/101, 103, 114 u., 126 u., 127, 129, 130 o., 144/145, 158/159, 160, 162 u., 164, 166/167, 168/169, 171, 180/181, 189, 190, 191, 193, 194, 195, 196, 200, 201, 202/203, 204 o., 204/205, 206, 211, 212 o., 222, 226/227, 228
Fridmar Damm, Köln: S. 207
Peter Ginter, Köln: Titelbild, Schmutztitel-Dia, Haupttitel (S. 2/3), S. 57, 58, 61, 65, 66/67, 67 u., 68/69, 70/71, 72, 75, 77, 78/79, 81, 83, 84 o., 84/85, 87, 88, 91 (Umschlagrückseite), 92/93, 93 o., 94 o., 94/95, 98, 106/107, 111, 113, 114 o., 115, 116, 117 (vordere Klappe), 118 o., 118/119, 120, 123, 124, 125, 126 o., 128, 131, 132, 133, 134, 135, 136 o., 136/137, 138, 139, 143, 145 o., 146, 147, 149, 150, 151, 154, 155, 157, 161 o., u., 210, 212/213, 214, 215, 217, 220, 224 o., u., 224/225, 230, 231, 233, 248/249
LOOK, München/Christian Heeb: S. 41, 44, 46/47, 49, 50, 54/55, 236/237, 239, 246 u., 247
LOOK, München/Jan Greune: S. 45, 53
LOOK, München/Rainer Martini: S. 48
Horst Schmidt-Brümmer, Köln: S. 51, 82 u., 89, 99, 102, 109, 112, 162 o., 170 o., 172, 173, 174, 177, 181 o., 182, 183, 184, 187, 199, 202 o., 209, 223, 229, 235, 238, 240, 241, 244, 250, 251
Tulsa Convention & Visitors Bureau/Don Sibley: S. 118
Vista Point Verlag, Köln: S. 156, 252/253

Alle übrigen Abbildungen stammen aus dem Archiv des Autors.

Titelbild: Neon an einem ehemaligen Diner in Miami, Oklahoma. Foto: Peter Ginter, Köln
Vordere Umschlagklappe (innen): Übersichtskarte der USA mit der eingetragenen Route

Konzeption, Layout und Gestaltung dieser Publikation bilden eine Einheit, die eigens für die Buchreihe der **Vista Point Reiseführer** entwickelt wurde. Sie unterliegt dem Schutz geistigen Eigentums und darf weder kopiert noch nachgeahmt werden.

© Vista Point Verlag, Köln
2., überarbeitete Auflage 1999
Alle Rechte vorbehalten
Reihenkonzeption: Dr. Horst Schmidt-Brümmer, Andreas Schulz
Lektorat: Kristina Linke
Layout und Herstellung: Sandra Penno-Vesper, Andreas Schulz
Reproduktionen: ceynowa lithographie, Köln
Karten: HUBER. Kartographie, München; Berndtson & Berndtson Production GmbH, Fürstenfeldbruck
Gedruckt auf chlorfrei gebleichtem Papier

Printed in Spain
ISBN 3-88973-184-8